探索与追求

——35年教育实践的品味思考

魏嵋 / 著

天津出版传媒集团

天津人民出版社

图书在版编目（CIP）数据

探索与追求：35年教育实践的品味思考 / 魏崐著
. -- 天津：天津人民出版社，2021.9
ISBN 978-7-201-17649-9

Ⅰ.①探… Ⅱ.①魏… Ⅲ.①中学教育—教学研究—
文集 Ⅳ.①G632.0-53

中国版本图书馆CIP数据核字（2021）第180667号

探索与追求——35年教育实践的品味思考

TANSUO YU ZHUIQIU——35NIAN JIAOYU SHIJIAN DE PINWEI SIKAO

出　　版　天津人民出版社
出 版 人　刘　庆
地　　址　天津市和平区西康路 35 号康岳大厦
邮政编码　300051
邮购电话　（022）23332435
电子信箱　reader@tjrmcbs.com

责任编辑　张潇文
装帧设计　言之凿

印　　刷　北京政采印刷服务有限公司
经　　销　新华书店
开　　本　787毫米×1092毫米　1/16
印　　张　12.5
字　　数　225千字
版次印次　2022 年 4 月第 1 版　2022 年 4 月第 1 次印刷
定　　价　45.00元

目录

第一章

学校教育

——何以为之更理想？

　　学校是什么样的？理想的学校又是什么样的？从理论和科学的角度讲：学校是师生们学习、生长的场所，它是美丽的；理想的学校应该是一个美丽而温馨的花园，是师生向往的圣地；理想的学校应该是人才的摇篮，学生盼着上学，老师乐于工作；理想的学校应该是学生的天堂，他们在这里常欢乐、常惊奇，主动地探索、健康地成长。如何创建一所理想的学校？既能让学生全面而自由地成长，让教师感受工作的幸福与价值，又能为国家培养出适应未来发展的时代新人呢？即学校教育，何以为之更理想？

第一节　对学校教育理想性的认识思考

时代发展到今天，我们的社会需要理想校园，我们的家长需要优质学校，我们的学生更需要优质教育。那么，我们现在的校园理想吗？我们今天的教育优质吗？到底什么样的学校才是优质学校？怎样的教育就是理想的教育？如何才能营造一个理想的校园？下面就这些问题谈谈笔者的认识与思考。

一、对学校教育现实性的分析

目前，中国的教育备受关注，尤其是基础教育，各种理论、各种观点可谓是仁者见仁、智者见智，但是，一切有利于孩子成长成才是最根本的的出发点，是不容随意篡改的。改革开放以来，我国的教育事业取得了快速发展，教育水平显著提高，但是仍然暴露出一些不容忽视的缺陷和问题，面临改革考验。现就学校教育存在的主要问题分析概述如下。

（一）教育核心价值与文化追求有所迷失

我国现阶段正处于市场经济的转型期，市场经济使社会蒙上了一层浓重的商业色彩。学校不是世外桃源，在西方价值观与东方价值观的碰撞过程中，我们的教育、学校和学生的价值观念与文化追求的方向感，也受到了一定的影响和冲击。当今社会多元化发展，导致学校教育的核心价值观出现偏差，主要原因有这么三个方面：一是市场经济大潮的冲击，导致"拜金主义"；二是基础教育体制性缺陷，导致"功利主义"；三是全球化多元价值观的碰撞，导致"利己主义"。

改革开放以来，我们注重的是西方科技知识的学习和引进，而对于中国传统文化和西方文化的介绍，对于思想文化的教育较为缺乏。先前媒体娱乐界的引导，直接从西方文化娱乐的层面对学生和社会造成巨大的冲击和震撼，那个时期，很多学生都渴望成为"歌星""影星"，更多的社会思潮已经颠覆了人们的价值取向。我们的学校教育内容中，传统文化和西方文化的介绍或分析很少。这也就是有的学校和学生迷失的根本原因吧！因此，当我们的学生都能学会反思的时候，也就学会了辨析。

（二）教育价值取向与教学目的有失偏颇

教育的价值取向，是指教育活动的决策者或从事教育活动的主体依据自身需要对教育价值做出选择时所持的一种倾向。人们对教育活动的价值选择，历来有不同的见解和主张。不同的价值取向，对教育实践的发展有直接的影响，在一定时期内，它决定着教育发展的方向。知识教育是人才的根本，是科技发展的基础。然而光有知识是不够的，要成为有能力的人才，还必须要具有强烈的事业心和责任感，更要有担当精神和奉献意识。

当今，我们的人才结构出现严重的失衡问题，其中一个根本性的原因就是现代教育体制思想问题。因为我们的社会价值取向决定了教育价值取向，而我们的教育价值取向又决定了我们的人才结构。如今我们关注的是把教育和将来的工作、生活等紧密联系在一起，都认为读了大学，而且是读了名牌大学才是好事，只在乎形式和结果，并不在乎现在的大学教育的实际效果是否理想。

从我国目前的学校教育现状来看，教师教，学生学，目的就是为了考试升学。教师为了升学率，学生为了考好学校，逐渐形成了所谓的"题库题海"，而考试也就在题海题库中抽选，这样的结果就是：学子"不学经史子传，唯有题海苦练"的学风。当这些人考上大学后，往往也是所选其人，而亦非其才。

（三）教育观念方式与教学评价很不科学

目前，我国普通中小学教师的教学观念还较为落后，教学方法依然欠缺，突出表现为：强制性过大，过于注重教材学习，手段较为呆板生硬，评价方式基本以成绩为唯一标准。优异的学习成绩成为众多学生唯一的奋斗目标。在教学过程中，片面强调结论的权威性和唯一性，忽视了过程的合法性、合理性，这将严重影响学生的发散思维和逆向思维的培养，以及综合素养的提高。

中国教育还有两个传统的不足，一是缺乏跨学科的广度，二是缺乏批判性思维的培养。在精英教育向大众化、普及化教育发展过程中，这些不足进一步凸显，其背后主要原因有三。一是教育评价唯分数论。学生的考试成绩，是教师的考核依据，也是父母的幸福指数，更是学生成人成才的评判标准。二是评价内容唯知识论。社会用人单位普遍重视应聘者的文化成绩，忽视其专业能力、职业精神和职业态度。三是缺少质量标准。教育质量的核心要素分别为学校的教学标准和学生的努力程度，但我们至今缺少人才培养质量的国家标准和基本要求。

（四）教育被商业化与被金钱化现象明显

改革开放以来，我国注重经济建设而对教育的投入不足，特别是实施"211工程"以来，鼓励地方和民间办校，而那些国家院校、政府中小学通过"计划外"招生和创办分校的方式创造收入，更有举办所谓的"贵族学校"，这就使得中国基础教育出现"良莠不齐"的局面。而中国要维持教育这个庞大的机构，需要的成本十分昂贵。表面上看教育没有被产业化，实际却被商业化了。这就是中国教育改革艰难症结所在。

发端于20世纪90年代的市场经济改革给中国的教育体系带来了本质性的改变。在当下，中国的公立学校，热衷于办分校搞创收，因为这些分校大都是以民办学校市场化体制来运作的。先是那些声誉好、生源好、师资力量强、升学率高的所谓重点中小学吸引社会私人资金、开设分校的创收之举也被一些高校，尤其是知名高校所效仿。第一批知名高校的分校出现在1993年，十多年间各类高校的分校应市场需要如雨后春笋般地纷纷成立，全国大约已有250余所，就读学生人数达到70万。当然，为招揽学生，这些分校的毕业证书上都赫然打着知名高校的招牌。一时间中国大地遍地皆是大学生，然而这些大学生却依旧难以寻找工作，甚至不如原来的技校生。这就是商业化中国的必然结果。

（五）教育均衡发展与义务教育面临尴尬

依照《中华人民共和国义务教育法》的立法精神，孩子们应当享受义务教育。可是这"义务"二字似乎只是落在家长身上的责任：为了能让孩子读好一点的学校，则必须缴纳借读费、捐资助校费或计划外招生等费用。对于普通百姓人家，这些学校的差距是很大的，而学生们到底有多大的可选择性呢？几乎每个学生都会面临择校的问题，上重点学校还是普通学校，上民办学校还是公办学校，一要看学生的成绩，二要看一个家庭的经济实力。相对而言，民办学校的收费较高，需要一个家庭有较好的经济条件，这个条件决定了对孩子教育的投入；从另一个方面来说，也决定了孩子能享受什么样的教育资源。高等学校虽不属于义务教育，但在现代考试制度之下，高校的招生意向仍在客观上影响或制约着义务教育的教学取向。从中考到高考，几乎都是盯着高校的培养人才目标而行动的。

（六）教育不公平性与地域差别更加凸显

中国法律规定：公民有平等接受教育的权利。这是我们努力的目标，然而现实是存在差距的。我们的视角放远一些，进入偏远的山区，那里的孩子们除了教学环境比较简陋，教学设施和优质师资也不够丰富；回到城市里，学校被分成全国重点、地方重点、普通学校和职业学校，而好多学校又是按升学或入学成绩将学生分成竞赛班、实验班、重点班和普通班。再看看地域差别，生长在大城市的孩子，与小县城的孩子，学习资源也存在差距。这些差距，随着社会经济差别的越来越大，将会表现得更加明显。

（七）教育改革趋势与素质教育面临困境

中小学课程改革，表面上是"教育改革"，实际这只是教学内容的变化，依旧是陈腐的老路。我们并不希望能通过"课程改革试点"来"救赎"那些可怜的孩子，毕竟孩子们承载的是我们或国家社会的期待和希望。可是这一"考"的结果，对于绝大多数人来说，依然"一考定终身"。孩子心中压力不堪重负，家长心中忧戚苦不堪言。对于学校来说，应试才是重点，至于素质教育，那是可有可无的。这种"功利性"的教育方式，将会产生出怎样的结果？

痛定思痛，教育如何改？学校到底该怎样办？德国诗人荷尔德林写道："如果生活是全然的劳累，那么人将仰望而问：我们仍然愿意存在吗？是的！充满劳绩，但人，诗意地栖居在大地上。"那我们的教育呢？我们不愿意看到我们的孩子只为了分数"两耳不闻窗外事，一心只读圣贤书"，我们更希望看到孩子们身心健康，拥有健康的人格。

由此可见：素质教育，仍然任重道远；减负命令，还得雷厉风行；理想教育，必须全力追寻。

二、对学校教育理想性的认识

理想性学校是什么样的？理想性学校的教育又是什么样的？这是许多教育者和教育管理者都在不断思考的问题，从接触过的观点、文章来看，可谓是仁者见仁，智者见智。有人说：理想性学校应该是"用一堵厚实的围墙从挤满铜臭的空间中圈出一片弥漫书香的圣洁之地"，这里应该成为孩子舒展心灵，放飞梦想的处所；有人说：理想性学校应该是一座花园、一个乐园、一厢书园；也有人认为：理想性学校应该是教育人、培养人的一块净土，成为学生美好未来的奠基家园……

理想性学校到底该是什么样子？我认为：理想性学校应该是全体师生诞生希望、成就梦想的地方，是人才储备库。近期我翻阅了朱永新教授的教育名著《我的教育理想》，这是一部洋溢着激情与梦想的教育诗篇，充盈着睿智与灼见的杏坛论语。在著作中，朱教授用精辟的语言勾画了二十一世纪理想教育的灿烂和辉煌，他从心目中的理想学校、理想校长、理想教师、理想学生、理想家长等方面表达了对未来教育的自信。特别是他对心中理想学校的阐述，使人醍醐灌顶，茅塞顿开，让我们不得不重新审视如何办好一所学校。我认为理想性学校应该符合下面这些特点。

（一）理想性学校应该提供高质量优质教育

提到理想学校优质教育，我想到张伯苓先生创办的南开中学，这所学校从不加班加点、不加重学生负担，却创造了教育史上高质量的奇迹！先后培养出两任共和国总理——周恩来、温家宝；两位院长——周光召、朱光亚；56位院士；57位中外著名科学家……忘不了敬爱的周总理在南开上中学的时候先后主编和组建了《天津学生联合会报》和觉悟社，让人们津津乐道的是周恩来是学校新剧团布景部部长，并演出《一元钱》《华娥传》等新剧。

孩子发展需要足够自主的空间，而宽容、宽松、宽厚、选择、自主、自信、成长更易于个性的全面发展。因为每个人都是独一无二的，不是车间整齐一致的"半成品"，更不是"残次品"。谁都有生命成长的自由、花开的权利。教育专家林格说："真正的教育，绝不仅仅是讲道理、传授知识，更不纯粹是开发孩子的智力，而是把自己精神的能量传递给孩子，维护孩子的心力，让他成为一个内心强大的人，一个能承担后果、应对变故、改善自身和环境的人。"

因此，理想性学校优质教育，应不以考试分数高低作为评价学生的手段，必须摒弃应试教育，注重培养学生全面发展、创新应用、实践交际等各方面的能力。理想学校优质教育的培养目标更加明确，就是办人民幸福的教育；理想学校优质教育的立德树人更加落实，凸显健全人格培养，主要解决主导性、针对性和亲和力；理想学校优质教育的学习方式更加自主多元，构建多元化课程体系是学校全部的教育活动，而教育目标正是通过多元课程来实现的；理想学校优质教育的形态、空间更加开放，无论学校的布局、教室的格局、校园的环境，还是学习时间等都更加适应学习方式的变革，还可能会打破学籍和年纪的限制，朝着终生学习的方向前进。

（二）理想性学校应该具备良好的育人环境

俗话说：环境育人。一个人是否成功，取决于他所处的环境条件，在一定的条件氛围熏陶下，天性才能得到最大的发掘。就是说，当环境具备文化因素后，就自然产生出了育人功能。具体地说，一所学校如果具备优雅的学习环境、良好的学习氛围、纯正的教风学风、醉人的翰墨书香、浓郁的文化积淀以及和谐的人际关系，就必定会对师生产生熏陶、感染和互相激励作用。因此，良好的学校环境就会寓精神激励于潜移默化之中，产生"润物细无声"的微妙效应。

当学校环境形成一种文化形态后，往往蕴含着我国传统文化"天人合一"的思想内涵，蕴含着一种学校精神和共同价值观。这不但对师生产生约束、调节的作用，更重要的是使师生产生一种价值认同感和归属感，从而使师生之间形成强大的凝聚力，并促使师生结成命运共同体。

当学校环境赋予"文"的因素后，还会形成高品位的境界，显示出艺术的魅力。特别是自然景观，无论一草一木、一水一石，都能带给师生以美的享受。古人云：景美则心旷，心旷则神怡，神怡则智清，智清则学佳。由此可见，美好的校园环境将为师生寓教于文、寓教于乐的教育活动提供重要的平台，使师生乐有其所，在求知、求美中受到潜移默化的启迪和教益，将有助于陶冶师生的高尚情操，塑造师生的美好心灵，激发师生的进取精神，促进师生的身心健康发展。

因此，一个理想的好学校应该具有以下两个层面的良好育人环境：一是要有优美的生活环境，让师生有至校如归的感觉，学生之间团结互助，师生之间相敬相爱，科学的膳食结构，人文的学校管理，井然的教学秩序，紧凑的生活空间，有张有弛，相得益彰。二是要有一个良好的校园文化氛围，校园文化是学校的简历，是一张明信片，对学校发展来讲是一种传承，是一种发扬。

（三）理想性学校应该拥有鲜明的办学特色

学校因其育人特色不同，文化取向迥异，因此培养的学生其发展方向也不同，学生走向社会后，为社会所做贡献的大小也不同。理想性学校特色就是以办学强项为重点，形成学校风格，即校园文化底蕴深厚、教育理念先进，学校领导睿智团结、治校方略科学，教师团队德高业精、教学行为得法，学生素养全面和谐、人才多元辈出。理想性学校理应办学方向突出，学校各种文化相得益彰，文化模式独到特别；理想性学校理应以特色明方向，以特色育人才，以特色出效益。

学校是培养人才的，社会对人才的需求是多元的。因此，学校所培养的人才应该是素质全面而有特长的，这样才能满足社会的需要，学校办出特色是达到这一理想境界的良好途径。朱永新教授在《我的教育理想》一书中列举了当前世界上十所最好的学校，之所以被认为是世界教育的成功典范，就在于它们独树一帜，标新立异，在某一方面取得了重要的成绩，以特色赢得了教育的成功。但与朱教授提到的学校特色相比，显然我们的特色明显度就少了些。我们还有很多学校的特色只是在短期内提高了学校的知名度，而没有较长的连续性，也没有真正成就教师和培养出名生来。我们应该以特色建设为突破口，认准方向，全力以赴，长期坚定不移地走下去，把学校办成能成长学生，发展教师，造福社会的乐园。

（四）理想性学校应该极具高品位和正能量

理想性学校的高品位就是指学校文化底蕴深厚、内涵丰富，具有教育的高价值、高标准。理想性学校的高品位，具有在学校品牌、教育理念、育人取向、校园文化建设上反映出来的核心竞争力，是学校独有的。一所理想性学校的品位，主要存在于下面三个方面。

1. 高品位和正能量建立于学校的文化品位上

包括每一个细节、每一栋建筑、每一处绿化都应该精雕细刻。细节有时更能反映品位，校园应该围绕学生展开一系列布置，应该考虑怎样给学生最大的收获，让学生从中受益，一草一木含情，一砖一瓦说话，一字一画答疑，一举一动导行。

2. 高品位和正能量反映在学校的学生品格上

学校不但要传输知识，而且更重要的是塑造人品人格。苏霍姆林斯基说过，当我们的学生在离开校园的时候，带走的不应该只有知识，更重要的是对理想的追求。如果真做到这样，学生能不断地进行思想的追求，事业的进取，这样的学生就不需要我们担心了。

3. 高品位和正能量体现在学校的教育教学上

学校在教育教学活动的整个过程中均是以时代为基点，以人才的竞争为归宿，以适应主流取向为指向的。学校应该教会学生热爱学习、热爱生活，教会学生关心社会、关心人类、关心生命。如果一个学校能在学生的人格和品德的发展上下功夫，教会学生追求理想，能关心民族命运，能时刻提醒自己永不停滞、永不失望，那就是给了学生真正的点金石。因为只有人格、品格完善的人才会有品位，才能成为社会的栋梁。

（五）理想性学校应该配有专家型卓越校长

伟大的教育家陶行知先生曾经说过："校长是一个学校的灵魂。学校的好坏和校长最有关系，一个好校长就是一所好学校。"随着社会的不断发展，人们对教育的渴求越来越大，对学校的要求越来越高，作为一校之长只有具备良好的素质才能引领学校向前发展，才能在激烈的竞争中满足人们的需要。因此，理想性学校一定是配有一位极具魅力的专家型卓越校长。

理想性学校的校长，他非常明确自己的身份和职责，校长就是学校的领导者、决策者和高级管理者，也是学科的引领者，更是学校领导集体的带头者；理想性学校的校长，他极具个人魅力和专业素养，不仅有多才多艺的影响力，率先垂范的感召力，真情投入的执行力，建章立制的行动力，人际关系的协调力，而且还有先进的办学理念，更有自己的办学思想；理想性学校的校长，能够以自己的人格魅力凝聚全体教师的力量和智慧，能让每个教师发现自己的才干，挖掘自己的潜能，能把教师的创造性、积极性发挥到极致；理想性学校的校长，能够懂得教师的需要，并且引导教师追求新的需要，也非常愿意与教师进行心与心的交流，用真诚、宽阔的胸怀和无私的奉献赢得教师的尊重，同时让最优秀的教师得到最应有的回报；理想性学校的校长，能够不断地加强学习，用自己的科研、教学成就去影响教师，成为刻苦学习的典范。

因为，校长不光是一个管理者，而且应该是一个学者、一个专家和一位"教师的教师"。只有这样不断地用先进的知识武装自己的大脑，时刻捕捉教改的最新信息，才能始终站在时代的前列，才能不断地引领教师和学校向前发展。

（六）理想性学校应该富有优秀的教师团队

学校的办学主体是教师，教师的大爱胸怀、奉献精神、求真思维、团队意识是办好学校的关键。现在衡量一所好学校的标准不在于有多少漂亮的建筑，而是看有多少优秀的教师。因此，一所理想性学校，应该拥有一支结构合理、爱岗敬业、求真务实、团结友爱、开拓进取的高素质优秀教师队伍。其中每一位优秀教师都应有以下共同的卓越品质。

1. 一位优秀的教师一定是具有博观约取与好学精神的积累者

伟大并不遥远，只要做个厚积而薄发的有心人。优秀教师并非高不可攀，关键在于细致的积累和辛勤的付出，能够多花点精力用在自己的事业上，让你每天都是不断更新的、波澜壮阔的，就像大海一样……陶行知先生说："要想学生好学，必须先生好学，惟有学而不厌的先生，才能教出学而不厌的学生。"在教学中，既要有新的理念教法，又要寓教于乐、游刃有余地让学生们喜欢你的课堂，事半功倍地使学生学到知识、掌握能力。

2. 一位优秀的教师一定是具有教育理想和拼搏精神的奋斗者

成功靠的不仅是理想和激情，而且更重要的是拼搏和奋斗。理想是人生的太阳，一个人没有了理想，那就没有了前进的方向；激情是人生的兴奋剂，一个人没有了激情，就没有了冲动奋斗的力量，就永远不会有成功。有个记者曾经采访一位名人：人最后的归宿都是一样的，你这么努力又是何苦？这位名人回答道，正由于我们的结果都是一样的，我希望我们的过程有点儿不一样。我们不能要求每个老师都优秀，但必须要求每个老师都能追求优秀、超越优秀。

3. 一位优秀的教师一定是具有使命担当和批判精神的探索者

探索的最佳门径就是从自我反思开始。只有经常反思，才能在那些熟视无睹、习以为常、司空见惯的现象背后，发现是否潜存着某种契机和可利用资源，或者是潜伏着某种危险和失去机遇；只有经常反思，用批判性的眼光去审视我们身边的人和事，不断地咀嚼，反复琢磨，再三玩味那些理所当然、天经地义的常规和说辞，智慧和灵感就会青睐，机遇和提高就会降临。怎样才能做到不断地反思呢？学习、学习、再学习，以古典的心情对待学习，不要急功近利，不要心浮气躁，从错误中学习，在反思中学习，在合作中学习，在探究中学习。

4. 一位优秀的教师一定是具有坚韧毅力和守望精神的坚持者

成功源于理想与激情，来自不懈追求和卓越努力。一个人如果失去了理想和追求，就永远不会有成功。不管是苏联教育家苏霍姆林斯基，还是我国的教育家陶行知、魏书生、李镇西等，从他们一个个成功的故事中，我们都能得出一个共同的结论，那就是"所谓成功，就是在平凡中做出不平凡的坚持"。因此，每个教师能否成为在中国非常有影响的名师或教育家，关键在于是否做一个有心人，是否有冲击优秀、追求卓越的愿望和内生动力，是否执着，是否有恒心。如果每个教师都能有追求优秀的欲望动力，只要用心付出、坚持不懈，把功夫用在平时，让自己教学工作的每一天都充满激情、诗意！守望教育理想，一切重新开始，让自己的教学之树，始终像春天那样绿意盎然，像夏天那样郁郁葱葱，像秋天那样色彩斑斓，像冬天那样雪中常青！

（七）理想性学校应该培育多元化杰出人才

学生是学校的主体，也是学校的主人，我们所做的一切都是为了培养学生成人成才。因此，理想性学校，应冲破当前教育天空低压的云层，挣脱应试教育的桎梏和狭隘眼界，以学生的健康成长为本，集中西教育之所长，以我为主，融合创新，进行重构基础教育的改革实验，为孩子们一生的发展打好基础。同时，在这个过程中要奋力攻克"后进生"难关，使"红杏出墙"和"弱苗促壮"交相辉映；理想性学校，应以振兴中华为己任的人生教育导航，使学生懂得珍惜，懂得自强，懂得责任，在成长过程中高悬"立志、好学、奋斗"的征帆。学生离校后，不论将来身处世界何地，也不论做什么工作，都能"鹏程万里，心系中华"，有出息，有作为；理想性学校，应抓好学生的养成教育和素质教育，把"爱学习、会学习，爱思考、会思考，爱活动、会活动"作为引领孩子们最优发展的"三驾马车"，在教师激励指导下要把学生引上"自主学习、自主活动、自主管理"之路，学习做自己的主人，做学校的主人，进而做社会和国家未来的主人。

教育是神圣与崇高的，理想也是神圣与崇高的，教育因为有了理想而激情满怀，理想因为有了教育而薪火相传。愿我心中的学校能成为孩子们的天堂，他们在这里常欢乐，常惊奇，主动地探索，健康地成长；愿学校能成为老师心中的家园，他们在这里常微笑，常惊喜，积极地奉献，开心地生活和工作。

三、对学校教育理想性的思考

为实现邓小平倡导的"教育要面向未来、面向世界、面向现代化"，中国现代教育必须进行改革，否则中国人将"自掘坟墓"，最终将葬送我们的未来。面对现在农村教育的困境，"两基"改革虽然取得了一定成绩，但随着现代社会的发展，新的"科技文盲"和"思想文盲"等现代文盲将越来越多。

"教育兴则国家兴，教育强则国家强。"习近平总书记在十九大报告中强调：建设教育强国是中华民族伟大复兴的基础工程，必须把教育事业放在优先位置，深化教育改革，加快教育现代化，办好人民满意的教育。这是建设教育强国的需要，更是提高人民综合素质、促进人的全面发展的需要。发展是第一要务，人才是第一资源，创新是第一动力，办好人民满意的教育才能培养更多人才，为实现民族复兴提供坚实的人才支撑。

由此可见，办好人民满意的教育就是我们的教育理想。然而要实现我们的教育理想，把学校办成理想性学校，使其成为师生们的精神家园、学习中心和创新沃土，既能让学生全面而自由地成长，让教师感受工作的幸福与价值，又能为国家培养出适应未来发展的时代新人，就需要国家、地方各级政府和教育主管部门凝心聚力、砥砺前行，全力以赴创建实现我们教育理想的理想性学校所必须具备的以下关键性条件和核心要素。

（一）科学创建办出理想性学校教育的好环境——制度

美好的教育理想，是根植于教育土壤上的理想追求，是构建在教育改革基础上的理性思考。要实现教育理想必须要有好的教育环境与土壤，即科学的教育机制和制度保障。

创建理想学校，追求理想教育，全面落实立德树人根本任务，办好人民满意的教育，事关中国特色社会主义发展，是进入新时代之后我国教育领域改革的关键着力点和突破点。为此，优化教育环境、创新教育机制体制、完善教育制度体系是历史的必然要求。所以，我们要从构建理想教育的体制机制、强化理想学校建设、注重人才培养质量、全面提高教育教学水平上进行国家顶层设计，制定从推动城乡义务教育一体化发展，高度重视农村义务教育，办好学前教育、特殊教育，普及高中阶段教育，努力让每个孩子都能享有公平而有质量的教育，到完善职业教育和培训体系，深化产教融合、校企合作；从加快一流大学和一流学科建设，实现高等教育内涵式发展，到健全学生资助制度，使绝大多数城乡新增劳动力接受高中阶段教育、更多接受高等教育……一系列全面细致、科学精准的有效指导意见和规章制度。

当然，人民对美好生活的需要日益广泛，对教育的要求也在全方位提高，这就给我们提出了更大挑战，办好人民满意的教育只有进行时，没有完成时。"民有所呼，我有所应"，制度的制定和安排不仅有针对性、实效性，更要有前瞻性，要极大地提升民众的满意指数。由此可见，新时代，新使命，只要不忘初心，坚定不移走中国特色社会主义教育发展道路，进一步深化对中国特色社会主义教育规律的认识，让教育发展成果更多更公平地惠及全体人民，我们的教育就能让广大人民群众更加满意，就能为提高人民综合素质、实现中华民族伟大复兴奠定坚实根基。

（二）精选出理想性学校的核心引领者——校长

我国著名教育家陶行知先生有两句精辟的评论校长的话，一句是"做一个校长谈何容易！说得小些，他关系千万人的事业前途；说得大些，他关系国家与学术之兴衰。"另一句话是"校长是一所学校的灵魂，要想评论一所学校，要先评论她的校长。"这两句话实在是评论得很深刻。前一句是从民族和国家大业来说的，校长是否称职，不仅关系到很多人的前途，还关系到民族的命运，国家的兴衰。这方面的作用在当今社会时代显得更加突出。后一句是从办好一所学校来说的，因为校长处于学校的核心地位、主导地位、决策地位。校长的品质、学识、才华、能力对学校的办学方向、发展目标、治校方略、办学质量都起着关键作用。无数事实证明，校长是学校的灵魂，是学校的一面镜子，有一位好校长，就有一所好学校，名校一定有名校长。

因此，理想性学校一定要有富有人格魅力、教育情怀和远大理想的校长。校长是一校之魂，首先，应具有人格魅力，能凝聚全体教师的力量和智慧；其次，要聪慧睿智，能让每一个教师发现自己的优点、特长，能把教师的创造性、积极性发挥到极致；再次，应富有情商，懂得教师的需要，能用真诚、宽阔的胸怀赢得教师的尊重；另外，还要有远大理想和科研水平，能以自己的教育情怀和科研成就去影响、引领教师发展。

（三）大力培养办出理想性学校质量的卓越工程师——教师

百年大计，教育为本；教育大计，教师为本。而教育的根本是立德树人，因此，立德树人是每一位教师神圣的使命和义不容辞的责任。要践行好立德树人根本任务，首先要求每一位教师必须是一个品质健全、以身垂范大写的人。从这个意义上讲，在立德树人的使命下，教师品质的渐进提升就成了每一所学校在教师队伍建设过程中必须始终明确坚持的目标和着力践行的重点。

"教师即课程"，这不仅是对教师应有的教育性的完美诠释，同时也是对教师的崇高评价。因而，在教师身上应体现的品质也就显得格外丰富和多元。教师集一个生命个体、社会公民和教育工作者等多种属性于一体，这就注定其必须具备三位一体的"道德品质""专业品质"和"生命品质"，它们共同融汇成一名人民教师应有品质的全部内涵。其主要原因有以下三个方面。

1. 教师通过教育引导学生习得知识与技能的同时，也在铸就学生的灵魂

教师是学生成长、发展过程中的人生导师和引路人，因此，崇高的教育职业客观上要求每一位教师必须具备高尚的道德品质，身正为范，言传身教。其中，道德品质的核心是"立德树人"，其关键体现的是"以德育德"和"为人师表"。

2. 教育是一门科学，教学是一门专业，教师是履行教育教学的专业人员

教师职业决定了教师不仅要具有高尚的道德品质，同时还要具备过硬的专业品质。教师在拥有必备的专业知识和专业技能的基础上，还要不断加强自身的专业学习，深入研究学生、学科和教育，准确把握学生成长的规律、教育发展的规律和学科发展变化的脉搏，格物穷理，与时俱进，以过硬的专业品质促进教育事业的进步与发展。这种专业品质主要包括专业精神、专业知识和专业能力。专业品质的核心是"专业自觉"，其关键体现的是"精益求精"和"终身学习"。

3. 社会要求教师应该彰显出蕴含教书育人价值的、与众不同的生命品质

教师作为社会的一分子，一个有血有肉的鲜活生命个体，因为从事着教书育人这样特殊而崇高的职业，所以社会期望教师这个生命个体在社会生活中要自觉注重仪表形象的端庄和言行举止的文明，以阳光的心态积极地面对生活，以良好的形象给社会增添美的风景，传播满满的正能量。生命品质的核心是"生命精彩"，其关键体现的是"阳光心态"和"幸福生活"。

因此，教师队伍是一所学校宝贵的人力资源，其品质与素养水准决定了学校发展的高度和远景。学校教师队伍的建设是一个系统工程，不仅需要有创意的设计感，还要有得力的着力点。理想性学校教师品质的提升工程永远在路上！

（四）全力培育办出理想性学校成果的良好生力军——学生

学生是学校的主体，是学习的主人。"今日我以学校为荣，明天学校以我为荣"，这句话已成为许多学校激励学生学习的名言。其实，任何学校任何时候的荣辱都是与学生休戚相关的，只有学生才能把学校装点得生机盎然。如果草坪上没有学生读书的声音，跑道上没有学生青春的脚步，实验室内没有学生操作的身影，设施再先进的学校也只是一潭死水。对于学生来说，最重要的两个问题就是具有良好的习惯和善于探索的精神。

1. 良好习惯是学生成人成才的基本品质和核心素养

叶圣陶老先生曾经说过："教育的真谛就是培养学生的良好习惯。"品位源于习惯，习惯就是素质，它不是由遗传得来的，是养成教育的结果。好行为养成好习惯，好习惯形成好品质，好品质决定好人生。因此，培养学生良好的习惯使其受益终身。

为此，理想学校的教育理想就是：要让学生养成自尊自爱、注意仪表的习惯，要让学生养成遵规守纪、文明礼貌的习惯，要让学生养成诚实守信、勤劳俭朴的习惯，要让学生养成勤于学习、乐于思考的习惯，要让学生养成关心社会、爱护环境的习惯。

2. 善于探索是学生成长发展的根本动力和关键能力

学校应成为孩子们自主探索知识的地方，这也应该是教育的追求。学生最可贵的就是探索精神，当一个学生对世界失去好奇心，不会主动发问、探求，那就是学校、老师和学生的悲哀。当学生学会了探索，生活就会充实。我们有的学生忙于娱乐、消遣、玩耍，就是因为他们缺少探索精神。我们要尝试给学生各种各样的问题，让学生从不同的角度，用不同的方法去探索、解答这些问题，要打破常规、打破传统去开发学生的智能，培养学生的探究精神。

（五）创新研发办出理想性学校特色的校本教科书——课程

教师有特点，学生有特长，学校有特色是教育改革深化的必然要求。特色学校建设是推动基础教育内涵发展的有效途径。其核心要素在于：风格、成果、传统。如何形成独特、稳定的办学风格，取得优秀的办学成果？校本课程的开发创建是学校可以大展拳脚的广阔天地。大力研发校本课程，实施课程创新是激发学校创建特色，引导学生多元化发展的强力措施和重要途径。

社团活动第二课堂可能很多学校都有，但是绝大部分都存在一定的随意性，特别缺乏系统科学的校本课程。学校对社团活动第二课堂在进行准确的特色定位后，就要以该项目为中心，先挑选出骨干教师，作为项目的负责老师，然后，着手进行校本课程的编写，让校本课程纸质化，成为生动有趣的特色课本，让师生上课有本可依。社团活动第二课堂的校本课程要以课外实践活动为主，激发学生的参与度与兴趣度，让其在参与中去探索、去感受、去学习，他们会更有兴趣。社团活动第二课堂的校本课程设计，要与传统课程有呼应与补充。社团活动第二课堂的校本课程的目的是提高学生的综合素质，让学生在学中玩，在玩中学，是学生向往的课堂。社团活动第二课堂的校本课程的内容要有更大的宽容度和可供选择的发挥度。社团活动、第二课堂与传统课堂当然要有不同，它比传统课堂应该更有宽松度，能让师生有更多施展拳脚的空间。这样，学生在宽松的环境中，更容易在社团活动第二课堂中展示自我，获得更多的自主发展，进行更多有创意的发挥。这样的课堂，更容易吸引学生。社团活动第二课堂的校本课程，要融入德育的教化。

构建特色学校，任重而道远，可是找准了一个支点——"开拓社团活动第二课堂，研发校本课程"，就有可能撬动整个校园文化，建立健全面向所有学生的校本课程体系，逐渐形成特色。大力开发校本课程，逐步优化特色课程，应该要用实践来检验其科学合理性。在实践中，接纳师生的有效建议，不厌其烦地进行修改。而这个过程应该是没有止境，没有终点的，永远走在修改和完善的路上，这才是流动的特色，新鲜的特色，有生命力的特色。

（六）竭力营造出理想性学校水平的一流好氛围——文化

校园是每个孩子学习生活的地方，是他们成长的摇篮，也是他们实现理想，放飞梦想的地方。对于每一位学生来说，良好的校园文化环境氛围给他们带来的是温馨、舒适的学习和生活状态。你可以想象一下，那种漫步林荫大道，与同学们一起端坐在草地上，仰望苍天，激扬文字的豪迈之情；走进古香古色而又富有现代气息的图书馆内，那种宁谧、神圣的氛围让你融入书海的世界里，感受五千年的人文情怀的厚重与沧桑；一方池塘，芬芳的花香，让我们享受那如诗如画的花园般的清新。对校园文化环境氛围进行改造就是对校园的整体布局进行调整，以及对校园环境氛围进行再升华，让学子们有更好的学习生活状态。

环境氛围孕育希望，理想信念放飞未来。教学楼走廊上的墙面文化是学校校园文化建设的重要一环。正如陶行知先生所讲：要把教育和知识变成空气一样，弥漫于宇宙。校园文化是学校发展的灵魂，是凝聚人心、展示学校形象、提高学校文明程度的重要体现。校园文化对学生的人生观、价值观产生着潜移默化的深远影响，而这种影响往往是任何课程所无法比拟的。健康、向上、丰富的校园环境文化对学生的品性形成具有渗透性、持久性和选择性，对于提高学生的人文道德素养，拓宽同学们的视野，培养跨世纪人才具有深远意义。

有品位的学校文化渗透在学校教育的各个方面，影响学生一生的发展。生活在优美和谐的环境文化氛围里，会使生活其间的学生体验到人生的乐趣与生活的美好，使他们保持着健康的心态。同时，高雅的环境文化品位会使师生们减轻压力，放松、淡化、摆脱心理困境，从而促使他们的个性潜能和创造力得到充分施展。为了"办有灵魂的教育，育有追求的学生"，学校需要营造积极、健康、向上的学校文化氛围，让教师学生浸润洗礼、感悟体验，从而使得教师学生在潜移默化中接受学校文化的基因，习得学校薪火相传的精神气质。优秀的学校文化，在滋润师生心灵的同时，也在深化校训教育的境界。

总之，理想性学校除了有理想的制度、理想的校长、理想的教师、理想的文化和理想的生源外，还必须符合理想性学校的以下标准。第一，必须让每位学生都能感到自己没有被忽视；第二，必须参与最终以提高教学质量为目标的教学改革；第三，必须关注学生之间的个体差异，既能因材施教，又能对特困生提供特殊帮助；第四，必须为学生提供得以充分发展的机会，关注学生的全面发展；第五，必须通过自身建设建立起一个合作网络，不是孤立的；第六，必须是"门窗敞开"，既能请进来，也能走出去，不是封闭的。像这样的优质学校，就是人们心目中的理想学校，其教育就是理想教育。

第二节　对学校教育理想性的理论研讨

　　我们对学校的理想教育充满了憧憬，也对学校的教育理想充满了信心，并有了更深的使命感和责任感。我们坚信：只要有梦想，只要我们在行动，就会不断地前行；只要我们不断地前行，我们就会实现教育的梦想。为此，从教35年来，我一直在不断地深入学习，反复地追寻思考，深刻地探究研讨学校教育的理想性问题。

一、对学校教育理想的理论研讨

　　教育理想作为支配教育生存和发展并体现教育规律的观念系统，体现了每一时代的人们对教育应有的价值追求，它可以引导现实的教育实践向合目的、合规律的方向发展，有利于改变不合理的教育现实，使教育活动不断地趋向于真、善、美。

　　然而，在市场经济大潮的冲击下，我们把科教兴国、培养创新人才等作为教育的价值取向，但却在自觉不自觉中，使教育从属于市场化的过程，带有了强烈的功利性，从而丧失了教育自身的独立精神与品格。因此，在人们日益为功利所羁绊、为实利而限制生命意义的拓展时，当教育在复杂多变的社会中随波逐流而无所适从时，我们迫切需要教育的理想，需要为教育确立起一种终极的关怀。

　　那么，教育理想的内涵究竟是什么？教育理想具有什么样的特征？教育理想的价值意义何在？如何守望和坚持教育理想？对这样一系列问题的思考与回答，直接影响到当代教育理想的建构，影响到当代教育精神的彰显与其时代使命的完成。

（一）关于教育理想的提出与论述

　　公元前3世纪，柏拉图在《理想国》一书中提出其教育理想，并认为理想的教育在现实中并不存在，但在未来是可以实现的。19世纪，罗伯特·欧文提出普及教育、按劳分配及教育与工厂制生产劳动相结合，培养全面发展的新人的教育理想；在此基础上，卡尔·马克思运用辩证唯物主义和历史唯物主义观点，提出了科学的共产主义教育理想。

　　教育理想作为教育理念形而上的抽象和升华，是整个教育生态的价值导向和终极关怀。在教育伴随人的产生而出现的数百万年间，教育理想从经验的、习俗的认识经典教育理想与人生理想的混合期逐步过渡到现有的系统化的教育理想思想体系。特别是教育学兴起的数百年间，教育理想的系统化进程更是今非昔比。逐步生成了多个体系的教育理想思想范式。但教育归根结底是人的思想活动和实践历程，教育理想的合理化在很大程度上取决于其是否真正以人的存在和人与外部环境的良好沟通互动为前提和归宿。这才是教育理想的应有之义。

关于教育理想，《教育大辞典》中解释为："根据一定事实发展的趋势、思想倾向或理论，通过推论得出的具有合理性的教育预见，其实质是对未来教育图景和目标的设想和期望。"教育理想是不同时代人们对教育发展终极目标和理想状态的理解，体现了一个社会绝大多数人共同维护的教育价值观。教育理想是人们在教育实践活动中形成的具有实现可能性的对未来教育的向往和追求，是人的世界观、人生观和价值观在教育信仰和奋斗目标上的集中体现。

教育理想是一定的主体依据其价值观，在对教育现实否定性评价的基础上，以教育的客观事实和教育发展的必然性为根据，对教育活动的希望、追求和向往。教育理想是支配教育生存和发展，并体现教育发展规律及趋势的观念系统，它意味着处于不同时代的教育对自身任务、责任与义务的确认，包含着人们对教育的本质、教育的价值、教育的功能等问题的基本看法和态度。在不同时代、不同社会，教育理想必然存在着差异，但是，能反映教育的本质，反映教育发展规律与趋势，却是构建一切教育理想所必需的。它与理想教育、教育目的及教育价值等，既有联系又有区别，具有超前性、批判性、导向性，昭示着人们对教育的终极关怀。

教育理想是教育对教育中的人或社会未来的美好设计与想象，它指明教育的价值追求及前进的方向，体现人们对教育的哲学沉思与审视。教育理想是人们根据教育发展的必然趋势和自身的需要，通过想象而确立的教育价值目标。教育理想是教育实践中应该追求的美好教育观念和教育思想。就其本质和共性说，学校的教育理想应该聚焦于培养什么样的人和怎样培养人，应该集中关注如何"托起明天的太阳"。人们常说的"转变教师的教育观念"，实质是指去消除教师误以为真的教育思想和观念，去信奉并坚守正确的教育理念与思想。中国教育的本质是要把人民对更好教育的期盼作为奋斗目标，要把教育目的聚焦在服务中华民族伟大复兴中国梦的实现上。

按照时下流行的说法，我们的教育理想就是"以人为本的科学发展观"。具体来说，教师的理想，首先是以学生为本的观念，它包括尊重学生的人格，尊重学生的主体地位，尊重学生的发展潜能；其次是全面发展观，它包括关注学生的终身发展的愿望和能力，信任每个学生的发展可能；再次是教育本质观，它涉及对教育自身的理解和认识，即关于"教育究竟是什么"的看法。在教育本质观上，教育即解放儿童个性，教育即培育儿童生命价值。这些理想是教育理想的内核。当然，教师的理想可以分成若干层次，新课程中强调的体验观、建构观、生成观，都是其内核的具体化。对每个教师而言，其理想可能是非常具体的、形象的、生动的；可能是一句话，一个命题。在《教师的思想》一书中袁继庆老师提及的"站在讲台上，我就是语文"，也就是一位语文教师的理想。

（二）关于教育理想的价值与作用

教育理想对于引导现实的教育实践不断地趋向于真善美，具有十分重要的作用和价值。教育理想包含着教育价值，教育理想是在一定教育价值观基础上的教育价值取向。教育理想是教师人生的精神向导，是教师人生的定向机制，它为教育工作者的人生指明奋斗的方向；教育理想是教师人生的精神动力，是教师人生的精神支柱。

在现实人生中，当人们遇到特殊困难或重大打击，有时甚至陷入绝望境地的时候，如果没有一种力量来支撑着自己，人就会垮下来。而教育理想正是在这样的地方和时候起着精神支柱的作用，支撑着教育工作者的精神和意志，不为巨大的困难所压倒，而且使人在困难和逆境中振作起来，战胜艰难险阻。教师要不断地做出一定行为来实现教育的目标，但只有具备了崇高的教育理想和坚定的教育信念，才能不断地推动教育事业的进步和发展。

心理学研究表明，人的成就与理想有着直接的关系。人的理想层次越高，成就也就越大。我一直认为：教育和理想是一对孪生兄弟，理想教师的第一个条件，就是要有教育理想。教师走上工作岗位后，必须要为自己设置一个一生为之奋斗的目标。一个优秀教师，应该天生不安分、会做梦。对于一个优秀教师来说，教育的每一天都是新的，每一天的内涵和主题都是不一样的。

理想是行动的指南，理想有多远，我们就能走多远。一个有理想的教师，不会照本宣科，不会按部就班，不会人云亦云，不会仅仅教给学生"一碗水"，更不会替教参编写者教书而忘却了自己才是真正的教育家。一个有理想的教师一定是学生喜欢的教师，一个有魅力的教师，一个有精神感召力的教师。

教育理想虽然是人们对教育未来的一种理想设定，也许在教育实践中永远得不到完整的实现，但是这种设定却是我们向往的目标，成为人们从事教育实践活动的指南，成为教育活动的"灯塔"。它不仅为我们朝向美好生活的追求赋予了意义，而且也为我们理解教育的真意提供了认识阶梯，推动教育与人的发展完善和社会的改革进步携手共进、相辅相成。

（三）关于教育理想的特征与性质

教育理想是一定的主体依据其价值观，在对教育现实否定性评价的基础上，以教育的客观事实和教育发展的必然性为根据，对教育活动的希望、追求和向往。它与理想教育、教育目的和教育价值，既有联系又有区别。教育理想具有前瞻性、批判性和导向性等特征。

1. 教育理想的前瞻性

教育理想是对教育现实的超前反映，是人们所追求的教育的"未来"走向；教育理想是处于一定历史时期和社会发展某一阶段上的人们，基于自身发展的需要，所形成的关于对教育未来的超前性认识；教育理想是人们在观念中构想的教育，在将来"某一时期或时段上"所要达到的可能性状态，是人们为教育所构想的"追求"或"应然"。

教育理想作为人们对教育的超前性认识，其对象不是教育的历史或现实，而是教育的未来，而人们对未来的建构总是要立足于现实，否则，只能是幻想。由于理想总是指向未来的，也就难以对它进行具体的清晰地描述，因此，教育理想只是对教育未来的基本走向与性质的勾画。

2. 教育理想的批判性

教育理想不仅是对教育现实的超前反映，也是对教育现实的批判性和反思性的反映。教育理想的构建本质上是一种对于教育现实的批判性的认识活动。其之所以如此，在于人的需要是永恒的、无限增长的，较之而言，教育现实则表现出相对的滞后性和稳定性，这一矛盾决定着人永远不会安于教育的现状，而是会抱着对教育现实的不断批判与反思的态度，并以理想作为驱力来超越教育现实，指向人们所期盼的教育未来。所以，它以其超越"当下"的应然状态，来审视教育现实，检验其目的的合理性及行动的意义。

教育理想对教育现实的批判，也正是教育强烈的时代责任感的体现。教育理想对教育现实的批判，不是形而上学式的全盘抛弃或否定，不是不负责任的历史虚无主义，而是对于教育现状与发展变化中的社会需要、人的需要之间的差距的一种积极的探索。它一方面对教育现实中假丑恶的东西加以贬抑和排斥，另一方面，对教育现实中真善美的东西加以确认和发扬。也正是由于教育理想对教育现实的批判性认识，才使得教育随实践的发展而不断地审视自我，不断修正和完善自我，使得现实的教育活动不断朝向新的目标与高度。

3. 教育理想的导向性

教育理想包含着人们对教育未来的预测和预见，其目的是要以"未来"来规范和导向现实中教育活动的目的、内容、方式和途径。教育理想是人们对教育应然状态的价值追求，这种"应然"超越了人、社会及教育自身的现实状况的制约，比"现有"形态更规范、更合理和更完善，因而往往会成为人们进一步活动的取向，具有鲜明的导向性。其原因主要有以下三个方面。

（1）教育的发展具有多种可能性。教育作为一种社会现象，其发展具有多种可能性，究竟向哪一种可能性发展，哪一种可能性才能变成现实，这就需要以教育理想作为导向。教育理想引导教育活动向着符合目的、符合规律的方向发展，它昭示教育在多变的环境中，在面临不同主体的各自利益取向及要求之中，应有自己独立的主体意识和理性选择，不做"没定见的摇摆"。

（2）教育是有目的有意义的活动。教育的目的就是让人成为真正的人，人不能脱离社会而存在，成为真正的人以后为社会做出自己的价值。教育的意义就是让每个生命都能感受到自己的成长。唯有以教育理想为引导，教育活动才不会杂乱无章、充满矛盾，才不会因利益的驱使而趋炎附势、随波逐流，才能显示出其应有的意义与崇高的价值。

（3）教育现实往往存在不合理性。面对教育现实的缺陷和不合理，理想主义者往往从绝对完美的角度过分强调理想，从而怀疑现实、否定现实；现实主义者往往又视教育理想为遥远、为渺茫、为不切实际，从而满足于现实，或表现出"媚俗"的教育取向和行为。以教育理想作为教育实践活动的导向，正是为了正确地对待教育现实。这既包含着科学地认识现实，对教育现实做实事求是的评价，还包含着对教育现实的扬弃，肯定教育现实中合乎社会及教育发展趋势的具有生命力的部分。只有这样，教育活动才能不断地趋向完美。

（四）关于教育理想的坚守与行动

与理想相伴的一个词语，就是坚守。我一直用"戴着镣铐跳舞"来形容我们对于坚守教育理想的理解。我们经常会有一百个理由让自己放弃教育理想，把放弃的原因归结为社会的大环境或学校内部的小环境。随波逐流是最容易、最轻松的事情，而坚守教育理想，就必须耐得住寂寞，就要淡泊宁静，更要相信未来。与理想相伴的另一个词汇，应该是行动，而且是智慧的行动、坚韧的行动。追求教育理想、享受教育幸福的路途中，只要行动就有收获，只有坚持才有奇迹。

做个有理想的教师，何其难啊！有人说，教育的理想与梦想是天使，而教育的现实与困境是魔鬼，这话一点不假。做一个有理想的教师是多么难能可贵！因为，做个有理想的教师，需要心中有梦想，胸中怀信念，需要有对教育良知与底线的坚守和坚持，更需要有与现实和困境抗争的行动；做个有理想的教师，需要尊重学生的地位、人格和潜能，需要关注教学的细节并反思教学的问题，更需要确立正确的核心教育价值观；做个有理想的教师，需要认识到学生不是一个需要填满知识的罐子，而是一颗需要点燃生命的火种！需要激发学生终身发展的愿望和能力，切实赋予他们终身发展必备的知识和能力。

（五）关于教育理想的重塑与构建

教育是民族发展的灵魂，教育的发展有赖于教师，教师的教育理想与学生的未来、学校的未来、国家的未来息息相关。我们应拥有什么样的教育理想呢？这么多年，我一路走来，一路思考：自己的教育理想是什么？自己到底想成为一名怎样的老师？想培养怎样的学生？希望他们长大后成为怎样的社会人？等等。答案只有一个，那就是做一名有正能量的老师。因为教育需要培育和传递"正能量"。想要培育学生的正能量，首先需要老师具有正能量，并且要在课堂及生活中积极向学生传递正能量。这样的教育才是真教育,这样的老师才是真老师。 那么,怎样才能成为一名真正具有正能量的老师呢?

1. 为师有道,积蓄正能量

著名的教育家马卡连柯说过"爱是教育的基础,没有爱就没有教育。"爱,犹如一块衔含在嘴里的奶糖,能使久饮黄连的人尝到生活的甘甜。陶行知先生以德立教,"爱满天下",成为"万世师表"的楷模。他正是由于有了这种深切的"爱",才有了他那种"千教万教,教人求真"的执着追求。

爱,是教育儿童最自然最直接的方法与手段,是父母与孩子、教师与学生之间情感联系的纽带和精神生活上的体现,也是培养学生远大志向和高尚行为的肥沃土壤。我们身边就有许多成功的教育工作者,他们对学生都持有一种自觉和纯真的、持久和普通的爱。身为人师的我们,要爱学生,要对每一个学生都倾注深厚的爱,爱生如子,爱生胜子。能为人之师,做人之表,这就需要我们具有"红烛"一样的高尚情操,保持"春蚕"一般的伟大胸怀以及无私的奉献精神;要有现代化的科学的教育方法,要掌握科学的教育教学规律。但这一切都应以爱为出发点。

教师为师有道,积蓄正能量,要做爱的使者。我们的任务是真诚地将我们的爱心雨露播撒在校园的每一个角落,让爱心之雨露滋润每位学子的心田,让他们在爱的浸润中,学会关爱我们身边的每个人。教师只有学会关爱自己的学生,才能促进自己的成长。作为教师,应该无私地把爱撒向每一个孩子,平等地对每个孩子,了解他们特有的情感世界,懂得他们失败的痛苦和成功的喜悦,让他们在学习过程中时时体验到老师对他们的关怀,时时感受到努力得到的肯定,体验到学习的快乐和成功。当老师把一颗真诚的心交给孩子,公正地对待每一个孩子,公平地把爱和温暖送给每一个孩子时,孩子小小的心定会融化在师爱中,在学习生活中找到快乐,愉快地接受教育。

2. 为教有法,传递正能量

教育是开发人力资源的主要途径。在教育教学活动中,教师必须做到为教有法,传递正能量。在教学中,要以学生为主体,教师为主导,充分发挥学生的主动性,关心每一位学生,促进学生的个性发展;要尊重教育规律和学生身心发展规律,把促进学生健康成长作为学校一切工作的出发点和落脚点。

在教学过程中,要像盖大楼一样,特别做到:一要"宽"——就是要开足开全课程,扩大学生知识面,促进学生身心健康全面和谐发展;二要"实"——就是要扎实打牢学生的基础知识和基本技能,为孩子的终身幸福奠好基;三要"厚"——就是要让学生博观而约取、积累厚重的知识与厚实的能力,并非专一的文化知识。

教育需要源源不断的激情倾注,源源不断的激情必须沿着理智的正能量渠道,自由地流淌。因此,作为教师一定要通过教育教学积极主动地、富有激情地传递正能量,努力把学生培养成阳光的、积极的进取之人;全力打开学生上升的空间、打通学生成长的路径，让学生健康、幸福、快乐地成长；竭力培养学生科学的人生观和价值观，让学生怀有仁爱之心，做善良诚信之人；尽力指导学生树立革命理想，拥有良好的心态习惯，追求美好的生活前程。

3. 为人有品，提升正能量

教育的任务是立德树人，因此，作为教师必须为人有品，提升自己的正能量。教师要通过不断地学习来充实自己、完善自我。一个好教师的知识结构应当由三块组成，即精深的专业知识，开阔的人文视野，深厚的教育理论功底。社会正在发生日新月异的变化，知识增长、更新的速度加快了。教师要适应这种变化，只有不断学习、不断发展。

（1）教师要为学生而学习。教师要通过阅读和学习把自己打造成一部让学生百读不厌的书，这部书比起课本对学生的影响要深刻和持久得多。为"学生而读书"是教师阅读的第一推动力。

（2）教师要为教学而学习。教师只有通过不断学习，才能汲取从事教育教学工作所需的精神营养，将其转化为自己的工作能力和综合素质，充分提高教育教学水平。

（3）教师要为自我而学习。教师以完善自我人格魅力、充实文化底蕴和丰富生活情趣为目的的学习，将有助于教师用更广阔的视野来思考和实践新课程，用更为厚实的文化底蕴来支撑教育教学，用更完善的人格魅力去熏陶和感染学生。

（六）关于教育理想的实践与奋斗

教育理想必须在实践智慧的引领下，与时代结合、与国情结合、与经验结合，方能拥抱理想教育。世界上所有自然河流的长度都是其直线距离的π倍，这是因为河流必须在逶迤中前行。然而，这不影响它的最终归宿。教育理想的实现过程也大致如此。秉承卓越发展观，让理想照耀远方，我们需要坚持目标导向，由现实的学校走向理想的学校。

一所理想学校，它是顶天的，引领世界文化科技进步，推动人类社会文明前行；一所理想学校，它又是接地的，与现实生活结盟，与生产劳动和社会实践结合。要努力发展具有中国特色、世界水平的现代教育，就要重视理论与实践的有机结合，让学习的目的全在于运用。以此来观，我们的一些学校不能头不接天、脚不着地，悬浮在半空中。

一所理想的学校，它不是教室、教师、学生、课程和考试的集合，而是鲜活的、充满生机的真实存在和青少年儿童度过最美好年华的地方，它有自己独特的使命价值、行动准则和思想传承。学校更重要的是底蕴，不能用干巴巴的指标评定人们心目中的好学校；要让学校充满爱心，爱是教育的灵魂；要让学校拥有尊重，尊重是教育的力量。以此来照，我们的一些学校不能像工厂企业，只为学生提供学习知识的模式而非生活。

那么，怎样为塑造理想学校的格局而奋斗呢？一是要肩负起要建立理想学校的伟大使命。习近平总书记指出，"我们的教育是为人民服务、为中国特色社会主义服务、为改革开放和社会主义现代化建设服务的"。这是中国特色社会主义理想学校对发展宗旨和建设理念的宣言，对未来发展和长远目标的高度概括。二是要推动理想学校价值观由知识本位向能力本位转变。要切实改变以教师为中心、教材为中心、课堂为中心的教学模式，将以学生为本真正落实到教学行动上来，成为教学改革的出发点。三是要重构现代理想学校课程体系。在学校课程建设中，首先，应把握人的发展原则，全力构建适应学生不同发展的课程体系；其次，应把握多元适用原则，在构建多元课程的基础上逐渐做减法，完善丰富原有课程精华，形成独特而为学生成才真正所用的课程体系。

二、对学校理想教育的理论研讨

随着中国改革开放的逐步深入、新课改的逐渐推进以及国家对基础教育的高度重视，全国各地涌现出了越来越多的把教育当作毕生事业的有思想、有作为的优秀教师。他们的思想和行为，正在由下到上触动并改变着现行教育当中那些落后的体制和僵化的观念；正在由点到面带动着教师观念和行动的转变；正在由里到外推进着教师专业化发展和对理想教育的追求。下面就探求学校理想教育、寻找学校教育本真和引领学校教育内涵发展的理论研究作一概括归纳。

（一）理想教育是回归本真的教育

进入新时代，教育面临着一系列新问题、新挑战和新机遇。功利主义教育理想和泛人文主义教育理想让真品性的教育理想变得日益模糊和异化，教育的健全人格、培养理性和智慧、探求人的存在意义和人与外部环境良性沟通、互动的本质属性被抛入万丈深渊，教育理想变得越来越乏味和虚无。我们需要真品性的教育理想的回归和重生。

1. 探求人存在的意义，是学校理想教育的基本前提

教育是关于人的活动，把探求人的存在意义作为其首要前提，应该是毋庸置疑的。教育也必然与人的存在问题相伴随。现代教育的实质是"生存的教育"，而非"存在的教育"。这种生存的教育给予了人们生存的意义和活动，却没有给予人们生存的理由和根据；它只认识到了人的"生存问题"及其对个体和社会的意义，却没有认识到人作为人的"存在问题"及其对个体和社会的意义。在这种教育下，人们拥有了比以往任何时候都更强大的生存能力，但是却越来越对生存的必要性发生怀疑。这种怀疑使得人们的生活充满了无聊、空虚、寂寞、无意义感，从根本上威胁到人生的幸福和人类文明的进步。

因此，教育理想不能只考量作为"工具的人"，还应考量作为"目的的人"。应该比以往任何时候都要关注人的存在问题，考虑如何增加人的存在意义。教育应让人以理性为基础，以怀疑为起点，以批判为武器，以求真为指向，以创造为目标，在宽

容的氛围中自由地探索，在公平的制度里独立地思考，从而使人有意识或无意识地养成求真的意识、质疑的态度、宽容的心态与独立的人格。这种对人的精神世界潜移默化的影响可以说是一种强大的教育力量。基于此，教育理想应尽早促发对人的存在意义的回归。这种由古老的哲学分化出来的教育哲学思想应该是今日教育理想的光荣之路。

2. 追求多元共生共享，是学校理想教育的本真核心

系统论认为，任何有机体的存在都是以其他有机体的存在为前提和必备条件。作为教育活动系统总结的教育学在多学科发展的今天，想要有大的、长远的发展，必然借助于多学科的理论基础和研究方法。从而构建一种跨学科的、跨思想体系的崭新的教育学思想体系。

教育理想在这样的大背景下，就要努力促进人与外部环境的良好沟通互动，实现多元共生教育理想情怀的重生。也就是要用人文主义的理念来塑造养育内心和谐，与他人、社会、自然能和谐相处的人。教育除了使受教育者具有谋取生存手段的外在目的外，更重要的目的则是使个体实现自我创造、自我发展和自我实现。进而让人以求真来消解虚伪，以创造来克服守成，以自由来抑制专制，以宽容来替代独尊，以独立来摆脱依附，以质疑来取代盲从，以公平来化解等级，以理性来制衡非理性，以科学知识来消除愚昧无知，这些都有助于实现人的现代化和人格的陶冶。

人格陶冶的过程，不仅是一个孤立的个体向世界性个体转变的过程，而且是个体的人占有人类历史所创造精神文明财富的过程；人格陶冶的过程，不仅是人与他人沟通、互动、信任、协作的过程，而且是人与社会相互依存的过程，更是人与生活其中的自然和平共处的过程。人将作为一个真正的人，一个置身于全部生命形态和地球生态中的人，而不是单纯作为抽象的人和单纯作为现实的劳动者而得到发展和满足。教育不仅要帮助人解读自己及其行为和抉择，而且要理解和认同他人、社会力和自然力。

自从教育活动出现的那一刻起，人们就从来没有停止过对教育理想的追寻和探索。本真意义上的教育理想则始终贯穿于整个教育活动之中，不因时移事异而改变，不因人们暂时的忘却和抛弃而消逝。探求人的存在意义，促进人与外部环境的沟通互动，实现多元共生的教育理想情怀，与其说是一种构建，不如说是真品性的教育理想回归。正如王国维先生的"众里寻他千百度，蓦然回首，那人却在灯火阑珊处"式的经过无数探索和追寻的最高境界的回归。教育的本义，是培养新生代准备从事社会生活的整个过程。所以，教育的原初价值，是促进青少年获得发展。

3. 分析现实教育问题，是学校理想教育的特征要求

教育要追寻理想、回归本真，就必须对现实教育进行认真的剖析和反思，查找存在的问题和不足，并不断加以修正与改进。在改变这些问题时，希望能够回到教育的原初价值，促进孩子的健康发展。这是理想教育的本质特征和必然要求。然而，我们的教育现实情况究竟如何？有没有什么问题？这需要教育人仔细分析，认真考量。

当下教育，虽然欣欣向荣、生机勃发，实则远离了教育本真；就像当下的农业，极端追求生产效率，结果远离本真，农业反而不像农业了。教育也是如此，导致忘记了初心，远离了教育本真。

就教育的问题而言，我认为：一方面是教育工作者的社会地位和经济待遇都还不够高，以至于许多人都还在为基本的生活标准而努力，甚至困扰着。另一方面，社会的逐渐开放，市场经济初期带来的许多不正确的认识观念也影响着人们的认知。此外，在教育体制上，现行教育管理体制，使许多人不按教育规律办事，造成了教育的畸形发展。

4. 解决教育回归本真，是学校理想教育的关键所在

理想教育就是在改变现实教育问题时，希望能够使教育回到原初价值，促进孩子的健康发展。那么如何解决这个关键问题呢？

（1）应该实行现代学校制度。现代学校制度是改变教育管理体制的一项重大措施，它立足于增加学校办学的自主权，减少来自各方面的干扰。这样的教育，减少了很多的功利化色彩，为学校探索适合自身的方法提供了制度化的保障，促进学校办好自己的特色，减少同质竞争。在教育系统中，形成一种生态化的发展格局，也为社会提供了多元化发展的人才。

（2）应该提升教师职业幸福感。教师的职业幸福应成为教育管理者中的一项重要命题，教育这种生产活动，和物质生产活动相比，具有其特殊的性质。教育是一种精神生产活动，需要心灵与心灵相通，情感与情感互动。基于这一点，如果一个教师体验不到生活的幸福感，他也很难传递给学生感受到生活的幸福感。一个人的职业幸福，归结起来就是他在职业中获得的价值的实现。教师的职业幸福，主要来自以下三个方面：①教师通过他的劳动，获得比较好的，和他的劳动价值较为对等的物质报酬；②他在职业中获得的应有的尊重，包括与上级的关系、与同事的关系、与学生的关系、与家长的关系和社会的评价；③他是否对自己的工作绩效有把握，也就是说，工作的难度不能太大，能够在工作之时，对工作的结果有较为确定的预期，知道自己能够做好这项工作，而且能够做到什么程度。这样，他的焦虑感就要少得多。

（3）应该落实立德树人根本任务。就是培养学生应该具备健康的体魄、健全的人格、良好的心理素质、优秀的品质、较高的核心素养。具体要做到：坚持德育为首，促进人的全面发展；立足个性差异，促进人的独特发展；激发主观潜能，促进人的自主发展；着眼人的未来，促进人的终身发展；涵养校园文化，促进人的灵魂发展；遵循教育规律，促进人的科学发展。

（二）理想教育是以人为本的教育

理想教育始终将学生的核心素养发展放在首要位置，以打造学生长远发展的潜力和动力为使命，让每个孩子都能找到自信，拥有展示自己才华的舞台。以人为本的教育理念要求教育要以满足人的需要为根本，以促进人的全面发展为目标，以关注人的个性发展为主干，以促进人的持续发展为归宿。二者都将教育的核心归于为人的本性发展服务，教育的一切工作都是以人为中心、以人为根本、以人为对象、以人为动力、以人为目的、以人为标志的。由此可见，以人为本的教育理念是理想教育的本质要求和价值取向，是理想教育发展的必然产物。

1. 以人为本的教育，是追求学校理想教育的本质要求

理想教育就是人们心目中最好的教育。它主张把学生放在第一位，以学生的发展作为教育教学的出发点，顺应学生的禀赋，提升学生的潜能，全面而和谐地促进学生的发展。因此，理想教育的本质要求：教育必须以人为本。以人为本的教育不仅要关注学生的成长，进行人性化的教育，而且还要注重教师的发展和教育管理的人性化。其主要特征有以下三个方面。

（1）教育要充分体现主体性。这里讲的主体性主要涉及学生的主体性、教育活动的主体性和教育系统的主体性，重点是学生的主体性。在教育活动中，学生是占主体地位的，这就要求我们应充分考虑到学生的兴趣爱好、个性特点及已有的知识水平。这样，教师才能根据学生的需求，顾及学生的水平来设计教学内容、教学方法及其教学手段，从而达到理想的教学效果。以杜威为代表的现代教学也提倡以学生为中心。杜威批评传统教育无视儿童的需求，只从外部强迫他们学习成人的经验，教育成为一种"外来的压力"。

（2）教育要注重教师的发展。振兴民族的希望在教育，振兴教育的希望在教师。教师的发展对教育起着至关重要的作用。在现代以人为本的教育理念指导下，更应关注教师的发展，充分重视教师的利益、教师的权利、教师的价值和教师的作用。学校应为教师提供在职培训、进修的机会，并想方设法提高教师待遇。

（3）教育要重视人性化管理。现代教育管理更应体现"以人为本"教育理念，注重人性化管理。人性化管理就是对人要充分尊重和关注，为被管理者提供宽容、和谐、民主的人文环境。

2. 以人为本的教育，是探寻学校理想教育的价值取向

理想教育的价值取向就是以充分开发个体潜能为己任，以最大化丰富知识、增强能力、健全完整人格为目的，将人的最优发展作为教育全部工作的出发点和落脚点。以人为本是教育发展的核心命题和基本价值取向。以人为本教育理念的精髓是以人为尊、以人为重、以人为先，其终极目标就是人的理想教育。以人为本教育理念对推动教育事业科学发展具有重要意义。

（1）有助于树立理想科学的教育观念。"以人为本"教育理念把人放到一个重要的地位，尊重人的权利、利益及需求，重视人的价值，这充分体现了理想教育观的内涵。对教育中的人的正确把握，是树立科学的理想教育观的基础。

（2）有利于建成和谐型的学习型社会。以人为本教育理念体现了科学发展观中以人为本的科学内涵。和谐社会建设要求充分考虑到人的权利和利益，尊重人的主体地位，体现人的价值。"以人为本"教育理念与其不谋而合，以人为本的教育对建设和谐社会有重大意义。现代社会提倡全民学习、终身学习的学习型社会。以人为本的教育从发展人的高度理解教育，把人的需要的满足、人的发展的促进、人的价值的扩充作为它研究的主体。所以，以人为本的教育有利于学习型社会的形成。

（3）有利于培养全面和谐发展的个体。"以人为本"教育理念以人为出发点，就必然会注重人的身心发展规律，关注人的兴趣及需求。学生是能动的主体，教育者所能做的是去发现和唤醒其内在潜能，而不能按自己的愿望去塑造，去雕琢。教育不是束管，学校要为学生的全面发展创设良好的环境氛围。教育的根本是教会学生学会生存、学会合作、学会学习、学会做事。

3. 以人为本的教育，是寻找学校理想教育的科学体现

（1）以人为本教育理念体现了科学发展观中以人为本的科学内涵。科学发展观的核心是以人为本，它强调人是发展的出发点，又是发展的主体和归宿。以人为本教育理念与其不谋而合，教育是培养人的事业，必须坚持以人为本，重视人的发展因素，正确认识人的价值，为每个学习者提供最好的教育；必须坚持以学习者为主体，充分发掘每个学习者的潜能，为学习者的全面发展提供充分条件；必须关注人的全面和谐发展、个性持续发展和终身健康发展，唤醒人的生命活力；必须坚持把人的发展从知识层面提升到生命层面，使一切教育活动应以人的全面发展为出发点，让一切教育发展为了人，发展教育一切依靠人，教育发展一切成果惠及人。

（2）科学发展观中的以人为本思想为教育改革提供了全新的思路。树立"以人为本"教育理念，使受教育者在德智体美劳各方面都得到发展。在新时期，以人为本的教育理念并非是与以社会为本相对立的个人本位，以人为本不能陷入人类中心主义，而要实现人与社会、人与自然以及人与人的和谐统一。教育以学生为本，正确处理学生与知识、学生与教师的关系，教育要回归人的生活世界，关注人的生存境遇，关注人的生命价值和意义。

（3）坚持以人为本教育理念是教育界贯彻科学发展观的重要举措。在学校教育及其教学实践活动中，践行"以人为本"的要求，首先要科学把握中国特色社会主义"以人为本"教育理念的实质及内涵；其次要根据科学发展观"以人为本"教育理念实质的要求，紧密联系当前教育发展实际，有针对性地解决影响教育科学发展的问题；再次要在具体的教育实践活动中真正实施好素质教育，处理好"教"与"学"的辩证关系，要使受教育者在德智体美劳各方面都得到全面发展。

4. 以人为本的教育，是追寻学校理想教育的必然产物

教育应该以人为本，也就是要围绕着人的需求，为人服务，而且是全方位、多元化地围绕着人的需求，为人服务。因此，以人为本的教育理念具有极其丰富的理想教育内涵。

（1）教育要以满足人的精神需要为本。一要大力促进教育公平，保障广大人民享有公平的受教育权利和机会；二要不断提高教育质量，满足人民群众渴望其子女接受优质教育的需要；三要办好让人民满意的教育，让教育发展成果更多更公平地惠及全体人民。

（2）教育要以促进人的全面发展为本。这是教育改革和发展的根本目的，也是全面贯彻党的教育方针要求，其核心是解决好培养什么人，怎样培养人的重大问题。因此，在教育教学中，既要注重学生的知识学习，又要注重学生的思想道德修养和社会实践体验；既要重视学生的身体健康，又要重视学生的心理健康；既要注重学生的智力发展，又要注重学生的情感教育和人文精神培养。

（3）教育要以关注人的个性发展为本。在教育中，要树立多样化成才的理念，要了解、尊重和承认学生的个性差异。在具体教育实践中，从办学模式、课程内容、教学方法到教学评价方式都应体现多元化、个性化和特色化，为具有不同个性发展需求的学生提供适合的教育，促进学生全面而有个性的发展。教育的最高境界是满足每个人的个性需要和期望。

（4）教育要以促进人的持续发展为本。就是让教育既要满足人当前发展的需要，又要保证人身心和谐、持久发展的需要，为人的发展提供全面、长久而强劲的发展能力，实现"教是为了不教"这一教育理想。

5. 以人为本的教育，是探索学校理想教育的导行航标

以人为本教育理念是引领教育事业科学发展的导行航标。以人为本，是以人为目的，强调人的价值高于社会的价值，把人当作社会中的活生生的个体，关注社会在满足人的发展方面所提供的条件，人和人性是第一位的。

以人为本的教育思想发端于文艺复兴时期，进步主义教育家反对欧洲中世纪宗教对人性的束缚和压制，反对神学的禁欲主义和经院的蒙昧主义，赞美人的力量，颂扬人的理想，提出教育以人为本，教育的价值就在于使人享受尘世生活的幸福。这是人类历史上第一次人的意识觉醒。启蒙思想家伏尔泰、卢梭、孟德斯鸠等继承和发展了以人为本的思想，主张人的自由平等，崇尚理性和科学。康德作为启蒙思想的集大成者，提出了"人以自身为目的"的人本思想，并将人本思想融入教育思想中。此后，人本主义的价值体系和教育理念不断得到丰富和完善。

在我国教育理论实践中，基本上是以社会为本位的，长期存在着忽视人、忽视人的发展、忽视人的主体性的状况。新时期，我们提倡以人为本，绝不是与社会本位相对立的个人本位，我们要正确认识人的发展与社会发展的关系。人的发展与社会的发展总体上是一致的。一方面，人是社会的人，处于一定的社会关系之中，人的发展水平取决于他们所依存的社会发展水平，个人的内在世界和自我意识等精神因素不能脱离社会而独立存在；另一方面，社会是人的社会，社会生活是人的生活，社会的发展以人的发展为前提，个体的发展是社会发展的本原和基础，社会发展的最终目的是个人的自我实现。人的发展和社会的发展是辩证统一的。

总之，教育要以人为本，人以及人的发展应是教育永恒的主题，但同时也要看到社会的需要和社会的发展。以人为本的教育，不能培养唯人类中心的思想，在处理人与自然的关系中，以人为本就是我们能够认识和运用自然规律，与自然和谐相处。人和自然不是控制与被控制的关系，而是"共生"的，通过教育，使人们树立生态意识，珍惜自然资源，保护生态环境。

6. 以人为本的教育，是寻求学校理想教育的有力举措

办人民满意的教育，是教育者的初心和使命，是教育者始终寻找追求的目标和方向，也是教育者应有的理想。追寻理想教育，就必须坚持以人为本的教育理念，探索以人为本教育的科学内涵、策略要求和遵循规律，认真落实和做好以下三个方面的工作。

（1）尊重教育活动主体，培养个性自主意识。坚持"以人为本"的教育理念，首先，要正确认识教师与学生的主体地位。以尊重学生的主体意识为前提，以培养学生的能力为主要目标，给学生提供一个相对宽松、自由的发展空间，努力将学生培养成为具有鲜明个性和创新精神的人。其次，要树立和尊重个性发展的教育观。在教育教学中，教师应该尊重学生的个性，满足不同学生的学习需要，创设能引导学生主动参与的教育环境，激励学生实现自我教育、自我张扬的情感体验。再次，要坚持遵循因材施教原则。尽力引导激发学生学习的积极性，培养学生掌握和运用知识的能力，使每个学生都能得到最充分的发展。

（2）明确教育培养目标，目标彰显以人为本。教育培养目标在整个教育实践过程中起着指导性作用，决定着教育的内容与方法。以素质教育为核心，努力构建课堂教学、校园文化和社会实践相结合的教育体系，突出创新精神和实践能力的培养，促进学生知识、能力和素质的和谐发展。使每个学生在所有能够促进自身更加完善的方面均获得发展，同时以博大的爱心关注学生的身心健康，使每个学生都能拥有强健的体魄和健全的人格，成为全面发展的有用人才。

（3）做实教学细节过程，全力体现以人为本。在整个教育教学过程中，从教学内容的设计、教学方法的采用到学生成绩的考核等方面一律做到以人为本。教师应充分尊重每个学生，真正用知识的力量感召人、用情感的力量感化人、用真理的力量说服人，努力营造宽松、民主、和谐的教学氛围，建立平等和谐、互敬互动的新型师生关系，真正做到"以人为本"。

三、关于理想学校教育的理论研讨

理想中的学校教育是什么样的？有人说，这个主题很有诗意，但讨论起来却很残酷，因为我们大家都知道理想中的学校教育应该什么样，但当我们面对现实时，我们又只能把理想搁置起来，无奈地为孩子做出各种选择和安排，"什么都从小抓起"，用他们童年的幸福和快乐换取未来的成功。既然如此，我们为什么还要讨论理想呢？因为，理想给了我们奋斗的目标，如果连理想都不谈了，那我们就真的只剩下梦想了。

理想学校也称未来学校。现在人们对"未来学校"的想象往往强调大数据和教育技术。我心中的未来学校会使用大数据和教育技术，但更重视道法自然，回归教育本真。如何返璞归真，回归教育原点？《大学》开篇云："大学之道，在明明德，在亲民，在止于至善。"借用这个思路，我心中的理想学校或未来学校之道，在科学，在和谐，在止于真善；理想学校或未来学校之好，在学习好，在身心好，在止于品德好。

(一) 关于理想学校教育场景构想

学生的培养，应该是师生共享幸福生活的过程，这种幸福感来自哪里？一是让学生"背着行囊上路"。学校应该通过文化建设形成学校发展之根，哪怕校园搬迁，也是"带着行李搬家"。二是教师的教育行为应当洋溢着"生活的微笑"。普希金说："假如生活欺骗了你，不要忧郁，也不要愤慨；不顺心的时候，暂且容忍；相信吧，快乐的日子就会到来。"假如在我们的举手投足之间也洋溢着"生活的微笑"，这种向上、乐观的态度会让学生感觉到"我们的生活比蜜甜"。三是"让课堂焕发出生命活力"。这是叶澜老师的一个观点。只有师生的生命活力在课堂教学中得到有效发挥，才能真正有助于新人的培养和教师的成长，课堂上才有真正的生活。

理想的学校，不在于有多少良好的设施，也不在于门口挂着多少的铜牌；而在于拥有真正能够被社会所公认的特色与内涵，拥有能够被家长所信任的理想教师和健康发展的孩子。理想的校园，应该是洋溢微笑的地方，成为每个孩子充分游戏的乐园；让每个孩子迎着明媚的阳光，听着小鸟的歌唱，挂着灿烂的笑容走进校门。理想的课堂，应该让孩子们用明亮的眼睛去发现，带着独有的好奇心去探究，在知识的海洋里尽情畅游。理想的教育，应该成为孩子们自由成长的精神家园，校园里处处回荡着孩子们的笑声，活跃着孩子们不知疲倦的身姿。奶是香的，蜜是甜的，教育是甜蜜的事业，而不是只有劳作，没有休闲；只有知识，没有文化；只有苦学，而没有快乐的苦行僧般的生活。请记住：没有校长的微笑，哪来教师的微笑；没有教师的微笑，哪来孩子的微笑；没有孩子的微笑，哪来民族的微笑。

(二) 关于理想学校教育态度考量

什么是理想学校教育的立足点？讨论、分析理想学校教育问题的基本视角是什么？我们习惯于从"教"的态度、"管"的态度、知识的态度、权威的态度出发，尽管有时口头上不是这样讲，但事实上更多的是这样做的。

教育要了解学生，教育要解放学生。用爱与自由组建学校，让学生自主发展，因材施教。陶行知先生说"六大解放"：解放眼睛，才能看得清；解放头脑，才能想；解放双手，才能做；解放嘴，才能说；解放空间，才能走进大自然和社会；解放时间，才有点做人的味道。解放学生实在也是解放我们自己。我国台湾诗人非马有一首诗叫《鸟笼》："打开/鸟笼的门/让鸟儿/走//把自由/还给/鸟/笼"。我们假如"打开鸟笼的门"，不以过重的课业负担捆住学生，让"鸟儿"可以自由翱翔，我们也会有时间去学习，去了解学生，去钻研教学，包括去享受必要的闲暇。

教育当以不损害孩子的健康为前提。捍卫童年是每一个教育人义不容辞的责任。让孩子的童年不再灰色，让童年的世界充满闪亮的七色光彩。不再让沉重的课业负担压得直不起腰，喘不过气。让孩子们每天有充分的闲暇时光，自由嬉戏玩耍。让我们的教师都能成为儿童心灵的呵护者，理解儿童，尊重儿童，解放儿童，坚定地站在孩子们一边，让一切有可能伤害孩子健康的行为统统从我们的视野里消失，用雕塑家的艺术之手放飞一只只活泼可爱的小鸟。

（三）关于理想学校教育灵魂追寻

理想学校教育一定是以爱作为自己的灵魂。大爱写人生。大爱所写既是学生的人生，也是教师的人生。国际知名的美籍德国犹太人本主义哲学家和精神分析心理学家弗洛姆以为：爱包括关心、责任、尊重和熟悉。关心和责任意味着爱是一种能动性，而不是一种征服人的热情。尊重和熟悉也是爱的组成因素，否则，爱就会坠落成统治和占有。除了具备这些爱的基本元素外，教育之爱还应该有其特殊性，比如要公正地对待每个学生。还有其理性的要求，比如有明确的目的性。此外，教育的爱还要讲究艺术，方法恰当，爱得其所，才可能有比较理想的结果。

教师是爱的无私的，身教重于言教，教育无痕，春风化雨，润物无声。教师的大爱中包含着正义与善良，尊重和理解，公平和公正；折射着孔子有教无类、因材施教的思想；蕴含着孟子的恻隐之心，羞恶之心，辞让之心，是非之心；阐释着马卡连柯"尽可能地尊重学生又尽可能地要求学生"的育人理念。

（四）关于理想学校教育信念守望

理想学校教育的信念，无非包含两方面的意思，一是有正确的教育主张，二是矢志不渝、百折不挠地实践自己的教育主张。从某种意义上说，坚守最为重要，"不抛弃，不放弃"，必能成功。陶行知先生在办育才学校时，碰到重重困难，感叹说："我是背着爱人游泳"，这有些明知不可为而为之的意思，但由于背着的是"爱人"，志向、信念、原则不会有任何改变。

作为一名新时代的教育工作者，就必须不忘初心、砥砺前行，努力争做一个拥有教育情怀、教育理想和教育信念的守望者，成为引领时代、弘扬主旋律、激发正能量和最与时俱进的人。教育的初心是求真。求真的教育是着眼少年儿童天真自然的本性，以质朴、真诚的教育态度，追求没有功利的、平等的教育，崇尚回归自然和传统的本真教育，传递生命正能量。只是，这样的教育要求我们付出更多心血，这样的教育更要求我们坚守和回归内心的平静，也就是保持初心。

改革之路不是一帆风顺的，困难总是和机遇连在一起的。教育改革如同在布满荆棘的道路上开辟出一条平坦之道，教育人需要有披荆斩棘的勇气和毅力，需要有卓尔不群的教学个性，更要有永不言败的执着和坚守。功利的社会时刻在诱惑着你的人生梦想，应试的环境时刻在动摇着你的教育信念。我们一定要沉得住气，要牢牢地坚守住自己的教育主张，"任尔东西南北风，咬住青山不放松。"坚持就是胜利，坚持就意味着超越，超越功利，超越他人，超越自我。

（五）关于理想学校教育方式探寻

理想学校教育的方式一定是最好的。从一定意义上说，教育教学方式只有最合适的，没有最好的。清华大学老校长梅贻琦先生是这样说的："学校犹水也，师生犹鱼也，其行动犹游泳也，大鱼前导，小鱼尾随，是从游也，从游既见，其濡染观摩之效，自不求而至，不为而成。"

梅先生在当代教育界之有名，很重要的原因是他1931年出任清华大学校长的当天所说的："大学者，非大楼也，大师之谓也。"我以为，假如说"大师论"是我们重要的办学思想，而"大鱼带小鱼"应该成为我们理想学校教育重要的教学思想。

"大鱼带小鱼"，是一种多好的意境啊！在大鱼，有引导、保护、支持等，在小鱼，有学习、体验、探究等，小鱼之间，大小鱼之间，有民主、有合作，小鱼的自主性得到很好的发挥。假如从一种思想、一种意识、一种精神的意义上说，"大鱼带小鱼"应当是一种理想的教育方式。

"大鱼带小鱼"是一个多么好的教育隐喻！同一种属之"大小"隐喻着师生年龄上的长幼关系，大鱼"带"小鱼，隐喻着师生间的角色关系。"专业有术攻，闻道有先后。"大鱼有生活的阅历和经验，小鱼要历练独立谋生的技能。小鱼生存的本领不是靠大鱼的口口相传，隐喻着教育不是一种直接的告诉，而是需要依靠经历和体验学习过程而成长起来的，不正印证了新课程改革的学习理念——自主、合作、探究的学习方式吗？由此，我们还可进一步联想，最好的牧羊方式是把牲畜带到有水的地方，让它喝个够，而不是用最愚蠢的方法按着它的头强迫喝水；最好的教育方式又如同成尚荣先生所说，把孩子带到高速公路的入口处，任他们自由地驰骋。

因此，理想学校教育的方式理当是：平等、互助、探讨、娱乐式的教学氛围，变师生关系为朋友关系、团队关系、协作关系。老师不再是高高在上的教条施教者，而是深入到学生当中，运用自身智慧和魅力来启发、感染学生，言传身教、以身作则，这样才能取得良好的教学效果，取得学生及其家长的充分信任。

（六）关于理想学校教育策略寻找

理想学校教育的治理策略是什么呢？有一本书叫《亲历壳牌：企业帝国的经营细节》，揭示了这家迈进世界500强的著名企业的治理经验，其最为核心的是《孙子兵法》里的一句话："上下同欲者，胜！"用我们今天的话就是：心往一处想，劲往一处使。以快乐为前提，在教育的过程中注重习惯的养成和方法的学习和积累。

我想，理想学校教育的治理策略应该是：把学校建设成道德共同体。在企业中，价值观指如何做事，如何对待顾客和供给商，以及是否遵守规则与彼此相处等，它往往是真正的行动指南。在学校中，首先，价值观应当围绕"培养什么样的人，怎样培养人"而确立，也应该是学校所有利益相关者的行动指南。其次，建设道德共同体要以愿景凝聚气力，一个学校的理想未来就是愿景。假如大家都认同这个愿景，学校的未来和师生行为的动机与所关心的题目相一致，学校和教职员工就有了长期的驱动关系，师生员工就对学校有了高度的认同感，就会和学校融为一体。

克服学校管理危机的策略在哪里？日本佐藤学教授建议发展教师的"同事性关系"，把学校建设成一个学习共同体。这就意味着校长和教师要有共同的发展愿景，要建立核心的价值观，明晰"培养什么样的人"和"怎样培养人"的目标与途径。这是每一个教育人所肩负的历史责任和共同的道德责任。那就是：用爱与自由组建学校，让学生自主发展，因材施教，没有传统意义的班级概念和教学模式，每个学期始，按照每个学生的性别、年龄、身高、性格、特长、兴趣等各自分班，让学生在快乐、轻松的学习氛围中掌握知识和技能，同时培养孩子崇真、向善、友爱、协作精神；注重小班教学与大班教学的优势互补，均衡发展。小班教学为固定教师授课，大班教学为教师轮流授课。就是这种责任让我们走到一起，使学校管理变得更有向心力和凝聚力。

（七）关于理想学校教育特色创造

办学校是一个创造的过程，应当有"自己"，有特色。人们看待学校，就像读文学作品一样，假如都是似曾相识，甚至未看即知，还怎能提起精神，怎么有审美欲看。作家沈从文先生读一篇文章，写的是春回大地，阳光明丽，风和日热，鸟语花香，万紫千红，花街柳巷，小桥流水……沈从文先生问作者：你呢？你在哪里？也许，校长应当向沈先生学习，多问问："我在哪里？"

美国作家海明威说：写作要"寻找属于自己的句子"，实在，创造学校的办学特色，就是"寻找表达自己的句子"。这里需要考虑的是：第一，学校特色是学校文化的鲜明旗帜。美国大学的特色很能说明题目，比如哈佛大学是追求真理，耶鲁大学是独立思辨，普林斯顿大学是美丽心灵。第二，学校特色是指全面发展基础上的特色发展，是"高原上的高峰"。第三，学校特色建设应当基于校本又能促进传统的变化，学校特色应当带来学校文化的创新和发展。第四，学校特色要坚持主色调与丰富性的同一，在主色调之外，应当支持教师个性的张扬，鼓励和而不同。

有人评价中国的学校千人一面，毫无个性可言。《无锡教育》编辑赵军一针见血地指出"课程文化不能代替学校文化"。在国家课程文化占主导的学校文化中，发展个性特色缺失了自由的空间，再加上强大的应试文化又把仅有的一点空间也侵占了。一校一品培植学校特色，听起来有点诱人，但从整体上看也只是学校脸上的一点鲜红朱砂。既没有学校的主色调，更谈不上色彩的丰富性。目之所及，难以见到像日本小说《窗边的小豆豆》中的"巴学园"，也没有最富人性化的"夏山学校"。寻找属于自己的句子，创造学校的特色，我们还有很长的路要走。

（八）关于理想学校教育境界追求

英国伊顿公学的校长托尼里特说：我们学校的学术水平在英国不是第一。这一点，我很兴奋，这表明我们不是一心钻研学术而不顾自己其他方面的发展。我们需要的是人格健全的人才，其次才是他们的学术能力。

这就是办学校、办教育应有的襟怀、风度、追求——大家风范。办学不能小气，要有大胸襟、大抱负。要秉持公心，"大"与"公"是连在一起的，公与私是相对的，对国家和民族的前途负责，对学生的健康成长负责，这是出于公心。从自己的利益出发，从地方党政领导的面子出发，这是私。要立足长远，不能只为今天、不顾明天。当然，大家是在靠底气、底蕴站立的。办学校一定要抓好教师队伍建设，校长自己也要坚持不懈地努力。这样，才可能慢慢学会写出一个"大"字。

哲学家冯友兰把人的境界分为：自然境界、功利境界、道德境界、天地境界；老子把"忘名、忘利、忘我"作为人生的目标来追求。理想的教育首先应该去功利化，因此，我们的校长绝不能以教师为器用，我们的教师绝不能以学生为器用，当考试一旦成为教师的法宝，分数成为学生的命根，这是一种深重的负担。教育当以人为本，以学生的发展为本，以塑造学生健全的人格为本，全面实施素质教育，以培养学生的社会责任、核心素养和综合能力为办学目标。这是我们每一个教育人应有的怀抱与胸襟，也是我们理应追求的道德境界。

（九）关于理想学校教育创新实践

德国教育家凯兴斯泰纳在评价裴斯泰洛齐时说：作为伟大教育者的裴斯泰洛齐的不朽贡献，不仅仅是他的学说，更重要的是他的生活，产生他的伟大学说的生活。尽管人们可以把教育家分成若干类型，但总体来看，勇于实践是教育家的重要品格之一。

做一个坚定的实践者。提到"教育家办学"，需要夸大的是：一是要坚持教育的内在品格。陶行知先生说："教人做主人的教育，教人向前创造的教育"，向上、创造，是教育的本真内涵。有了这样的追求、探索和实践，才可能成为教育家，或者在某些方面像教育家那样办学。二是要淡泊宁静，老老实实按教育规律办事。三是"教育家办学"，主要是实践。只要我们坚持"在路上"，生活就会改变，学校就会进步，新人就会涌现，我们就会和孩子们一起"天天向上"。

　　教育是科学，需要我们老老实实按规律办事。跳出教育看教育，这是一种眼光和境界。但如若教育可以不按自身规律发展，这是一种对教育的犯罪。呼唤教育家办学，就是呼唤我们要把教育当回事来做，更好地遵循科学的规律。教育家的品质不仅要有创新的教育思想，还要有草根化的教育实践。教育思想的创新，意味着教育不会重复流水一样的工作与生活；草根化的教育实践，又意味着脚踏实地的真抓实干，身后留下的是无比坚实的脚印。在教育家手里始终紧握着的是学校文化传承与创新的接力棒，描画的是学校由弱转强的历史发展轨迹。

第三节　对学校教育理想性的策略探究

理想的教育，就是高质量的教育、公平的教育、教育生态好的教育……理想的教育质量有哪些指标呢？学生发展核心素养体系直接给出了答案，那就是"培养全面发展的人"。因此，理想的教育必须有利于学生的全面发展，理想的教育必须有利于师生的共同进步，理想的教育不需要以牺牲学生健康为代价的高分数，理想的教育呼唤不同的学生有不同的发展……那么，如何才能办好一所理想学校而实现理想的教育呢？笔者现就这一课题进行深刻的探索和研究。

一、为学校的创新发展，极力推选高层次卓越校长

陶行知先生说："校长是学校的灵魂，要想评价一个学校，先要评论他的校长。"校长的优秀程度，决定着学校发展的高度，一个好校长就是一所好学校。因此，为了学校的创新发展，上级组织部门和教育主管部门要为学校极力推选高层次卓越校长。近年来，创建理想名校、培育名校长是各地教育改革发展的重要目标，成为名校长更是广大中小学校长的理想与追求。那么，如何合理科学地选拔高层次卓越校长？卓越校长又具备哪些专业素养、能力、特质呢？根据自己的研究思考，结合实地考察中与许多知名校长的沟通、交流，现就校长队伍建设的选拔任用原则与机制、校长应具备的基本专业素质与能力和名校长应有的卓越品质与能力作一探讨。

（一）完善提升校长队伍建设的机制和水平

为了全面贯彻党的教育方针，坚持社会主义办学方向，落实立德树人根本任务，为了办好人民满意的教育，全面提高教育教学质量，促进学校内涵发展，必须重视和加强校长队伍建设，全力打造一支"政治过硬、品德高尚、业务精湛、治校有方"的高素质校长队伍。为此，我们要科学完善校长队伍建设机制，大力提升校长专业化管理水平。

1. 加强组织领导，科学完善校长选拔任用机制

在校长队伍建设中，我们要强化领导，坚持党管干部、德才兼备原则与校长专业化要求相统一，建立完善统一的中小学校长选拔任用、培养交流、考核奖惩机制，发挥教育行政部门对校长选拔、培训、考核、交流的归口管理作用。规范中小学校长任

职资格标准，全面把握思想政治表现、职业道德水平、领导管理能力、教育教学经验以及学历、年龄条件等要求。建立中小学校长任职资格制度，担任中小学校长职务必须具有相关管理经历和专业素养。拓展中小学校长选聘视野和选聘方式，鼓励面向全国引进名校长，鼓励运用竞争机制公开选拔优秀校长。

2. 重视发展谋划，全力提升校长专业管理水平

按照国家和省市统一部署，积极推行校长职级制，淡化校长职务行政化倾向，提高校长管理水平。改革校长考核制度，重点考核贯彻教育方针、实施科学管理、组织提高队伍、打造办学特色、增进群众满意的实效。加强校长专业培训，新任校长必须取得任职资格培训合格证书，在职校长必须定期参加国家规定的能力提高培训，取得培训合格证书，作为继续任职的必备条件。加强校长专业发展研修指导，定期举办校长高级研修班，组织开展与国内外教育名家的交流，不断总结办学经验，凝练办学思想，彰显办学特色。建立优秀校长激励机制，对高职级层次校长、名校长、办学成就卓著的校长给予政府奖励。

（二）重视加强校长基本素质的考察与考核

校长是学校各项工作的组织者、管理者和指挥者。在整个办学过程中，校长始终处于学校管理系统的核心地位、主导地位、决策地位，校长的思想、行为和作风直接关系到教育事业的兴衰成败。因此，面对21世纪，肩负着基础教育重任的中小学校长应具备哪些方面基本专业素质呢？笔者认为主要应具备以下四个方面的素质。

1. 高度的政治思想素质

作为现代校长，首先，要努力掌握政治理论知识，提高自身政治素质，树立科学的人生观和世界观，全面贯彻党的教育方针政策；树立全心全意为人民服务的思想，立志献身于人民的教育事业。其次，要明确我国现行的各种法律法规，尤其要掌握有关的教育教学法规，依法治校、依法治教，使教育走上法制化的轨道。再次，要勤政廉政，一心为公，以身作则。依靠自己的影响力，充分发挥学校组织效能，实现学校教育管理目标。

2. 较好的业务技能素质

作为现代校长，一要有较高的教育教学水平，是教学能手或学科带头人，懂得教育教学规律，熟悉各种教学工作，能深入课堂教学第一线，掌握教学的第一手材料，创造良好的教学竞争气氛，让教师在实践中和竞争中增长才干；二要有科学管理学校的能力，这是校长的职责所决定的。校长在决策时要有科学远见，统观全局，协调好整体利益和局部利益，处事时要有战略头脑，深思熟虑，做到事事讲原则、时时有风格，体现领导风范；三要有社交攻关协调的能力，随着政治、经济体制改革的不断深入，学校与社会各方面的关系越来越密切，因此要求校长必须具备良好的协调公关之能力，在系统内部、直线关系上要处理好与上级教育行政部门的领导之间的关系，从思想上、感情上、工作上加强沟通，在横向关系上，要认真自觉协调处理好与各级党委、政府及其职能部门的关系。

3. 全面的深厚文化素质

作为现代校长，第一，要有管理知识和素质，即有全面系统科学管理学校的知识，有较高的教育教学水平和驾驭全局的能力，能善于听取领导班子及教职员工意见，充分调动教职员工的工作积极性，大胆探索，敢为天下先；第二，要有文化知识和素质，即有广博全面的文化专业知识，有精湛的教育教学能力，只有这样才能成为老师的老师，才能在师生中竖立较高的威信，发挥其影响力；第三，要有继续学习的能力和素质，一个懂管理的校长一定是学习型的专业型校长，有较强的专业素养和创新能力，而这一切都源于他的不断学习和深刻思考，使自己永远站在教育改革的前列；第四，还必须要有很好的语言表达能力，校长的口头表达能力很重要，它往往能使自己工作得心应手；第五，还要具备很好的书面表达能力，让自己能从理论上系统地总结工作中的经验和教训，以便交流学习。

4. 良好的健康心理品质

作为现代校长，首先要有健康的情绪，因为学校工作千头万绪，无时无刻会面临各种各样问题，有成功、有喜悦，也有失败和困难，所以校长一定要保持平衡的心理状态，做到喜怒有常、喜怒有度；其次，要有坚强的意志，因为学校工作的复杂性和繁重性，决定了校长工作在时间上的连续性，空间上的广泛性，方法上的随机性，要挑起学校这副复杂而又繁重的担子，校长必须有坚强的意志，只有这样才能在战胜挫折、克服困难中，不断积累才华，增长才干；再次，要有宽阔的胸怀，因为校长只有心胸博大，关顾全局，才能以忘我的态度、科学的精神、优良的作风，不求索取、全身心地投身到学校工作中去。

(三) 科学审视卓越校长应有的品质和能力

一个好校长成就一所好学校。在学校这个舞台上，校长是领跑者，校长跑多快，老师们就会跟着跑多快；校长是船长，是舵手，你要指挥学校这艘航船乘风破浪远航，到达理想的彼岸。良好的政治思想素质、过硬的文化专业素质、健康的心理身体素质、强烈的事业心和责任感，是中小学校长必备的心理品质和能力素质。然而，要办出一流的名校，首先必须得选出一流的校长。那么，一流的校长应该具有哪些独特卓越的品质与能力呢？这就需要我们高度认真地审视这一问题。笔者经过不断学习和深刻探究，归纳总结出了以下八方面的品质与能力。

1. 名校长应有先进前沿的教育思想

苏霍姆林斯基说："校长对学校的领导，首先是思想的领导，其次才是行政的领导。"校长是学校之魂，思想是校长之魂。校长没有思想，学校便没有发展方向，没有美好未来。那么，校长如何将教育思想变成教育现实？一是要将思想转变为学校的办学理念、办学目标，成为全校师生共同的价值追求；二是要将思想物化为学校的管理制度，通过制度规范或激发教师合乎期望的教育行为；三是要将思想传递给教师，通过外出参观学习、校内思维碰撞等途径，让教师转变思想、更新观念，逐步把教师引上预设的发展道路和发展状态。这是众多名校长的成功经验。

2. 名校长应有炽热如火的教育情怀

"教育情怀"包含对教育的感情、责任、理想和胸怀。对教育的感情，用一个字概括，就是"爱"。这种爱，包括爱学校、爱教师、爱学生、爱社会、爱自然、爱国家乃至爱人类。对学生的爱，不仅仅包括对学习好的学生要爱，对学习不好的学生也要爱，是一种对生命的爱，是人间大爱。有了深厚的爱，才会产生对教育的强烈的责任感，才会萌生自己的教育理想，才会具备宽广博大的教育胸怀。反之，一个对教育没有爱、没有责任的校长，是不可能办好一所学校的，更不可能成为一位名校长的。

3. 名校长应有澎湃不已的创业激情

"激情"即强烈激动的感情。创业激情就是干事创业不畏困难、奋发有为、敢于创新、不怕失败、勇争一流的精神状态。美国著名作家爱默生说："有史以来，没有任何一项伟大的事业不是因为热忱而成功的。"作为校长，最重要的是应该有一种激情，应该有一种创造的冲动，有一种不断挑战自我的成就动机。激情可以产生动力，激情可以产生灵感，激情可以激励创新。校长具有持久的激情，学校才能得到持久的发展。没有了激情，校长便会安于现状、因循守旧、不求上进、得过且过，而且这种精神状态会传染给师生，对学校的发展是非常不利的甚至是危险的。

4. 名校长应有持久如一的学习习惯

当今世界的竞争，从本质上说是学习力的竞争。著名经济学家泰普斯科特说："未来的领导就是领导学习，未来最可靠的竞争就是克服障碍学习，最好的领导不是下达命令，而是建立让成员扩展能力的组织"。不管是一个人、一个单位还是一个国家、一个民族，要想不断取得成功，要想永立不败之地，必须重视、坚持读书学习。学校承担着传授知识、培养人才、传承文明的重任，一校之长更要树立终身学习的理念，养成终身学习的习惯，把学习放在职业生命的首位，不断提高学习能力。不仅自己坚持读书学习，还要引领教师读书学习，建设学习型学校，培育学习型教师。所有名校长，读书学习都是他们个人成功和治校成功的智慧源泉，书籍浸润了他们的思想、涵养了他们的生命、成就了他们的事业。

5. 名校长应有卓越非凡的管理能力

管理能力是校长必须具备的基本能力。笔者以为，目前的校长基本上可以分为三类："人治"校长、"法治"校长和"文治"校长。"人治"校长就是靠校长一个人去管理，大事小事自己说了算，校长整天忙得团团转，且管理效益并不高；"法治"校长就是靠法规和制度去实行民主化管理和精细化管理，在充分发扬民主，让教师、学生甚至家长参与决策和管理的基础上，实施细节管理，健全管理制度，实现无缝隙覆盖、无障碍运转、无折扣执行，但缺乏人文关怀；"文治"校长就是在"法治"的基础上，营造一种"规范行为、凝聚人心、促进发展"的文化，用这种文化实行学校管理，师生遵规守纪成为自觉，其中还充满着人文关怀。这是管理的最高境界。在学校管理上，一个名校长应摒弃"人治"，精通"法治"，追求"文治"。

6. 名校长应有开放多元的办学视野

"视野"即视力所及的范围。名校长办学，不应把眼光局限在本校、本地，而要放眼到全国、全世界，有现代化、国际化的战略眼光。否则，便会目光短浅、思想保守、封闭办学，学校的发展不可能提升层次。校长的办学视野体现在前瞻的办学理念、长远的办学目标、灵活多元的办学策略以及国际交流合作等方面。当前，国内许多名校长都具有现代化、国际化的办学视野，使这些名校独领风骚，经久不衰，品牌影响力越来越大。

7. 名校长应有深度挖潜的研究能力

研究是运用科学的方法寻求问题答案、探究未知世界的一种过程。研究是新时期校长重建教育理念、提升管理智慧、突破发展瓶颈、提高教学质量、打造学校品牌的重要途径。校长要想在治校上不断超越自我，必须重视研究、乐于研究、善于研究。通过深度研究教育方针政策，明确发展方向，在大视野下引领学校发展；通过深度研究学校管理，不断优化治校方略，提升管理效益；通过深度研究课程、课堂和教学，提升课程领导力，提高办学质量和水平；通过深度研究教师，为教师的专业发展和生命成长创造条件、搭建平台；通过深度研究学生，树立以生为本教育理念，力促学生全面发展、健康成长。

8. 名校长应有专业水准的写作能力

写作是人们有意识使用语言文字来反映客观事物、表达思想感情、传递知识信息的创造性脑力劳动过程。写作过程是一个认识过程，是一个人走向自觉、完善自我、不断成长的过程，是组合素材、斟酌文字、转变角度、整合思想、反思提高的过程。美国未来学家约翰·奈斯比特在《大趋势》一书中曾断言："在这个文字愈来愈密集的社会，我们比以往任何时候都更需要读写技巧。"写作是一名校长走向成功必备的能力之一，而且这种写作要具有专业水准。试想，一个不会写作的校长，怎样去表达自己的思想、推介自己的经验、展示自己的成果，从而让同行、专家认同、借鉴？

二、为学校的科学发展，全力构建高质量管理模式

众所周知，学校管理要以人为本，这是由学校管理的特质决定的。学校的任务是立德树人，学校的管理就是一个以"人"为要素构成的管理系统，所以，学校管理归根到底是对"人"的管理。在新课程改革背景下，我们探究构建学校人本化管理模

式，对学校科学发展具有十分重要的现实意义，对我们追求教育的理想性也具有非常重要的指导价值。

（一）全力构建学校人本化管理模式的内涵和特点

以人为本的管理，简称人本管理。人本管理思想产生于西方20世纪30年代，可以说人本管理思想是现代管理思想、管理理念的革命。人本管理已经成为现代管理的根本要求。随着时代的发展与进步，我们曾经一再倡导的素质教育也逐渐步入了一个新的发展阶段，学校也随之重视起人本化管理，这是当代素质教育追求的一种理想的学校管理模式。结合学校管理的具体特点，在人本管理思想指导下，从学校人本管理的基本内涵、特点、功能和原则等方面，构建一种新的人本化管理模式，这既是对学校管理理论的丰富与发展，又是对其实践的一种探索与创新。

1. 全力构建学校人本化管理模式的基本内涵

构建学校人本化管理，就是在整个学校管理体系中，始终把人作为学校管理活动的中心和第一要素，把学校教职员工作为管理的主体，通过主体间合作、沟通、反馈、协调、互动等方式，达到对人的全面关爱与发展，推动人的个性自由和解放，并且培养人的人文精神和素质，建立和谐的人际关系，充分发挥人的潜能，服务于学校组织内外的利益相关者，从而为实现学校目标和学校成员个人目标，推动学校整体上水平而进行的学校管理。

构建学校人本思想就是指把教师作为学校的主体，使教师的参与成为学校有效管理的关键，让教职员工和学生得到最完美的发展是教育管理的核心，为教职员工和学生的发展服务是教育管理的根本目的。构建学校人本化管理模式的根本要求是，在管理体系中把人当作人来看，把人培养成人，以人的发展作为评价的终极价值标准。

2. 全力构建学校人本化管理模式的主要特点

学校人本化管理模式就是把"师生"作为管理活动的核心和管理的主体，围绕着如何充分利用和开发师生资源，服务于师生发展和学校发展的管理。它具有以下主要特点。

（1）民主参与全员化。学校管理不仅是领导者或管理者的事，它是全员性的，只是切入角度的不同而已，管理者是以行政任务的角度切入的，而被管理者即一般的教师和学生是以民主参与的角度切入的，也就是在这种管理体系中，每个人都是管理的主体，管理不但是他们的权力，也是他们的义务，全员参与是它的显著特点。

（2）管理关系一体化。人本管理，强调管理者与被管理者之间都是管理组织中的主体，主张管理者与被管理者之间主客一体化，在这种管理组织中，对人的发展既是关于被管理者发展，又是关于管理者的发展；对人的尊重，既是对被管理者的尊重，又是对管理者的尊重。管理者与被管理者地位是平等的，关系是互动的。因此，在这种管理中，显示出管理者与被管理者双项反馈的、主客统一的特点，即管理关系一体化。

（3）管理格局网络化。人本管理强调的是多极化管理，既强调管理者对被管理者的管理，同时又强调被管理者对管理者的反馈管理，"双向流通"，形成了领导、教师和学生三级主体立体交叉管理格局。它既强调逐级管理，又强调交叉管理，这样共同形成了一个多主体化的管理格局网络。这样更利于管理信息的沟通与交流，管理渠道畅通，管理效率提高。

（4）管理价值人性化。人本管理主要强调对人性关爱的人本价值取向，对教师的关怀，不仅是事业上，还包括身体健康、生活幸福、心情舒畅等内在体验的关爱，对学生关怀也不只是学习多少知识，更是关注能力的提高、素质的培养、情感的陶冶、身心的健康、个性的发展等综合基础素质的关照。总之，人本管理就是以人性作为终极关爱，更突出对人的关注、尊重与理解。其管理的目的、手段和过程都是人性化的。

（二）全力构建学校人本化管理模式的功能和原则

在学校的管理工作中，只有让教师保持教学的热情与主动负责的态度，才可以将学校合理的规章制度顺利地执行下去，学校的可持续发展才可以真正地得以实现，学校管理工作才可以实现高效化的进行。为此，我们要全力构建和实施学校人本化管理模式。

1. 全力构建学校人本化管理模式的功能

学校人本化管理模式的构建，是当今教育发展的根本要求所在，更是学校管理现代化的需要。它具有以下显著功能。

（1）激励功能。由于人本化管理模式是一种开放式、现代化的管理模式，是一种关爱柔性的管理方式，是一种民主参与的管理体制，教职工和学生在这种管理环境下能够得到生活的享受和发展的满足，情感的快乐和人格的尊重，这样就能激发出人的奋发向上力量与追求动机。

（2）育人功能。人本化管理模式是科学管理与人文管理的有机结合，它从学科理论来说具有教育管理的功能，我们常说的"管理育人"就是以管理为手段，以育人为目的，更好地管理也是更好地育人。管理服务是管理伦理学所强调的最根本原则，服务育人是这一模式的根本要求，它还强调人的解放与发展，人的互为尊重与和谐相处，从这一点上不但明确表明学校教育的目标与方向，而且还在实际的教育管理活动中促进教育事业的发展，培养大批"四有"新人。同时人本管理本身也具有"教育人、发展人、改造人"的教育内涵。

（3）整合功能。人本化管理是把科学管理理念与人文管理理念有机结合而形成的一种管理模式，也是把管理者的管理思想与被管理者的反馈意见有机地整合形成统一的管理合力，也是把传统管理制度与现代管理制度有机地整合，同时它又是把管理人与培养人的双重内涵有机地整合在一起，形成统一的管理体系。

（4）创新功能。人本化管理强调的是充分发挥教师和学生的积极主动性，强调的是人的个性的解放，强调的是人的全面的发展。因此，在这种管理体制下，教师就可以充分发挥自己的能动性，进行大胆的科研与教研，进行创新知识和知识的创新；而学生能够从过去严格的束缚下解放出来，充分发挥学生的主体性和主体作用，解放思想，更新观念，这样就能培养出创新的人才和进行教育的创新。

2. 全力构建学校人本化管理模式的原则

"人本化"管理，就是凭借"人本"的手段，践行"人本"的理念，实现"人本"的目的。学校人本化管理是为教育创新创造条件，为学校的可持续发展奠定基础，为教师的幸福人生搭建平台。学校人本化管理应遵循以下基本原则。

（1）立体原则。构建人本化管理强调的是领导、教师、学生三个环节的主体多极互动、信息交叉流通，强调的是对学生的现实的培养与未来的发展，强调的是教师和学生的内心体验和外在需要，这样表现出从空间上有交叉与往复、从时间上有即时与未来，从层面上有内在与外在的立体管理网络。因此，立体原则是构建人本化管理模式的主要原则。

（2）民主原则。构建人本化管理具有全员参与的民主特性，因而管理要坚持民主原则，建立民主制度，形成民主氛围。特别要充分发挥教代会或教师委员会的民主监督作用，以保证广大教职工进行"参政""议政"，这样才能激发广大教职工的工作积极性和管理能动性。

（3）人道原则。人是有血有肉、有情有义的，因此，构建学校人本化管理强调人道主义原则。更要特别注重关心每个人的物质福利和精神文化生活，我们不能只强调奉献，只强调事业，我们还要强调满足教师和学生合理的生活需求和精神需求，尊重他们的人格，关心他们的情感，激发他们的热情。因此，人道主义原则是构建人本化管理的基本原则，体现的是人道主义价值的基本内涵。

（4）公平原则。构建人本化管理主张用公平的原则来对待每一位主体。在对教师的管理上，一定要体现公平的竞聘上岗，公正的福利待遇，公开的考核评价。只有这样广大教师才有干事积极性，领导集体才有创业凝聚力，全校教师才有教学向心力，整个学校才有发展的生机与活力。在对学生的管理中，我们更要强调公平原则，学生是有朝气的个性鲜明的可塑性主体，如果我们不能公平地对待每个学生或学生的每一方面，那势必会伤害一大批学生的自尊心，泯灭一大批学生的天真个性，同时也可能纵容一批学生的傲气与恶习，进而造成学生不健全的心理品质。公平原则是构建人本管理的前提性原则。

（5）集体原则。构建人本化管理，追求的是人在集体中的充分而全面地发展，全体成员的共同发展，集体的整体发展。因此，在这种管理模式内一定要体现出集体性原则，学校是培养人、发展人的场所，这正是人本管理的目的所在。集体主义原则是构建管理模式的重要性原则。

（三）全力构建学校人本化管理模式的作用和意义

构建人本化管理是体现以人为主体的管理，即学校的一切工作的出发点和落脚点都要把人放到中心位置，做到学校为人、学校靠人，在学校管理过程中充分发挥人的作用。构建人本化管理模式要从学校特色出发，确定管理理念，设计管理蓝图。这是当今世界教育素质化的趋势和学校层面改革深化的需要，也是现代学校管理变革的自身要求。因此，构建实施学校人本化管理模式具有十分重要的作用和现实意义。

1. 构建人本管理是学校管理的终极回归

管理的真谛在于发挥人的价值和创造力，发展人的个性和挖掘人的潜能。学校管理是对人的管理，一切管理行为只有以人为本才能体现人的尊严、真正实现人的价值。这既是学校管理的出发点，也是学校管理的归宿点。因此学校管理要"目中有人"，正确处理好约束与调动、服从与协调、使用与培养等关系。以人为本的管理思想是学校最核心的办学理念，是学校管理的终极回归。

2. 构建人本管理是学校管理的最优模式

学校管理有各种类型，大致有人治管理、法治管理、人文管理、德治管理、人本管理等。人治管理依赖个人权威施行管理，其优点是效率高，但容易形成个人专断；法治管理的特点是一切以法规为依据，简易公正，但缺少人情味；人文管理利于营造自由、民主、和谐的环境，却易于出现放任自流的状况；德治管理强调以德治校，领导的道德品格和群众的道德素养是管理的支柱，其缺点是见效慢；人本管理是一种"德治"与"法治"相结合的管理，是以人为本的管理。

人本管理也讲个人权威，但这种权威是建立在校长个人人格魅力基础上的权威。人本管理也讲法规，但强调法规是为人服务的。人本管理尤其讲究管理文化，强调人的观念和情感在管理中的作用。人本管理既重视人在管理过程中的能动性，又重视人在管理过程中自身的完善，人既是管理的出发点也是管理的落脚点。

3. 构建人本管理是学校管理的根本所在

学校管理归根到底是对"人"的管理，学校管理的核心要领是"目中有人"，这是由学校管理的特殊性决定的，因为学校管理的主要对象是人和物两大类。管理工作中无时不遇到人和物的关系，在处理人和物的关系时，必须坚持"先人后物"的原则。学校的根本任务是立德树人，即教职工在学校管理者的管理下开展教育和培养学生的活动，它是一个由"人"构成的管理系统。因此，学校管理要"目中有人"，重视并做好被管理者对管理者指令的认同。只有这样才能体现人的尊严，真正实现人的价值。这也是学校管理的根本所在。

（四）全力构建学校人本化管理模式的方法和策略

教学质量是学校办学水平的一个重要的评价指标，也是社会评价学校的一个最直观的准则。教师是学校工作的主力军，他们的素养、能力和态度，是提高学校办学质量和水平的首要条件，这就决定了学校的管理必须坚持以人为本的理念，科学采取人本化管理模式的方法和策略。

1. 树立"人本"思想

在学校管理工作中最重要的思想就是"以人为本"的思想。学校管理是一个动态的有生命的过程，它的具体把握、运行和操作是由人进行控制和调节的。因此，在现实学校管理中，要树立教师、学生是学校主人的理念，要重视他们的参与意识，充分体现其主人翁地位的主体意识。这样一方面可增强其责任感、提升自我价值和提高工作效率，另一方面可增强管理的透明度与可信度。所以，能使全体师生对学校管理更有信任感和归属感，以形成一个和谐统一的整体。

一所学校的管理，最重要的核心是对人心的管理。教师是具有高级头脑并且特别重视情感和自我价值实现的人，他们具有强烈的追求真善美的意识，因此，学校管理，要按照人的本性实施管理，在思想观念上把人当人，在制度决策上目中有人，在实际管理中充分体现出民主、平等、博爱、互助和友善。

2. 营造"人本"环境

学校构建人本化管理的基础就是要营造一个相互尊重、平等与团结的组织环境，它可以产生极大的感召力和凝聚力。对师生的尊重和信任是调动其积极性的重要因素。因此，在学校管理中，学校领导要努力营造一个学校关心教师、教师支持领导、教师之间互相欣赏的融洽环境。

首先，学校要建立人与人之间感情融和，心情舒畅，相互积极影响的人际关系；其次，学校领导要主动与教师交往，彼此了解内心世界，做教师的知心朋友；再次，学校领导应给予教师充分的信任，为教师创造一个和谐、宽松的教书育人环境。这样一来，教师就可以怀着一种快乐的心情为学校工作，从上而下做到自己管好自己，实现自动化的学校管理。

3. 积淀"人本"文化

作为学校的管理者，首先要激发师生对学校的发展予以高度的关注、热烈的情感和恪守职责的使命感，同时还要充分考虑到师生群体的各种诉求，如经济的、生活的和精神的。其次要对各个时期的发展目标和规章制度，通过"以导为主，以管为辅"的原则，做到根据不同成员的特点有针对性地执行。

学校管理的实践也表明：没有健全的规章制度、没有合理的组织结构，学校的管理是不完善的管理；但学校管理仅有完善的规章制度、合理的组织结构等也并非就能提高管理效率。因此，在学校管理中用以价值观为核心的文化进行管理，形成学校的管理文化是学校管理的新发展。在学校人性化的管理过程中充满尊重、沟通、理解、信任等人文精神，营造团结、和谐、奉献、进取的工作氛围，建立起宽松、高洁、清新、有人情味的校园文化，让学校具有浓重的文化气息，积淀深厚的文化底蕴，这是学校人本管理的最高层次。

（五）全力构建学校人本化管理模式的步骤和措施

人本化管理已成为现代管理发展的趋势和方向，也是实现学校教育理想的关键。为此，我们要全力采取有效措施和步骤构建学校人本化管理模式，凝心聚力办好人民满意的教育。

1. 转变思想观念，树立以人为本的管理理念

任何学校管理的核心都是人，教师们个个有思想、有感情、有人格、有需要，他们渴望自身价值的实现，这些正是作为生命体的人的主要特性。学校管理要正视这些特性，在注重管理的科学化、有序化的同时，确立生命意识，关注生命，以教师的发展为本，树立人本主义的现代教育管理理念，进行民主管理。要做到爱护人、关心人、尊重人、善用人、培养人，满足人在物质和精神、生理和心理等方面的需求，培养集体精神和合作意识，建立和谐的人际关系，创造良好优越的工作环境和条件，充分体现出每个人的人生价值。这样的管理就是最优化的管理。

2. 完善工作机制，采取以人为本的管理措施

在完善学校人本化管理工作机制上，作为有识之士的学校领导，要具有高瞻远瞩的眼光，做到运筹帷幄，主要采取以下两个方面的管理措施。

（1）落实教职工代表大会制度。坚持重大事项向教代会报告的制度，让所有教师都有知情权、讨论决策权。如学校的财经情况每月定期向全体教师作详细的公开说明，教职工年终考核办法、职称评定办法等重要制度都必须提交教代会，经大家讨论确定，按大家的意见修订。因为大家是在按自己的想法办事，所以这样就心气顺、干劲高。

（2）实行校务公开制度。学校采取党政家长联席会议的形式公开校务，这样不仅加强了党的领导、家长的监督力度，增强了学校事务的透明度，而且也提高了学校工作的威信度。根据学校的实际，对学校改革发展和涉及教职工重大利益的事项，可采取阶段性、年度性公开；在学校内部和外部设置校务公开栏目，按公布范围公布有关项目，接受监督；另外，还可以设立意见箱，收集教师、学生、家长的意见和建议。利用每周一次的政治学习时间，在全体教师会上及时通报有关情况，以表扬鼓励为主。

3. 做到知人善用，让教职工都能有成就感

用人，是校长的主要职责，作为一个成熟的校长要履行好这一职责，除了要有举才之德、容才之量，还要做到知人善用。

（1）要用人之所长。作为校长，要懂得教师中的人才多是专才，用人不能求全责备，要给确有所长的教师一个能发挥自己之所长的空间、时间和状态，以确保之所长能形成长远效应。

（2）要用人之所好。每位教师都有自己的兴趣和爱好，作为一个成功的校长，在用人上不能只满足于教师听话和埋头苦干，而要善于发现其兴趣爱好，用其所好，让教师真正投入到他自己感兴趣的工作中去，并通过这种积极的个体工作效应直接影响群体工作效应的形成。

4. 密切联系群众，积极主动做好沟通调适

教师是办好学校的基本力量，校长平时要以普通教师的身份置身于教师之中，与教师平等相处。善于利用课余时间与教师倾心交谈，多了解教师的思想、工作、家庭和兴趣，以便更好地开展工作。具体可以从三个方面着手。

（1）理解尊重教师正常心理需求。人的行为是在需求引起的动机支配下，指向一定目标的。在学校管理中，校长应能及时准确地把握并尊重教师合理的心理需求，尽量给予满足。做到尊重教师人格，尊重教师工作学习，关心每一位教师的情感，关心每一个教师的存在和价值。

（2）正确评价教师的创造性工作。教师所从事的工作是具有创造性的工作。作为校长，在评价一个教师的工作时，先要发掘其创造价值，肯定其付出的劳动。教师一旦得到学校和领导的认可，自我实现的需求得到满足，他们就会有更高的理想和更大的抱负，更加积极主动地进行创造性的工作。

（3）建立校长与教师间心理协调。校长要以身作则，率先垂范，重视言传身教；要求教师做到的，自己首先带头做到。规定教师不能做的，自己坚决不做。这样，能促使学校整个教师队伍令行禁止，形成雷厉风行的工作作风。学校管理是一项"凝聚力工程"，学校管理者只有建设好这个工程，才能充分调动教师的积极性，发挥他们的创造力；才能把教师凝聚在自己学校这块育人的园地里，形成强有力的教师集体，进而促进良好教风的形成，达到做强、做大和做优的办校目的。

三、为学校的优质发展，着力打造高素质教师队伍

百年大计，教育为本。教育大计，教师为本。一个人一生遇到好老师，这是一个人的幸运；一个学校拥有好老师，这是这个学校的光荣；一个民族拥有源源不断的好老师，这是这个民族发展的根本依靠、未来依托。因此，为了学校的优质发展，为了民族的未来，为了国家的强盛，我们必须从战略高度认识加强教师队伍建设的重大意义，坚持把教师队伍建设作为基础工作，引导教师做有理想信念、有道德情操、有扎实学识、有仁爱之心的好老师，做学生锤炼品格、学习知识、创新思维、奉献祖国的引路人，致力于建设一支宏大的高素质专业化教师队伍。

（一）明确要求，抓好落实，全力推动教师队伍建设

教师是立教之本、兴教之源。建设高素质专业化教师队伍，就是要把习近平总书记提出的"四有好老师"的明确要求落到实处。一要突出师德师风建设，拓宽教师文化视野，提高教师综合素养；二要更加重视和加强教师教育体系建设，促进教师成

为先进思想文化的传播者、党治国理政的坚定支持者、学生全面发展和健康成长的指导者和引路人；三要引导广大教师认识人民教师职业的无上光荣，更要珍惜这份光荣，爱惜这份职业，严格要求自己，不断完善自我，执着于教书育人，有热爱教育的定力、淡泊名利的坚守，用爱心培育爱、激发爱和传播爱；四要大力弘扬全党、全社会尊师重教的优良风尚，努力提高教师政治地位、社会地位、职业地位，让广大教师享有应有的社会声望；五要加大教育投入，将其更多地倾斜于教师，不断提高教师待遇，让广大教师安心从教、热心育人。

（二）强化领导，把好方向，精心指导教师队伍建设

教师是教育的第一资源，教师队伍建设是教育的基础性工作。必须坚持党对教师队伍建设的全面统一领导，把好方向之舵，领好前进之航。一要教育指导广大党员教师增强"四个意识"，不断提高政治觉悟，坚定政治方向，对党忠诚、为党分忧，永葆共产党员政治本色。二要教育指导广大党员教师牢记党的宗旨，挺起共产党员的精神脊梁，解决好世界观、人生观、价值观这个"总开关"问题。三要加强党支部书记和党员培养力度，把优秀教师吸引到党内来，提高教师党员队伍整体素质。四要认真落实党的知识分子政策，增强为教师服务好的思想意识和行动自觉，做教师的净友、挚友，政治上充分信任，思想上主动引导，工作上创造条件，生活上关心照顾，为他们解难题、办实事。

（三）立高标杆，强化师德，全面引领教师队伍建设

学高为师，德高为范；立德为先，修身为本。评价教师队伍素质的第一标准是师德师风，因此，我们要把师德师风作为教师队伍建设的第一要求，在实施师德师风建设中，突出全员全方位全过程师德养成，推动师德师风建设常态化、长效化。

一要引领教师明大德、守公德、严私德，成为先进思想文化的传播者、党治国理政的坚定支持者、学生全面发展和健康成长的指导者。二要加强理想信念和社会主义核心价值观教育，引领广大教师自觉崇德正心、注重品格塑造、涵养道德情操、滋养浩然正气、守住尊严骨气，使理想更坚定、追求更高尚、情趣更健康。三要加强职业道德教育，引领广大教师自觉树立坚定的职业信念，爱岗敬业、仁而爱人，有教无类、因材施教，以爱育爱、以爱化人，浇灌学生心灵之花美丽绽放，滋润学生人格之树健康常青。

（四）狠抓培养，提升能力，不断强化教师队伍建设

没有高水平的教师，就培养不出高素质的学生。育才由育师始，育人者先受教育，传道者先明道信道。教师要传道授业解惑，给学生指点迷津，首先自己要接受良好的教育，明道信道，要树立大境界、大胸怀、大格局，要成为大先生、大学问家。因此，我们要大力加强教师队伍的培养培训工作，全力提升各级各类教师队伍质量，用优秀的人培养更优秀的人。

一是抓源头质量。振兴师范教育，创新培养模式，提升办学水平，保障培养质量。二是抓分类培训。要强化教师专业能力提升培训工作，中小学教师突出教学基本功和教学技能的提升培训；幼儿园教师突出保教融合、才艺兼备能力的提升培训；职业院校教师突出产教融合、校企合作实践教学能力的提升培训；高校教师突出创新型专业能力和创新素质的提升培训。三是抓拓展学习。引导广大教师自觉坚定终身学习理念，勤于学习、敏于求知，下得苦功夫、求得真学问，熟练掌握辩证唯物主义的基本原理、方法和观点，拓宽文化视野，夯实专业知识，把握教育规律，提高育人本领；特别要紧跟时代潮流，进一步提升新技术和人工智能的应用能力，重塑教师角色，提升教学效果，成为"教育+人工智能"的先行者。四是抓高端教育。倡导教育家办学，吸引一流人才长期从教、终身从教，奉献三尺讲台，培育桃李芬芳，书写人生华章。

（五）精准施策，激活内力，有效促进教师队伍建设

加强教师培训是中小学教师队伍建设的重要途径，如何强化新时期教师培训工作，提高教师培训的针对性和实效性？是摆在我们面前亟待解决的课题。我们不妨从创新激发内趋力入手。

1. 价值引领，激活内在动机

当一个人对教育的追求达到一心一意时，灵魂将不再流浪，思想将不再浮躁，精神将不再漂泊，行动将不再迟疑。所以，我们必须强调价值的引领、境界的提升及自我发展的意识和内驱力的激发，促使教师从"旧我"向"新我"的演变，增强教师自我素养的完善和专业素质的研修，进而提高教师的教育教学水平和能力。

2. 需要入手，体现人文关怀

要关注教师作为一个生命体"人"的全面发展和可持续发展。对教师要政治上信任，工作上支持，业务上培养，生活上关心。为教师创设开心愉快的工作环境、顺心如意的工作条件、舒心美满的工作体验。只有入情，才能入理；只有感化，才能转化。改变"用人工作"多而"用工作育人"少的局面。

3. 人格驱动，提升教师魅力

苏联教育家苏霍姆林斯基说："只有人格才能够影响人格的发展和规定，只有人格才能够养成性格。"教育的最终目的是发展以人的真善美为特征的人格力量。因此，学校应将教师发展的重心从知识能力驱动逐渐转移到人格驱动中来，着力提升教师的人格魅力。如组织"我心目中的好老师、名师、教育家的评选"等等。

4. 分类指导，注重培训实效

教师发展需求是多元的，有区别的，有个性的。我们应尊重教师发展的不同水平、个性特点和兴趣爱好，结合时代要求、学校发展需要以及教师履职的需要，分层、分类地开展指导和培训，努力使教师培训的内容与教师的层次一致、需求吻合。

5. 聚焦课堂，锻造扎实内功

教师的能力说到底是教学的实施能力，它是教师发展的核心要素。教学实施能力提高的关键是要聚集课堂，倡导教师在教学实践中体验与反思，教师要学会从已有的教育教学经验中寻找生长点，从教育教学实践的突出问题中寻找突破点，从教育教学发展的趋势中寻找挂钩点，从教育教学理论中寻找支撑点。

（六）深化改革，完善机制，充分保障教师队伍建设

教师管理点多面广线长，依然存在着不少瓶颈障碍，束缚了教师手脚，影响了队伍活力。要不断深化教师管理体制改革，优化教师人尽其用、人尽其才、充分释放创造活力的良好机制。

一要创新编制管理，盘活事业编制总量，向教师队伍倾斜，优先保障教育发展需要；二要提高入职门槛，严把教师入口关，提高教师的入职条件，确实将那些热爱教育事业、品德高尚、教育教学能力较强的乐教善教热爱学生的优秀大学毕业生招聘进入教师行列，从源头上保证教师质量；三要设立特殊津贴，鼓励优秀人才到薄弱、贫困、偏远地区中小学从教；四要深化职称岗位改革，加快修订中小学、中职、高校岗位设置指导意见，提高中小学中高级教师岗位比例，在中职学校设立正高级职称，做好高校职称评审监管，让教师职业发展通道更宽广、更通畅；五要深化考核评价改革，突出教育教学实绩和师德要求，引导广大教师潜下心来教书，静下心来育人；六要继续提升教师地位，完善教师从教保障激励机制，进一步弘扬尊师重教的社会风尚，让广大教师在岗位上有幸福感、事业上有成就感、社会上有荣誉感，让教师成为最受社会尊重、让人羡慕的职业，形成优秀人才争相从教、好教师不断涌现的良好局面。

四、为学校的卓越发展，竭力创设高效益课堂模式

德国教育家第斯多惠说："教学的艺术不在于传授知识，而在于激励与唤醒。"认知学理论强调，教师的角色应是学生建构知识能力的忠实支持者，教师必须通过激励与唤醒，为学生创设一种良好的学习环境，让学生在这种环境中自主、合作、探究地学习。教师应明确"教学是逐步减少外部控制、增加学生自我控制学习的过程"。但在新课程改革的现实中，能否实现"以教师为中心"向"以学生为中心"的模式转变，改变目前基础教育还普遍存在的教师教得费力，学生学得吃力等高耗低效的现象，就成了课改的核心和学校能否卓越发展的关键。那么"课改"究竟怎样改？怎样才能使课堂教学有效、高效？我们必须在高效课堂教学模式的构建行动中寻找策略。

（一）正确理解创设高效益课堂模式的内涵要义

高效课堂模式应该具备"三有"。一是有"效果"，二是有"效率"，三是有"效益"。我们在关注单位时间内知识有效传递量的同时，更要关注学生持续学习素

养和能力的增长。这样的课堂模式才能产生高效益。

因此，考察课堂模式是否高效要关注三个维度：一是很高的目标达成度，二是优化的达成路径，三是积极的学习愿望。为了激发学生学习愿望，就要抓住高效课堂的四个灵魂："相信学生、解放学生、激发学生、发展学生"；为了实现从知识立意向素养立意的转变的新课程改革目标，高效课堂模式必须遵循"自主、合作、探究"这"六字箴言"，而评价一堂好课则要做到"三看"：看自主程度、看合作效果、看探究深度。让课堂真正成为"知识的超市、生命的狂欢"。

（二）牢固树立创设高效益课堂模式的导学思想

创设高效益课堂模式需要树立"导学"思想。这里的"导"就是启发引导，要求教师要诱导学生善于自学，要少讲多导，适时而导。教学要以导为主，在提示、启发、引导上下功夫；教师的讲必须减少到最低限度，并放在最需要的时候。教师是学生建构知识的积极帮助者和引导者，应当注意激发学生的学习兴趣，引发和保持学生的学习动机。创设情境，明确目标，强化自主，组织协作，展开讨论和交流，这是教师的职责和任务。

"导学"思想中的"学"，即学生自我完成知识的建构，是根据自己的经验背景，对外部信息进行主动的选择、加工和处理，从而获得自己的意义。也是学习者与学习环境之间，学习者与学习者之间互动的过程，这种建构是无法由他人来代替的。

在导学思想下，教师从"管教"变成了"导学"，即"引导学生自主、合作、探究地学习"。在导学思想下，让学生的学习由被动变为主动，使学生学习的愿望被激发，学习的能力被提升。

（三）深刻掌握创设高效益课堂模式的教学理论

高效课堂需要有效的教学模式。教学模式，是在一定教学思想或教学理论指导下建立起来的较为稳定的教学活动结构框架和活动程序。作为结构框架，突出了教学模式从宏观上把握教学活动整体及各要素之间内部的关系和功能；作为活动程序则突出了教学模式的有序性和可操作性。

在多年的新课程改革探索与实践中，笔者深刻地认识到，通过"建模"，可以统一教学指导思想，规范课堂教学过程，有利于教师形成较规范的有效教学风格；而明确操作步骤，有利于学生学习习惯的养成和学习能力的提升，从而减轻师生负担，提高课堂教学的有效性。

对于高效课堂是否需要建模，无论是专家学者，还是一线教师都存在分歧，笔者认为，教学有法是教无定法的前提和基础，没有经过"临帖"的有法阶段，就不会有信笔挥毫、自由顺畅的无法教学。尤其是在新课程改革的初期，课堂教学的效果受教师个体的专业基础、教学经验的影响非常大，因此，基本有效的课堂教学模式是打造优质高效课堂的必要保证。在教学过程中要坚持大法必依、小法灵活的原则，要在共享教学模式与课程资源的同时，根据不同层次学生的特点和教师个人的教学经验，实现个性教学的完善，形成自主教学的风格，彰显自我教学的艺术。

（四）科学规范创设高效益课堂模式的结构体系

为学校卓越发展，打造学校教学特色，提高教育教学质量，全力创设高效益课堂教学模式，已是当前新课程改革的必然要求和关键策略。在国家《基础教育改革纲要》中，明确要求教育要"以学生为本"，学校要在学生核心素养理念的引领下，本着"为了每一个孩子的发展"的目的，不断优化改进教学方式，实现学生素养能力的提升和学生的全面发展。为此，我校特别提出了"创设情境，激趣导入；明确目标，有效导学；合作探究，交流展示；质疑解惑，点拨升华；练习巩固，达标总结"的"五环节"教学模式，变教师"教学"为"导学"，变学生"学会"为"会学"，实现学生自主知识和自主能力的建构。"五环节"高效课堂教学模式的结构体系与具体要求如下。

一环节：创设情境，激趣导入。基本要求，一是通过建立新旧知识的联系与生活实际的联系，恰当创设与教学内容相适应的情境；二是营造浓郁学习氛围，激发学生兴趣，激活学生思维。

二环节：明确目标，有效导学。基本要求，一是依据课标，突出重点，兼顾一般，让学生明确本节课的学习目标、内容和要求；二是根据"问题导学法"，教师将所学知识点设计成一个个清晰的问题，通过多媒体、导学纲要或板书等显示学习的任务；三是明确自主学习时间和检测方法，有效启发引导学生自主学习；四是关注学生学习习惯，观察自学进度效果，个别指导帮助，尽力完成自学任务。

三环节：合作探究，交流展示。基本要求，一是让学生以小组为单位，展示初步学习成果；接着围绕困惑进行对学、群学，要求全员参与；教师严查展示过程中暴露出的问题，重视生成性。二是学习小组代表在全班进行交流展示，根据展示暴露出来的问题，组织全班进行大讨论，拉伸思维强度和思想深度；老师应耐心倾听，及时捕捉课堂生成的动态资源，尤其是对学生思维中萌发的新知识和新问题，及时做出反应、评价。探究、交流、展示要灵活多样，根据教学内容确定。文科的展示有朗读背诵、书面表达、辩论、表演、图画等，不必拘泥于一成不变的板书。理科的展示要有完整的解决问题的过程，要有公式推导、得出结论的层层步骤，提倡板书展示。

四环节：质疑解惑，点拨升华。基本要求，一是对学生的疑惑和问题启发引导，可采取个性与共性相结合的方式进行；二是对小组研讨形成的共识加以梳理，对小组未解决的问题集中加以解决；三是导学要惜言如金，惜时如金，做到目标简约，指令清晰，过程简约，归纳简洁。

五环节：练习巩固，达标总结。基本要求，一是精选习题，实现高效的知识迁移和变式训练；二是利用结对子办法展开测评与互评，体现规范性；三是学生整理导学纲要，完成纠错要求；四是定期评选并展出优秀整理笔记、有效标注的教材和优秀试卷。做到堂堂清、人人清，这不仅是课堂效率问题，也是教育公平的问题。

（五）努力践行创设高效益课堂模式的实施方案

为落实立德树人根本任务，培育学生核心素养，全面推进新课程改革，努力提高教学质量，实现学校更好发展，我们必须凝心聚力科学研制高效益课堂模式，全力以赴集体践行实施方案。

1. 强化理念学习，转变观念先行

围绕"五环节"开展系列的"导学"思想和模式的培训，开展全员参与的系列"导学论坛"，开展树立样板的"名师讲坛"，组织骨干教师外出学习，请课程专家到学校举办讲座。想方设法转变观念，统一思想，以先进的思想来指导教改行动。

2. 打破传统模式，采取小组学习

打破传统的班级学习模式，取消全班集体学习制，采取小组合作学习，实施分组学习模式，便于同学间的相互研讨与交流。采取小组合作模式，不是表面的形式化，而是"导学"课堂的必由之路，是对新课改的积极促进。

3. 做实模式细节，编好导学纲要

"导学纲要"是落实"五环节"高效课堂教学模式的前提。学校要特别重视和开发"导学纲要"模板，编制好具有本校特色的《学科导学纲要》。在编制"导学纲要"时应尽力把握以下几点：一是区分"导学纲要"与教案的不同。教案主要体现教师的引导过程和参与帮助的整个流程。而"导学纲要"更需要体现学生的自学、讨论和交流的过程与方法。二是"导学纲要"的编制要服务于"导学"模式，要体现"五环节"的精髓。通常来说，导入要生活化、趣味化，目标任务要符合课标、考纲要求，这样才能确保课堂效率。三是"导学纲要"要有针对性。"导学纲要"应在"导学"精神的引领下，根据学科、课型的不同做有效的调整。

4. 强化校本教研，落实集体备课

实施"五环节"高效课堂教学模式，需要集学科教研组集体的智慧，并精心进行规划设计。

（1）总体科学规划。教研组长、备课组长、学科中心组成员要根据课时计划、总体目标等，对"导学纲要"构建提出科学的规划，并根据学科特点、教师特长，明确各自任务、设计模式、质量要求、完成时间及开发标准等。

（2）分工精心设计。每名教师要按分工要求，通览教材、课标、考纲及各种参考资料，理清思路、拟出教路、安排学路，完成"导学纲要"方案的设计，并形成电子化或制作成课件，再将资料包上传至组内共享区间。

（3）集体研讨共享。由设计者主讲设计思路，接着集体充分研讨和重构，形成完善的"导学纲要"。然后，每一名教师都能站在集体智慧的肩膀上，站在优秀教师的肩膀上去备课，达到全面高度共享。

（4）实现个性完善。每名教师在资源共享的前提下，根据所教班级的不同，所教学生的不同，自己教学风格的不同，最后完善自己的"导学纲要"，制作自己个性化的课件，展示个人的教学风采，形成自己的教学艺术。

5. 把握模式特性，做实教学改革

为了全面深化教学改革，提高教学质量，我们必须把握住"五环节"高效课堂教学模式的以下特性，认真扎实地做强实践活动。

（1）思想性。"五环节"高效课堂模式的核心是突出学生在整个教学过程中的主体地位；目标是激发学生的学习愿望，养成学生自主学习的兴趣与习惯，提升学生自主学习的能力。

（2）稳定性。"五环节"高效课堂模式在一定程度上揭示了课堂教学活动的普遍性规律，明确了一般课型的共性操作方法和程序，各学科在具体执行时更应该形成本学科的基本教学程序和方法，这样才能形成稳定的教学风格和课堂教学特色。

（3）操作性。"五环节"高效课堂模式是一种具体化、操作化的模板，它把新课程改革理论和活动方式中最核心的部分用简化的形式反映出来，具体地规定了教师的教学行为，使得教师在课堂上有章可循，便于教师正确理解、把握和运用。

（4）灵活性。在具体运用"五环节"高效课堂模式的过程中必须考虑到学科的特点、课型特点、学生实际、教学的内容、教学条件等具体情况，在体现导学法思想精髓的前提下，进行方法上和结构上的细微的调整。

五、为学校的特色发展，聚力创建高标准校本课程

校本课程一定是"校本"的，要根据学校自身的教育发展与实际可能建立并实施，体现的是学校意志，彰显的是学校办学特色；校本课程建设一定是"系统"的，基于总体规划和设计，逐步开发并实施，渐成体系，不可能一蹴而就，也没必要贪多求全；校本课程实施一定是多元的，既有面向全体的普及性课程，又有关注个体的个性化项目，选修与必修相结合，注重自主参与，满足多元化需求，实现个性化发展；校本课程开发必定是永无止境的，因为教育的理想性无止境，人们对于"教育理想"的期望在不断发展变化。于是，基于"教育理想性"理念的校本课程建设也必定永远在路上。

（一）全面认识校本课程开发的重要意义

在当下深入推进素质教育、全面培养学生核心素养的新课程理念下，如何"以学生发展为本"创建学校特色？怎样使学校特色发展而实现学生的个性发展？这是摆在我们教育工作者面前的一项重大课题。笔者认为：聚力创建高质量校本课程是解决这一课题的有效途径和策略，做好校本课程开发具有十分重要的意义。

1. 校本课程开发，能有效促进学生的全面个性化发展

教育作为一种培养人的活动，就是要每个人的个性得到充分、自由和健康的发展，从而使每个人的个性具有高度的自主性、独立性和创造性。校本课程的开发就是为了打破"校校同课程，生生同书本，所有学生齐步走"的格局，提高课程的针对性、适应性和实效性，很好地满足学生个性发展的需要，促进学生全面、主动、健康地发展，真正体现"以学生发展为本"的理念。

2. 校本课程开发，能有力推动教师的专业化水平提高

校本课程的开发，不仅是课程文本的开发，而且更重要的是教师的发展；课程开发只是一种手段，教师的发展才是真正的目的。因此，教师要通过校本课程的开发、设计、实施、评价，使自己的专业化水平得到进一步提高。

3. 校本课程开发，能强劲促使学校的办学特色化发展

国家实行三级课程管理政策目的之一就是尊重地方差异和学校不同，给学校一个自由发展的空间，让学校在国家课程改革总目标下，根据师生的特点和需求，根据学校教育资源和学校传统优势来确立本校独特的办学目标和策略，最终形成自己的办学特色。

(二) 深刻理解校本课程开发的含义特点

校本课程开发是与国家课程开发相对应的一种课程开发模式。校本课程开发是在国家课程计划规定范围内，以学校为课程开发的场所，以教师为课程开发的主体，依据学校的性质、特点、条件和学生的需求，旨在满足学生的独特性和差异性，发展学生个性特长的课程开发模式，是对国家课程的补充。校本课程开发具有如下特点。

1. 校本课程开发涉及课程开发的所有要素

校本课程开发作为一种课程开发活动，它涉及课程目标的制订、课程内容的选择、课程实施、课程评价等课程开发的基本要素。而以往的课外活动、兴趣小组活动仅仅是课堂的补充或延伸，不是一种课程开发活动，缺乏课程开发的基本要素。

2. 校本课程开发基于学校以人为本的思想

校本课程开发是以学校与学生未来的良性发展为宗旨，是基于学校、为了学校的课程开发活动。校本课程开发重视学校及社区资源的开发与利用，强调学校办学特色与理念的凸显，关注教师作为课程开发的主体作用的发挥。这种民主参与课程开发的方式有助于提升课程品质，增加师生和社会各界对课程的满意度和认同感。

3. 校本课程开发源于自发自愿和灵活运用

校本课程开发是学校以其特色需求为目标的自发性课程发展过程，在一定程度上能够兼顾地区性或校际间的个别差异，有利于教师根据本地区、本校的特点在课堂上灵活地运用。

4. 校本课程开发富有持续性和动态性过程

"校本课程开发是一个持续的、动态过程，必须随时根据社会变迁与学生需求做调整与改变。"校本课程开发则能依照现实不断地修正，课程更富机动性、多样性与弹性。它不提倡编写固定的、正规的教材，而是强调活动、过程，以保持较大的开放性、灵活性与适应性。

5. 校本课程开发注重实践性和探索性本质

校本课程把培养学生的主体意识、合作意识、创新意识作为根本目的，把培养学生的动手能力、交往能力、收集处理信息的能力、发现与解决问题的能力作为重点任务。它强调学生在活动中学，注重过程与方法、情感态度与价值观的培养。更加突出学生创新精神和实践能力的培养。

6. 校本课程开发凸显以学生为中心的理念

校本课程的开发构建都要把学生的发展置于中心地位。首先，以学生的特别需要为出发点，注重学生潜能的开发和学生情感的提升。其次，校本课程内容的组织与学习活动的安排都给学生的主动参与留下一些空间，创造一些条件，让学生在老师指导下提出问题、收集材料、操作思考、做出结论或提交作品。

（三）熟练掌握校本课程开发的遵循原则

学校在执行国家课程和地方课程的基础上，可根据所在地教育的环境优势，结合本校的传统资源，兼顾学生的兴趣需要，在专家指导下，组织学校教师、学生、家长和社区有关人士共同参与，做好校本课程的管理、开发、设计和实施工作。在具体的管理与开发过程中应遵循以下原则。

1. 实际性原则

校本课程的开发，一定要从学校实际出发，从学校已有的师资队伍、教师专业素质来考虑，根据学校的教育教学设备、教学活动场地来开发实施课程。更重要的是考虑学生的实际，依据学生的需要、兴趣和爱好来决定校本课程开发的方向。同时，不同学生的个性是有差异的，不同年龄的学生兴趣、爱好也不相同。这些都是我们在开发校本课程时应该考虑的问题。只有坚持从各方面实际出发，才能开发出有实际意义、有实用价值、有活力的校本课程来。

2. 自主性原则

校本课程是学校、教师和学生主体性充分体现的课程。校本课程的开发应体现"以人为本"的自主性原则。它要求学校、教师意识到自己既是校本课程的实施者，又是校本课程的开发设计者。所以要充分利用学校自身的优势和资源，自主开发、自主设计和自主组织实施。同时要充分体现"以生为本"的思想，广泛关注和激发学生的主体意识，尊重学生的自主权利，让每个学生有更多的机会自己去思考设计、参与实践和体验创造等，使他们的个性得到充分的发展。

3. 开放性原则

校本课程开发建设的开放性体现在：一是学校课程内容的开放。它不限于学科课程，还包括综合实践活动课程和环境课程等领域。二是活动范围的开放。活动范围不限于学校、教室，而是将"课堂"延伸到了学校以外的家庭、社区、社会及大自然，为学生的发展开辟了广阔的空间。三是活动方式的开放。学生的活动方式表现为自主选择、主动探究、自主实践；教师的活动方式表现为创设情境、参与合作、指导帮助。活动形式包括组织学生参观、访问、调查、实验、宣传、郊游、野营、义务劳动、公益服务以及搜集信息等。

4. 特色性原则

校本课程的开发应突出地方特色、学校特色。首先，校本课程的开发应体现地方特色，反映社区文化。要因地制宜，选取最能体现本地区地方风俗、乡土文化、科技产品等的某一类或几类，进行深入挖掘，合理开发，以突出地方特色。其次，校本课程更要反映学校特色，体现学校的办学方向。学校的特色集中反映的是校长的办学思想，而校本课程的开发正是检验校长先进办学思想的最好实践。再次，校本课程的开发还要调动学生、老师的积极性和主动性，充分利用校内外资源，形成教育合力，促使学校特色的形成。

5. 适应性原则

校本课程开发不仅增强国家、地方和学校三级课程的互补性，也增强了课程体系的总体适应性。一是要与科技迅速发展的需要相适应，开发出最新的科学技术技能课程，赋予课程以新的内涵和时代特征。二是要与区域社会经济发展的需要相适应，开发出能服务当地经济建设、生产生活实际和反映地方文化特色的课程，赋予课程因地制宜的区域特征。三是要与学生个性发展的需要相适应，教师在深入了解学生的差异类别、个性需要的前提下，研究设计教育活动和教学内容，开发出因材施教、因势利导的课程，以促进学生个性特长的发展。

6. 实践性原则

校本课程是以培养学生实践能力和发展学生个性为主要目标的，因此，校本课程的开发一定要从教育实践出发，坚持以活动形态为主，构建在实践活动中学习，不断提高实践能力的原则。具体做到以实践为本，精选适用性和可操作性强的课程内容为活动形态，使学生能够学以致用、活学活用、边学边用。这不仅是校本课程的基本特征，也是校本课程开发活力所在。

（四）严格执行校本课程开发的基本程序

校本课程开发的程序主要有以下四个环节，我们在具体实践中必须认真遵守，严格执行。

1. 分析评估

分析评估是设计校本课程时首先必须要做的研究性工作。主要涉及明确学校的培养目标，评估学校的发展需要，评价学校及社区发展的需求，分析学校与社区的课程资源等。

2. 确定目标

确定目标是学校对校本课程所做出的价值定位。它是在分析与研究需要评估的基础上，通过学校课程审议委员会的审议，确定校本课程的总体目标，制定校本课程的大致结构等。

3. 组织实施

组织与实施是学校为实现校本课程目标开展的一系列活动。根据校本课程的总体目标与课程结构，制定《校本课程开发指南》。对教师进行培训，让教师申报课程。学校课程审议委员会根据校本课程的总体目标与教师的课程开发能力，对教师申报的课程进行审议。审议通过后，编入《学生选修课目录与课程介绍》。学生根据自己的志愿选课，选课人数达到一定的数量后，才准许开课。在此基础上，学校形成一份完整的《校本课程开发方案》；教师在课程实施之后或过程中，写自己承担课程的《课程纲要》。

4. 评价修订

评价是指校本课程开发过程中的一系列价值判断活动，它包括《课程纲要》的评价、学生学业成绩的评定、教师课程实施过程评定以及《校本课程开发方案》的评价与改进建议等。评价的结果向有关人员或社会公布，评价的目的是为了更好地修订完善。

（五）全力采取校本课程开发的有效策略

在推进素质教育、不断深化课程改革的当下，几乎每所学校都在进行校本课程建设，但实际成效却不尽如人意。究其原因，最根本的是缺乏整体规划和顶层设计，没有厘清校本课程"是什么""为什么""怎么做"等基本问题。那么，如何有效规划、设计和开发校本课程呢？下面笔者结合课改实践，谈谈自己的思考。

1. 校本课程规划，应基于学校的办学哲学

校本课程开发是基于学校的办学哲学，必须以学校的办学思想、理念和育人目标为统领，进行整体的规划与设计，建立起校本化的课程体系。只有明晰了这样的基本思路，才可能真正回答校本课程开发中"是什么""为什么"的问题。

2. 校本课程设置，应适应学生的发展需要

适切性是校本课程规划与设计的根本要求，校本课程开发要适切于学生的实际发展需要，适切于学校的实际办学之可能。校本课程的设置一方面要满足学生当下的需要，满足其当下生命成长的体验，要让学生在成长、发展中不断充实，不断生长；另一方面要满足其未来发展的需要，要给予学生一辈子都有用的东西，包括知识、能力

以及素养。激发兴趣—培养习惯—生成能力—发展素养，这是教育的一般规律。校本课程也必须遵循这样的规律，适应学生发展的实际需要。

3.校本课程开发，应符合学校的教育实际

（1）国家课程校本化。学校和教师通过选择、改编、整合、补充、拓展等方式，在对国家和地方课程充分理解、认真备课的基础上，进行再加工、再创造，使之更加适合本校的教育教学实际，有利于自己学生的成长和发展，有利于全体学生核心素养的培养与提升。

（2）校本活动课程化。活动不等于课程，根据我们的理解，校园里所有的教育活动，只有具备了"有目标、有计划、可评价"的特质，才可成为"课程"；所有的课程，只有纳入了核心理念、总体目标统领下的课程体系，才能实现常态化，具有成长性；只有建立起完备的课程体系，实现常态化的课程管理，才能形成真正的办学特色。学校围绕其办学思想，通过对学生的需求进行评估，组织各个年级段的师生对学校一系列教育教学活动进行整合、提炼，分别开发出主题德育类、兴趣活动类、实践体验类等三大类选修课程，形成学校自主设置、教师自主开设、学生自主选择的校本化课程体系，利用每周规定时间的课时全面实施，从而可实现"教师教自己喜欢的课程，学生学自己感兴趣的课程"的目标。

4.校本课程建设，应有效利用校内外资源

学校办学需要保持开放的心态，主动发掘校内外各种资源，充分发挥其应有的功能。

（1）发掘校内课程资源。首先，学校通过开放书吧、走廊文化墙、园林景观等设施，让每棵花草、每面墙壁都可以"开口说话"；其次，学校应建好校史馆，让学校每一段发展历史、人物故事成为教育的好教材；最后，学校不仅要鼓励教师基于学科专业特长开发校本课程，还要支持教师"跨界"，突破自身专业限制，发挥个人兴趣特长，进行校本课程开发的实践与探索。

（2）发掘校外课程资源。每一所学校都拥有独特而丰富的地域性课程资源。不管学校地处何方，无论城市、农村，从校本课程开发的视角进行细心的梳理与发掘，都可以建立起各种校外课程基地，开发出各具特色的校本课程。同时，学生家长也是重要的校本课程资源。每个行业的学生家长都可以为校本课程开发提供支持。

（六）努力践行校本课程开发的实施方略

校本课程的开发实施，必须坚持以实现国家课程的教育目的为前提，坚持依托校情和学生发展的个性要求，着眼本校教师群体对国家课程的修正与整合，实现校本课程的特色化。

1.厘清国家课程改革内涵，为校本课程建设准确定好位

课程改革包括国家地方课程的科学高效实施和校本课程的开发实践。面对新时代对教育的要求，学校全面实施素质教育就必须选准突破口，抓好学校实施课程的整体优化，将课程方案进行校本化的实施，使课程方案与课程标准在学校实践中得到贯彻落实。

首先，由于"国家课程"在学校教育中的地位，决定了通过"国家课程"校本化的实施途径而构建"学校课程教学体系"的重要性；其次，统一的"课程标准"与不同群体学生之间存在的差异又决定了"国家课程"校本化实施的必要性；最后，新一轮课程改革所颁布的"课程标准"本身所具有的"刚性与弹性"的结合，又给实现"国家课程"校本化实施留下了可能性。重要性、必要性与可能性"三性"合一，使"国家课程"校本化实施不但必要，而且可行。

学校校本课程依据学校课程规划和校本课程开发方案构建起较为完善的课程体系。可实行学分制管理，走班式运作，自主性选修课程与限定性选修课程组合。自主性选修课程由满足学生个性发展需要的拓展型、探究型与活动型课程组成，主要包括人文素养类课程、艺术类课程、身心健康类课程、学习生活技能类课程、报告讲座类课程及社会实践类课程等。通过这些校本课程的开发实施，学校可为学生提供更多的学习机会，对学生的个性发展提供广阔的空间、创造极大的机会。这样就可丰富学生的学习体验，受到学生们的欢迎。

2. 把脉校本课程建设体系，为校本课程开发找准切入点

国家课程方案的校本化实施主要包括两个方面的内容，一是依照国家颁布的课程标准计划预留给学校自主开发的空间，根据学校的办学特色、学校的育人目标和学生实际进行拓展型、探究型校本课程的开发；二是根据学校办学定位、学生实际和发展需要对国家地方课程进行适应性的再开发。在拓展国家课程、推进校本课程的建设时，要突出体现以下四点。

（1）以学生自主学习为着力点。即学校校本课程建设必须从学生实际出发，兼顾学生的需要、兴趣、价值观，尊重学生的差异性，力求让每一个孩子的个性得到张扬，能力得到培养，潜能得到挖掘，让每一位学生在自主学习中获得和谐的发展。

（2）以学校特色文化为生长点。即学校校本课程建设充分汲取学校在办学中形成的宝贵经验，遵循教育理念，打造教育品牌，发挥自身优势，挖掘自身潜能，利用自身资源。不效仿照搬他校做法，充分体现本校文化生成的自主性和创造性，使其具有鲜明的、独特的校本特色。

（3）以转变教师角色定位为中心点。即校本课程建设的主人是学校的教师，学校要充分发挥教师在课程建设中的主动性和创造性，重塑教师的多元角色，实现从"独奏者"到"伴奏者"，从"统治者"到"指导者"，从"教书匠"到"研究者"的完美转型。

（4）以校本课程资源整合为突破点。即学校要立足于现有条件，最大限度地利用校内人、物、财资源，把蕴藏于师生中的生活经验、知识储备、文化提炼等转化为课程资源。同时，学校还要充分利用和拓展校外的课程资源，注意发挥家长与社区资源的作用。在养成教育、德育教育、国防教育、学科教育、美文欣赏、文体活动、社会实践、研究性学习等方面，开展一系列教育活动，搭建起国家课程校本化的教研平台，进行校本课程开发创建的有益探索。

3. 全面依托学科教学优势，为校本课程开发再华丽转身

全面依托学校学科优势，积极拓展学生学习的外延空间，实现课内到课外的有效迁移，让学生在自然、社会、生活中去观察，去体验，在活动的过程和空间上，呈现出与课堂教学不同的特性，从而使学校的课程文化真正丰富起来，做到学校课程校本化、特色化、个性化，实现校本课程的华丽转身。

（1）大力开展"书香校园"，以彰显育人文化。学校要大力推进"书香校园"的建设活动，树立"读有用的书，做有根的人"的阅读理念，营造浓郁的读书氛围。各个学科组结合本组的实际，纷纷推出课外阅读必读书目和选读书目，引领学生进行有效阅读。同时还开展一系列精彩纷呈的读书比赛活动，把读书活动推向深入。

（2）精心打造"美育校园"，以呈现育人氛围。学校无论从建筑、园林、广场、道路的精心设计建设，还是从墙壁、橱窗、雕塑、树木、花卉的精雕细琢，无不体现着艺术美育的思想和理念，无不散发着育人的高雅气息。每一个线条、每一道色彩组合都冲击孩子们的视觉，线条中跃动着的点状图形，仿佛在拨动孩子们丰富的想象力与创造力。楼道中的"艺术"主题墙，色彩丰富且能旋转的花瓣与孩子们喜欢的风车有机融合，为孩子们展示自己的作品提供了空间。每天清晨，伴随着轻柔的乐曲步入校园，看到的是画廊里悬挂的世界名画，楼道内展示的学生作品……这一切精心的设计无不折射出学校"以美育美"的办学理念。

（3）全力创建"科技校园"，以展现育人水平。学校要确立"以课堂教学为主渠道、以环境熏陶为依托、以科技活动为载体"的科技教育思路，努力形成"课堂教学引导、课外活动启迪、社会实践培育"的育人体系，实施以"确立一个核心、明确两个渠道、实现三个转变、做到四个结合"为总抓手的科技教育强校策略，积极举办"机器人俱乐部""航模俱乐部""我爱发明"等学校科技教育活动，不断增强办学活力，打造科技特色校园。确立一个核心，即"以学生发展为本"的核心教育理念。明确两个渠道，即"以课堂学科教学为主，以课外科技活动为辅。"实现三个转变，即实现"教师角色从指导者到合作者、活动内容从单一科学课培养到全部学科参与、评价机制从注重结果性评价到注重过程性评价"的转变。做到四个结合，即做到"普及与提高、课堂教学与课外实践、学生创新思维与动手能力、学生成长与教师发展"的结合。

（4）聚力厚植"体艺文化"，以突出育人质量。体育健康与艺术教育是每一所学校应重视和加强的工作，特别是要将体艺校本课程建设作为全面推进素质教育的突破口之一，充分发挥体艺校本课程的特殊育人功能，凸显育人质量特色。通过开展精彩纷呈的体艺特色活动，让更多的孩子与艺体结缘。学生通过参加活动，进行比赛，锻炼自己，丰富自己，发展自己。

六、为学校的品牌发展，合力打拼高水平校园文化

学校文化的基本点是人，关键点是化。学校文化主要包括价值文化、制度文化、行为文化和环境文化，它起到了统一思想、凝聚精神、提高效能、润物育人、优化环境的功能。

（一）为学校的品牌发展，建设高品位的文化

要建设学校高品位的文化，无论做校长还是当教师，我们一定首先要树立有崇高价值取向的价值观，因为我们所从事的职业是教书育人，其职责神圣、使命光荣。其次要定位好学生的培养目标：人格高尚、心理健康、行为规范、素质优良，其中人格高尚至关重要，它是现实社会中的最高学位。在此我们不仅要将文化当名词来对待，更要将其转化为动词。因为文化不仅仅是结果，更是一个过程。而文化建设的着力点是服务人、成长人、成就人，对人的心灵世界、精神思想进行改造、感化和教化，如是这样，才会最终形成真正的校园文化。

（二）为学校的品牌发展，明确办学理想愿景

文化就是"文以化之，以文化之。"思想再深刻，不能变成行为；口号再响亮，不能变成行动。因此，我们要建设知名品牌学校，必须首先确定我们的核心价值观，那就是要把学校建设为教师的理想家园、学生的成长乐园、社会的精神花园。我们之所以提倡"尚多元，呈其美"的办学理念，坚持"以人为本"的教育思想，构建"和谐校园"文化，就是为了使教师人格得到尊重、才能得到发挥、特长得到施展、价值得到体现；让学生个性得到尊重、特长得到培养、视野得到拓宽、能力得到提升。着力实现设施人性化，态度个性化，细节温馨化，制度实效化的服务目标。这些理念的核心就是体现教师、学生、社会三个方面的发展愿景。

（三）为学校的品牌发展，建立有效机制制度

学校核心价值理念要转化为广大师生的主流价值文化，需要建立有效的管理机制和制定科学的管理制度，机制是魂，制度是体。机制化就是学校要建立校长负责与民主参与的治校机制，分工合作与协作推进的实施机制，评价反馈与激励完善的发展机制，常规保证与研究创新的动力机制。有了机制，还需制度。制度是把理念转化为行动的中介。制度的制定要体现民主价值观：一是方案的全员制，二是决策的表决制，三是实施的部门制，四是监督的述职制。制度化是将学校价值理念转化为师生行为的过程，即形成制度文化的过程。在这个过程中，团队成员的个体素质、协作精神、组

织能力、管理水平至关重要，是一个学校取得佳绩的基础和保证。

（四）为学校的品牌发展，规范师生知情意行

彰显行为文化，规范师生知情意行。这是打造学校品牌文化的十分重要的基础性工程，也是核心目标。校园行为文化是校园文化在师生身上的最终体现，具体表现在学生的文明行为和教师的教育行为、学校的管理行为等方面。为此，学校要十分重视和加强这一基础性工程建设，努力实现打造品牌校园文化的核心目标。

1. 全力构建管理文化，弘扬实干精神

校领导积极带头、率先垂范，倡导"求真务实、勇于担当"的"实干"精神，坚持走群众路线，激励全校党员干部、师生员工以问津求真的精神强化学习，以敢为人先的姿态促进学校各项事业发展，进一步为办人民满意学校而扎实工作。

2. 推进素质导师制度，规范学生行为

为培养学生良好的行为习惯，学校应以新修订的《学生手册》为准则，着重抓好学生的德育工作，完善推进素质导师制度，重点突出抓好行为不规范、有偏差学生的转化工作，关注班级学生综合素质的提高，并加强学生健康心理教育和文明养成教育。

3. 开展丰富社团活动，搭建展示平台

充分利用区域人文地理，挖掘社团活动内涵，与其他活动与课程相融合，开展丰富多彩的社团活动，借鉴社会综合实践的开展，搭建展示学生才能的平台，这样才能丰富学生校园生活，才能带来别样的精彩，也能焕发出学校德育新活力，突出学校德育的开放性和学生的主体作用。

（五）为学校的品牌发展，创建一流教学设施

打造学校品牌文化的一个重要策略就是创建现代化的教育教学设施。这里最重要的就是图书馆和信息中心。因为图书馆和信息中心是学校设施的灵魂。苏霍姆林斯基说过，一个学校可以什么也没有，但只要有图书馆，就可以称之为学校。读书是丰富学生精神世界的重要渠道。我们已经进入一个新的时代，这是信息化程度非常高的经济时代。学生的学习已不可能只限于课堂、只限于学校。互联网上的各种信息已成为丰富的教学资源，如何让我们的学生形成强烈的信息意识与高超的信息处理能力，是教育的一项紧迫任务。

第四节 对学校教育理想性的实践反思

本着"天下大事必作于细，天下难事必作于易""小心做事方能最大程度减少意外发生"的思想，决心减少以往轰轰烈烈的活动，去除以往那种浮躁的心理，静下心来抓好学校内部管理，使学校工作回归自然，回归课堂教学，回归常规的教育教学管理，努力将各项工作做精细、做规范、做踏实、做具体。围绕这个思路，现就35年的教育教学管理实践展开进一步的分析和深入思考，以示对学校教育理想性的不断追求。

一、对学校改革科学性的实践反思

我们学校在上级政府的策划和直接领导下，于2004年夏天进行了从领导人事到组织机构，从制度建设到工作考评，从工资分配到教育教学等多方面的改革试点工作。改革的初衷是为了进一步激发调动广大教职工的工作积极性，提高学校工作效率、办学水平和教育质量。采用的策略是：从领导到职工全部竞聘上岗；坚持的原则是：能上能下，能进能出。这次改革虽然取得了一定成效，但也出现了一些不容忽视的问题。就此笔者提出自己的思考，旨在推动基础教育改革稳步健康发展。

（一）对学校改革出现的问题分析

对学校改革出现的问题分析，并不是为了找问题而分析，而是为了解决问题而分析。因为对一个人来说，"童年只有一次，教育不能重来"。换句话说就是，教育的改革"只能成功，不许失败"。在教育界最为忌讳的就是"失败乃成功之母"。所以，笔者对我们这样一所省级示范性高中在改革中出现的问题的分析目的和初衷就在于此。

1.对教育本质与发展认识不够清晰的问题分析

教育是什么？一直是人们关注和争论的话题，从上层建筑说到生产力说，再到培养人的社会实践说，教育产业化、教育民主与公平等问题又为其增添了新的内容，乃至出现百家争鸣之势。但是这些争论都离不开教育与社会发展和教育与人的发展这个三边关系。分析与解读这组复杂关系，对于认识教育本质是十分重要的。

教育是造就人的社会活动；教育既是社会生活的永恒和普遍的范畴，又是历史的范畴；教育作为一种社会活动，是极普通，又是极复杂的。在我校2004年的改革进程中，无论改革者的顶层设计、改革方案的制定、改革策略的选取，还是改革过程的实施，都未清晰教育本质和发展的认识问题，因而在改革中出现了很多不容忽视的问题和误区。主要表现为以下五个方面。

（1）管理工作企业化。在班级管理中引入企业化管理模式，将学校一切工作按照工厂企业模式进行考核量化，这有悖于教书育人的职业特性。

（2）教学工作商品化。为了激励和激发广大教职工的工作积极性，将教育视为商品，简单地用工作数量来代替工作质量，将工资报酬的分配按照课时数量的多少来进行计算分配，未能体现教育的质的问题和特点。

（3）组织人事换人化。学校的大小领导仅凭一次演讲，由所谓的"专家"当场打分，上级主管改革领导的一次商讨，便当即敲定。根本未体现我们党和国家选拔任用领导干部的基本条例、基本原则和基本程序。

（4）教育评价人数化。对于教育教学质量评价，仅仅拿高考上线绝对总人数来单一衡量，致使从高考报名、组织考试、平常的教育管理等，出现了片面追求升学总人数的一些不规范的、随意性做法。如大量招收高三补习生的问题。

（5）质量提升补课化。为了提高所谓的教学质量——高考上线总人数，便加班加点、轮番进行补课大战。致使学生和教师都没有了双休日，没有了寒暑假。这不符合青少年学生学习活动和成长过程的规律，更有损于学生的身心健康和发展。这与提高课堂教学效率，减轻学生课业负担，推进素质教育是完全相悖的。

2. 对改革目标与现实矛盾估计不足的问题分析

教育改革就是教育现状所发生的有意义的转变。教育改革是一个系统工程。教育改革的目的，是让教育更合理化，更加适应国家日新月异的发展。教育改革的瓶颈，是教育体制的落后和教育评价的不科学。建立健全良好的教育体制和科学的教育评价体系成了教育改革的主攻方向。但是我校在2004年的改革中，未能把握住影响这一系统工程改革的全方位要素和条件，对改革目标与现实矛盾估计不足，致使改革未能取得应有的效果。其主要原因有以下三个方面。

（1）教师领导竞聘上岗方案的理想前沿性与改革过程中的现实滞后性相矛盾。在我们这样一个经济欠发达的地区，用人的合理性和科学性的大环境尚未完全形成，仅在一个试点单位进行所谓的"全员竞聘、双向选择"的竞聘上岗改革，的确是有很大困难和问题的。学校看上的优秀教师由于地域条件和激励工资的不足与欠缺而不愿与学校签约，学校看不上的不够优秀的教师其他一些薄弱学校也不能要，因为他们没有实行完全聘任制而无法与其签约。最后的结果是：6名优秀高级教师、市级学科带头人、骨干教师，不愿与学校签约，自谋出路，去了工资待遇较高的民办学校；4名优秀青年教师、教学能手，同样被民办学校挖走而流失；4名学校中年骨干教师因《改革方案》中设置条件的机械而被划转。但真正不能胜任教学和学生反映强烈的教师依然在岗被聘，同时，还造成了当时学校教师的十分短缺，有些课程无法开展的困难局面。

（2）教师职业所需的无私奉献精神与按市场经济运作的报酬分配制度相矛盾。教师职业有其特殊性，它是立德树人的工作，不能眼睛只盯着钱。教育应否产业化、市场化事关重大，它关系着在市场经济中，教育服务中政府与市场作用边界的划定和政府职能定位，它关系着我国教育改革的基本走向和轨道，关系着教育发展的进程和成败，关系着人民群众的根本利益与和谐社会的构建。因此，将教育工作经济化、市场化和商品化是有问题的，这样下去是危险的。

（3）校级领导竞聘上岗的始末过程与改革者所讲的主题及制定的方案相矛盾。在改革前，改革者大张旗鼓、大讲特讲的中心主题是："公开选拔，任人唯贤，唯才是举，公平公正，能上能下。"其实在改革过程中，对校领导的竞聘，并未真正做到公开透明，也没有按照最后的综合考评成绩聘用。特别是改革之后，改革者没有深入跟进调查研究，没能很好地解决教师短缺问题，个别干部不能胜任和培养提高的问题等。致使三年后改革方案自动流产，再无人问津，学校办学条件也并未得到有效改善，教育教学质量也没有达到改革预期目标和要求。

（二）对学校改革本质的认识思考

改革是一个古老的世界性的课题，也是一个常新的研究课题。没有改革就没有发展，更没有创新。因此，改革是人类社会发展的永恒主题。学校作为立德树人的专门场所和机构，更应跟上时代脉搏和步伐，使学校的一切工作更具有前瞻性和预见性，并要肩负起改革之重任。那么，学校改革的本质是什么？学校如何做好深化改革呢？下面笔者就此谈谈自己的拙见。

1. 对学校改革本质的认识

对学校改革本质的认识，就是对教育改革本质的认识。教育改革很早就是一个热门的争议词和讨论词。从新中国成立到现在，教育改革经历了漫长的发展阶段并取得了长足的发展，也培养了一大批在国内外科学界赫赫有名的大人物，让我们活得更有尊严了。但是大人物并非大师，而大师是引领时代，变革时代，站在科研最前沿的领军者和开拓者。钱学森老先生晚年时提出一个令人深思的问题："我们总培养不出大师级的人物"。这句话的本质就是在提醒我们——原先的教育和现代经济发展已经脱节了，教育应该改革了。而改革的本质是什么？那就是：创新+学习+借鉴。

学校教育要在公平的基础上尊重和遵循学生的个性发展特点和规律，给学生更多的选择空间，要培养学生敢于独立思索创新的胆识和善于独立思索创新的能力，只有这样我国的教育才能实现"人才纷涌而出，学术百花齐放，大师引领变革"的局面。实现教育的公平就是要让每个人都能读书，都能享受高等教育和优质教育；所谓个性发展特点规律就是要求我们尊重学生的爱好、兴趣、特长，呵护培养学生的独立思索的创新能力和胆识，这是国家和社会进步的灵魂和源泉。我们国家和民族就需要这种人才，这种大师人物绝不是应试教育所培养的产物，更不是千篇一律的大众化人才，他是什么？他是引领时代，变革时代，站在科研最前沿的领军者和开拓者。

正因如此，我国2001年5月发布了《国务院关于基础教育改革与发展的决定》。决定指出："基础教育是科教兴国的奠基工程，对提高中华民族素质，培养各级各类人才，促进社会主义现代化建设具有全局性、基础性和先导性的作用。"我们必须从实施科教兴国战略的高度，从提高全民族素质增强综合国力的高度，认识学校的发展与改革，以建立全面实施素质教育的学校长效机制为目标，从而怀着强烈的使命感、责任感和紧迫感，积极地高度负责地参加并做好学校的各项工作。由于基础教育改革意义重大，因此，作为教育者应树立改革不动摇的思想和理念。

学校教育改革是在新的历史时期根据经济社会发展需要及个体自身发展需要，以解决教育事关全局的深层问题为切入点，以推动教育公平和提高教育质量为主要目标，通过创新体制机制，协调教育内外部诸多因素之间的关系，集聚教育内外部资源而开展的教育革新活动。它包括以下几层含义。其一，改革源于需要。就是根据学校教育不能满足社会发展和个体发展的实际而提出和进行的改革，是为了更好地满足当今经济社会发展和个体发展的需要。其二，改革源于问题。就是学校改革要切实解决过去改革中没有触及或未解决的事关全局的牵一发而动全身的深层问题，从而使教育发生根本性改变。其三，改革要有重点。学校改革必须是有目标、有重点的改革，就是要解决推动教育公平和提高育人质量。其四，改革要抓重点。学校教育改革的关键在于创造一种推动教育公平和提高育人质量的体制机制，而这种体制机制能够把教育内外部的各种资源和力量整合到一起，能够协调处理好教育内外部关系，以共同推动教育改革。

2. 对学校改革本质的思考

坚持以人为本、推进素质教育是学校教育改革发展的战略主题，是贯彻党的教育方针的时代要求，核心是解决好培养什么人、怎样培养人的重大问题，重点是面向全体学生、促进学生全面发展，着力提高学生服务国家人民的社会责任感、勇于探索的创新精神和善于解决问题的实践能力。因此，对学校进行改革时，应切实把握好学校教育改革的内涵和实质，按照国家提出的教育改革目标和任务，认真分析各地、各学校的实际状况，分析优势与劣势，找出症结所在，抓住阻碍当地教育和学校发展的主要矛盾和矛盾的主要方面，明确主要任务，确定主攻方向，集中教育内部外部力量，有针对性地解决存在的各种教育问题，进而推动当地和学校的教育改革发展。笔者认为应主要抓好以下五个方面的工作。

（1）端正办学思想，凸显育人功能。学校的一切改革，必须全面贯彻党的教育方针。在培养学生德、智、体、美、劳全面发展的同时，也要重视学生个性的发展，更要为学生的终身发展着想。坚决反对急功近利、片面追求升学总人数的一些不科学做法。在改革中，一定要准确把握办学方向和培养目标，凸显全面推进素质教育、培养高素质人才之功效。

（2）提高理论修养，加强科研指导。作为改革的推动者、领导者和指挥者，一定要提高自身的科学理论知识、思想品德修养和领导政治素质。在改革的规划设计、方案制定和推行实施过程中，要始终做到工作的每一个环节和每一个步骤都有一定的科学理论作指导；要不断深入实际、调查研究，进而使设计具有时代性和前瞻性，方案具有科学性和实效性，实施具有预见性和指导性。严防脱离实际、照抄照搬和盲目引进，进而造成巨大失误和损失。对于教育我们永远不能喊："失败乃成功之母"。因为教育对象——学生的每个学习、成长阶段只有一次，时间不能倒流，人生不能重来。所以，我们必须对每个学生的各个成长、学习阶段的教育过程和终身发展负责，每一步都应力求成功。

（3）遵循教育规律，追求科学发展。人们虽说不破不立，改革如果走向另一个极端，则破了也未必能立。特别是学校教育改革，应注重教育的规律性和科学性，绝对不能全盘否定，要正确处理好继承和发展的关系。学校作为培养人的专门机构和场所，有其工作的特殊规律性。因此，抓教育绝对不能像抓经济、搞企业一样。常言道："十年树木，百年树人。"这足以说明教育过程的长期性。因此，搞教育改革不能急功近利，培养人不可一蹴而就，它既有一个程序性、阶段性，更有一个漫长的渐进性、过程性。学校改革工作只能以教育规律为指导，遵循其规律的客观性、必然性和特殊性，用科学的态度和科学的方法开展学校教育教学工作，力求避免将教育教学市场化、商品化。

（4）理清各种关系，把握主要抓手。学校是培养人的事业单位，学校的一切工作都应围绕"教育教学"这个中心而开展，作为教育主管部门和学校校长更应将提高教育教学质量摆在首位，正确把握和处理好学校发展改革中的行政管理、教师培训和设施建设三方面的关系。三者中最为重要的是教师培训。教师业务素质的提高，思想的进步转化是校长工作的第一要务。近些年一些地方政府官员和一些校长受急功近利思想左右，在处理这些关系上有失偏颇。

（5）加强科学研究，形成正确评价。为了防止学校改革流于形式或出现失误，为了能够形成对改革的正确科学评价，上级主管部门一定要创造性地开展科学研究工作，发挥好教育科研在学校教育改革中的导向、决策、服务作用。因此，对学校改革态度上要高度重视，方法上科学严密，措施上要符合教育规律，行动上要稳妥成功，避免失误。

二、对学校管理精细化的实践反思

随着我国中小学标准化建设的推进，学校管理的规范化已基本实现，并逐步向精细化管理阶段迈进。但由于学校管理与企业管理存在明显差异以及人们对精细化管理理解和操作的简单化，使得学校精细化管理在落实的过程中出现了种种误区。为此，对学校管理精细化的实践活动进行必要的反思和再认识是十分必要的，也是非常重要的。

（一）对学校管理精细化的再认识

精细化管理是一种管理理念和管理技术，它是通过对规则的系统化、具体化和明确化，运用程序化、标准化、数据化和信息化的手段，使组织管理各单元精确、高效、协同运行的一种管理方式。学校精细化管理是建立在常规管理基础之上的，即在学校常规管理的过程中对细节进行合理的分解，将行为规范标准化，进而有序、有效地实施管理。精细化管理作为一种理念、一种文化，我们在实践中应避免将其简单理解，否则就容易出现以下误区。

1. 精细化即制度化

在学校管理过程中，一些学校将"精细化"等同于"制度化"，即制定工作手册，将教师考勤、教学管理、学校大型活动等统统形成制度，并追求极致的"精细"。其实，精细化管理在强调细节标准化的同时，更强调人的因素，即注重如何调动人的积极性。将精细化简单地等同于制度化是一个常见的误区。制度是管理的基础，要通过制度将责任细化、明确，规范常规活动，但是制度并不能代替管理，更不能代替领导，不能作为学校一切管理行为的准则。换言之，并非将所有的管理活动纳入制度范畴，学校管理者就可以高枕无忧了。一旦学校面临突发事件，如何灵活处置就成为盲区。因此，简单将"精细化"等同于"将制度制定得细致和全面"，忽视了制度的弹性特征，使得突发性、偶然性事件发生时缺少应对的原则性依据。

2. 精细化即数量化

提到精细化管理，一些学校会推出一系列具体措施：如，安装指纹机，严格教师签到；具体规定每星期教师要批改多少本作业，备课要写多少页教案，每周要做多少次家访……学校管理者希望把学校的一切工作都量化处理，对教师的考核也完全以量化标准来衡量，这无形中抹杀了教师的个性，使得教师无处彰显自己的教育风格，对其教学工作也产生了一定的束缚和限制。精细化不等于数量化。精细化管理将每个环节的工作进行精细计算的目的是根据每天的生产变化进行调整，不断改进生产和管理方式。"精细化"表面上是对"量化"的看重，实质上更加注重的是数字背后的东西。精细化管理需要科学地设计"数字"，以收集的前期数据为依据进行量化的规定；更重要的是要通过不断更新和分析数据，依据最新数据进行决策和改进，而不是作脱离现实需求的"拍脑门"决定。

3. 精细化即细致化

为避免粗放式管理带来的不良后果，一些学校矫枉过正地将"细节决定成败"推向极端，认为精细化管理要特别关注细节，反而陷入只注重"细"而忽略"精"的窘境。如，有的学校规定男女生之间的距离不得少于44厘米，有的学校将学生的作息时间细致规定到军事化管理的程度，还有的学校规定教师上课的讲授时间不得超过15分钟，等等。这些过于细致的规定成了另类的"一刀切""简单化"的粗放式管理，这是以牺牲教师和学生的发展潜能为代价的。同时，忽略了可操作性，"精细"的意义也就荡然无存。学校管理不可能事无巨细，而是要抓主、抓重，这就是"精细化"管理中的"精"。精细化是将流程进行有效梳理进而简化的过程，应将一些没有必要进行约束的细节舍去，给学生和教师相对的自由。

（二）对学校管理精细化的再思考

我校于2012年开始，新任领导班子提出了"精、细、严、实、活"五字工作要求，特别强调工作的"精细化"，我校的工作计划就是"精细化"管理理念的具体体现。我们学校每学年、每学期没有做大量的理论研讨，而是对各项日常工作进行细化，使每学期的工作更加求真务实，更加注重学生、教师、学校的和谐发展。在我们的工作计划中，我们要求做到：领导分工明确，便于操作；教师工作有备无患，有条不紊。具体到什么人，什么时间，做什么事，全都一览无余。

其实，任何管理理念都不是万能的，过度强调精细而忽略目标、忽略宏观领导都有可能产生负面效应；同时，将精细化管理的理念移植到学校管理中也需要根据学校条件、管理内容和具体情境灵活调整，避免在操作中出现误区。因此，在具体应用过程中应注意以下几点。

1. 精细化管理先要明确目标

目标是前进和发展的方向，如果没有目标来指导组织的发展，指导每个人的工作，则组织的规模越大、人员越多，发生冲突和浪费的可能性也就越大。管理就是实现预定目标的活动，没有目标也就没有管理活动。精细化管理对于学校发展来讲只是一种管理方式、管理手段，最终要为学校的发展目标服务。

因此，进行精细化管理的前提是要分析学校发展的方向和内在需求，明确学校的优势和问题，确立全体成员共同的发展目标。然后将目标进行具体分解，再根据岗位职责的需求，细化到人。而在具体操作的过程中，每一步都要回归总体目标，时刻反思是不是在为达成最终目标服务，是不是在朝着既定的方向行进。

2. 精细化管理应依实情而定

世界上不存在适用于一切环境和条件的标准化管理方式，所以，并不是所有的学校管理活动都要在精细化管理的框架下进行。精细化管理恰恰适合程序化决策，即对于重复的例行公事，如学校财务管理、学校安全检查、教室财产管理等，将其管理过程精细化，既可以节约决策时间，提高管理效率，又可以保证管理活动在正常的轨道上运行，不至于偏离学校发展方向。而非例行活动往往不适用精细化管理，如，校本课程的研发、学校发展的规划等，需要有新的尝试、新的想法，想要有突破就需要打破常规。因此，应用"精细化"管理时，要破除"一劳永逸"的观念。

3. 精细化管理需深加工数据

随着时代的发展，直觉的判断将被迫让位给精准的数据分析，数据应当成为精细化管理的依据之一。但是，目前大部分学校仅仅停留在"数字化"和"数量化"上。其实，数据可以有更加广阔的内涵，数据化则是把现象转变为可制表分析的量化形式的过程，一切可以数据化的东西都可以用来精细化处理。

要充分利用数据，就不能仅仅停留在数据收集阶段，而要对数据进行深入加工及分析，将数据作为决策和预测的依据。精细化管理应当通过对数据的统计、分析为学校的科学决策提供依据；通过对数据的分类、监控，实现对学校管理的诊断、预警、改进，建立学校管理质量保障机制。如教职工活动、学生活动的组织，可以以学生的参与程度、满意程度为依据。

数据还应指向未来，充分发挥其预测功能，如通过教师的签到时间，对不同学科、不同年龄阶段、不同岗位教师的工作习惯和工作量进行预测。数据的功能是强大的，数据可以扩展并建立相互联系，从而进行深入分析。信息技术的发展也为数据的收集提供了便利，这就需要学校管理者充分利用信息技术，提高基于数据进行分析的能力，通过科学化的预测来指导管理实践。

4. 精细化管理要重过程监督

精细化管理的最终目的是提高效率从而促进学生、教师和学校的整体发展，那么为实现这个目标，对管理过程的监督就显得十分重要。监督不仅仅是发现与原有规范的不一致，更重要的是问一个"为什么"，是消除偏差，建立一个新的规范。

精细化管理强调过程的系统性，即管理的每一个环节都要精细，将职责细化，同时把计划、执行、控制、评价等作为有机的整体，每一个部分都应紧密联系，人与人之间也要发挥协同作用。一些学校在制定工作手册时非常细致，但完成之后就束之高阁，这样的"精细化"又有何意义呢？

精细化的岗位职责关键在于执行，在实际操作过程中应做到规范行为、提高效率，发现问题、及时纠正。因此，对于过程的监督就显得十分重要，监督执行过程要起到统一、协调、合作的作用，将管理的纵向环节与横向资源协调起来，才能够提高管理质量。

5. 精细化管理应各尽其责

学校领导要结合学校实际，落实管理责任，将管理责任具体化、明确化。要求每个人都要把本职工作做到位、尽到责；达到人人都管理，处处有管理，事事见管理。学校领导更要做到以身作则，率先垂范。要求老师做到的事情，全体领导都要做到，而且要做得更好。比如：要求教师几点到校、几点开会，班子成员必须早于教师到校、到会；要求教师参加的活动，班子成员也要以班子为单位派人参加；要求教师读书、听课教研，班子成员也要坚持读书、听课教研等。

6. 精细化管理要有协作意识

合作精神、协作能力，是现代社会中每一个人都需要具备的素质。而作为领导集体中的成员，更需要具备这种素质。有这样一个口号，"像爱护自己的眼睛一样爱护集体的形象和团结"。在这一口号的号召下再坚持求同存异，把思想统一到办学立教上来，用共同的事业来成就个人，成就集体，把自己的全部心智和注意力都用到开创学校明天上，让班子成员之间在风格特点、个性和才能等方面的差异成为互补的资源而不是矛盾的起源。我校的精细化管理做到了班子成员分工明确，并强化"我分管我负责"的责任意识，每项工作做到有布置、有督促、有检查、有成效；同时强化协作意识，学校工作不论分内分外，相互配合、相互协调。另外作为班子成员必须谦和、有礼、有节，不露锋芒，有自知之明，善于调动和发挥班子其他成员的作用，形成整体合力。

三、对教师发展有效性的实践反思

一个教师超越其他教师不是最重要的，最重要的是不断地超越过去的自己。教师要不断地超越过去的自己，就要以朴素的感情，调整自己的心态；以奉献的精神，从事崇高的事业；以高超的技艺，展示个人的才华；以不断的追求，提升自身的价值。

近几年来，我们一直致力于打造一支业务精湛、师德高尚的教师队伍，有计划、有组织、有安排地开展了丰厚文化底蕴的读书活动，提升专业技能的"师徒结对"活动，构建"五环节"高效课堂模式的课改活动，促进质量快速提高的名师引领活动；举办了全员参与的"同课异构"教学比武、优质课比赛等各种教学比赛活动，同时也构建起了校际间教育教学合作交流的平台。我们先后与天水一中、渭源一中等多所兄弟学校举行了"同课异构"教学研讨交流活动，提高了教师的授课水平和业务能力，促进了教师队伍整体素质的提高。

这些年来，我校的教研活动虽然取得了很大的成绩，也得到了社会和主管部门的肯定与好评，但是还有很多教学问题值得我们进一步深思、探讨和研究。一是这些年里，我们为教师队伍发展费尽心思，构建了多种形式的教研活动，这些活动教师虽"看在眼里，做在手中"，但是否"深入心中"呢？二是近几年来，无论优质课比赛、课题申报研究，还是论文发表获奖，教学教研成果颇丰，但有几位教师是在静心做真实的研究？三是我们的教师目前胜任课堂教学毫无问题，但他们是否有日常的读书研究氛围？能让研究伴随个人专业的成长吗？四是目前倡导的校本教研活动思路虽好，但是否落实到位？是否较好地把学到的理论知识与教学实践相结合了呢？

因此，为了解决以上这些问题，有效促进教师专业成长，积极探究促进教师专业发展的基本策略，对于推动教师专业成长和学校发展具有十分重要的现实意义。下面笔者就分管学校教学教研工作中的教师发展有效性策略作一反思总结。

（一）规划先行，分类指导，寻求发展

几年来，我们学校着眼于长远发展的需要，注重规划先行，突出重点领域，分类指导施策，典型引路发力，重视教师专业发展，研制有针对性的政策举措，做好顶层设计，制订了教师校本培训"五年"发展规划，将教师按"基础型—发展型—研究型"三个阶段进行培训。基础型教师注重师德教育和专业技能的培训；发展型教师注重新课程理念和现代教学技能（信息技术应用能力）的培训；研究型教师注重教科研能力的培训。努力做到分类指导、阶段培养，将教师的发展与学校整体规划有效融合起来，取得了不错的培训效果。

目前，我们正结合国家中长期教育改革和发展规划纲要的颁布与实施，起草学校第二个五年发展规划文本，将教师专业发展的层次、水平提到更高的要求去培养，力求"十三五"期间以教师素养大提升推进学生素质的大提高、学校品位的大发展。其总体目标和规划要求如下。

1. 教师队伍建设发展的总体目标

努力营造"三个环境"：一个是有利于教师自我要求、良性发展的政策环境，另一个是上下求索、丰富底蕴的文化环境，再一个是师德高尚、专业厚实的教师专业发展环境。打造一支有理想信念、道德情操、扎实学识、仁爱之心的专业教师队伍，建设一批梯队合理、结构均衡、业务精湛、勇于创新的教师发展团队，培养和造就一批有思想、有作为、有影响力的教育专家队伍。

2. 教师队伍建设发展的规划要求

为学校优质发展，为打造教育名校提供坚实的人力资源，学校应高度重视师资队伍建设工作，协调校内各项资源，形成合力，突破重点难点，总结经验，促进教师不断成长。全力做好以下五个方面的工作。

（1）强化师德建设重要地位，有效促进师德师能同步提升。梳理和聚焦教师育德意识和能力的瓶颈问题，寻求师德与师能之间的共通点，以教师专业水平的提升来促进师德建设，以师德素养的提升来促进专业发展，以"德高为师，身正为范"为要求，以"师德好、师能强、师绩优、会合作"为目标，以丰富的师德活动载体提升教师的师德师能。以"三服务四表率"为抓手，要求做到：领导为教师服务，教师为学生服务，一切为教学服务；领导为教师做表率，党员为群众做表率，老教师为新教师做表率，全体教职工为学生做表率。努力形成尊重、热爱学生，理解、宽容学生，有亲和力的师德新风。

（2）完善教师队伍建设制度，全面推进教师队伍建设发展。优化完善教师队伍制度建设，构建"研训一体"的校本研修机制，以研促训、以训促教，达到教师教学研究、教学反思和专业提升的良性循环。进一步梳理各阶段教师成长阶段的专业发展、

通识能力，着力开发和构建系统化、主题化、专业化的教师培训课程。在校本研修层面，形成有学校特色的校本研修制度、课程体系和优质资源。将师德建设作为思想政治工作、师资培训、教育常规、教师评价等学校工作的核心，健全各项规章制度，落实师德考核制度。建立评优制度，评选师德标兵、优秀教师、模范班主任、优秀备课组、优秀教研组，发挥榜样的引领作用。

（3）优化师资队伍结构比例，全力提高教师队伍整体水平。继续提高在职教师的学历层次。进一步提高学校各级教师专业技术职务比例，促使本校教师队伍结构更加趋于合理、科学。积极推进教师信息技术应用能力提升工程，督促教师参与网上研修，在提升教师的信息化教学力的同时，将教师培训及学习融合，并将学习的成果转化为教学的工具，服务于日常的教学工作中。推进"名师工作室"建设，进一步加强优秀青年教育教师的培养。提高研究的针对性和有效性；积极搭建平台，为青年教师成长创建更多学习、交流、展示、示范、辐射的机会，扩大我校优秀青年教师的影响力。

（4）提高教师教育科研意识，竭力提升教师队伍科研能力。教科研工作是教师专业发展的重要内容，也是教师教学能力的体现，积极开展教科研工作能够让教师更好地把握教学规律，更好地提升自身的专业化水平和教学水平。教师要增强教科研意识，树立问题意识，立足教育教学开展教科研，在教学中研究，在研究中促进教学。建立教科研工作奖励等制度，并将此纳入教师专业发展包之中，和绩效考核挂钩，对教科研工作取得一定成果的教师，根据学校奖励细则进行奖励，吸引更多教师自觉投身科研活动。

（5）建立教师发展保障机制，有力保障教师队伍建设发展。校长是师资队伍建设的第一责任人，学校成立以校长为组长，书记为副组长的师资队伍建设领导小组，履行教师队伍建设的决策、保障和监督职责。成立由党政办公室、教务处、教研处、德育处和工会团委组成的工作小组，负责教师队伍建设规划的执行、管理、评价和反思与改进。

（二）丰富策略，强化措施，重在实效

教师专业发展是当前课程改革实施的关键。教师专业发展的主要途径应基于教师的自主学习、教师的反思、课题的研究、课程的开发及教师间的合作。为确保教师专业发展，学校要丰富策略、强化措施、注重实效，为教师专业发展创造良好的条件和环境。

1. 为突出实效，我们提出了校本培训"五大"策略

要突出校本培训实效，丰富策略、强化措施是关键，要抓好做强关键，校长的高度重视和引领力度是核心，要切实提高校本培训工作的领导力，应尽力实施好以下五个方面的工作。

（1）转变观念与提高素质相结合的培训策略。在校本培训工作中，针对"科技发展、社会进步、知识更新，教育观、人才观、质量观也在不断地发生着转变"这一现实问题，我们要求全体教师深刻认识到学习、学习、再学习，提高、提高、再提高的重要性。通过学习转变观念，通过观念转变再提升素质，努力使转变观念和提高素质紧密结合，进而提升全体教职工的凝聚力、向心力、创新合力和竞争力，确保学校教育教学质量稳步提高。

（2）理论学习与教学实践相结合的培训策略。理论源于实践，理论指导实践；实践检验理论，实践丰盈理论。任何理论如若不能与实践对接，不能让学习者感触，就只会让学习者拒而远之。即便理论知识再深奥、再抽象，总是能够在实践的土壤中找到鲜活的标本和素材。理论学习与实践相结合是教师培训成功的必由之路。因此，校本培训要坚持"理论和实践并重，学习与教学结合"的基本策略，理论学习要从教学实际视角出发，重构教学观念与思想，以创新手段优化教学实践；教学实践要以理论学习为指导，强化教学研究，从教学实践自觉走向理论学习。

（3）专项培训与丰盈文化相结合的培训策略。众所周知，教师的专业发展主要包括文化素养、能力素养、理论素养和教育技术素养，虽然这四者相互交融、彼此渗透、相互依存、不可分割，但是，我们认为，文化素养和能力素养是一个教师开展高质量教育教学活动所必备的基础素质和基本修养，它最能体现出教师文化修养的深度和广度，决定着教师开展教育教学活动、科研活动的科学性和创造性的高低，这是一个教师之所以为"师"的根本，离开了这一前提，即便是教师掌握了如何先进的教育理念和纯熟的教育技术也是无本之木、无源之水，彰显不出任何意义。因此，我们要坚持专项培训与丰盈文化相结合的教师培训策略。

（4）集中培训与分散学习相结合的培训策略。在校本培训中，学校坚持集中培训与分散培训相结合、全员培训与个别辅导相结合的策略，在积极组织教师参加国培、省区市培训的基础上，以"师徒结对""同课异构""优质课比赛""名师讲堂"等平台，开展一系列校本学习培训，确保培训工作有计划、有组织、讲成效。

（5）岗位培训与外出学习相结合的培训策略。外出学习是教师培训十分有效的方式与措施，我们在教师培训中要积极采取岗位培训与外出学习相结合的策略，努力拓宽教师学习的渠道，为教师全面提升自身素质创造条件。同时，大家也知道，由于教师这一岗位工作的特殊性，对于绝大多数教师来说，平时外出学习的机会极少，因此，我们要充分挖掘资源，在"走出去"的同时，采取"请进来"的方式，努力为教师创造学习的机会。

2. 为突出实效，我们形成了校本培训"四种"模式

校本培训是学校的一种研修文化，它的核心元素是基于学校发展和基于教师成长，它决定了校本培训研修的价值观、思维方式和行为方式。具体地讲就是，校本研修必须淡化功名意识，从学校和教师本身最现实、最迫切的问题出发，通过一系列以

问题为导向的研修活动，最终让这些问题在一点点不同和突破中得到解决。所以，建设校本培训研修文化，必须基于实践并扎根实践，必须纠正任务观念和功利倾向，构建形成灵活、多样、开放、有效的校本培训研修模式。

（1）集中与分散相结合的培训模式。我们一方面定期组织全员集体培训活动，另一方面给教师安排自主学习任务。每学期都要组织大型的集体培训活动，要求全员参加，培训内容主要侧重于职业道德、教学理念等方面；同时，每学期都要安排教师自主学习任务，为保证效果，更多的是以年级学科组为单位组织学习，主要内容侧重先进理论、学科知识、课程标准等。

（2）采取"以考促学"的培训模式。我们十分重视教师专业的培训，为了保证培训效果，我们采取了"以考促学"的方式，将培训和考核紧密结合起来，有培训必考核。主要培训内容为：一是新课程标准的学习培训、考核；二是近年来各地高考试题的研究培训、考试；三是信息技术与网络运用的提升培训、考试；四是教改新理念与专业知识培训、考试。

（3）与学科教研相结合的培训模式。在探索"五环节"高效课堂的改革实践中，我们实施了"研—听—评—上"教研程序和实施方案，为老师们搭建起学科教研和专业发展平台，引导教师在参与教改中更新观念，提升能力，促进发展。

（4）利用信息网络技术的培训模式。利用现代信息网络技术对教师实施培训，是促进教师专业发展的有效途径。我们对教师实施远程教育技术培训和校园网络培训，通过实施网上"教师论坛"的赛课、讨论和交流，有力促进了教师对自己教育教学行为进行经常性的反思，增强了教师的专业化发展。

3. 为突出实效，我们推出了校本培训"七项"措施

一是充分开发利用学校优秀教师资源，完善新教师入职培训，激发自我提升内驱力；二是积极开展高效课堂"同课异构"教研活动，不断提升校本培训效能的关键策略；三是认真组织教师参加业务考试，保证校本培训有效性的基础；四是有效开展教学论文、教育课题、课堂改革教研活动，搭建校际间的合作交流平台；五是立足校内，充分发掘学校内部培训资源，开展名师引领工程；六是积极筹措培训经费，加强对外学习交流，盘活学校外部培训资源；七是全力加强信息化建设，拓展校本培训的现代化网络资源。

（三）正面引导，环境熏陶，健全人格

为了增强教师的幸福指数，我们结合学校发展实际，提出了优秀教师群体所应具备的"两项"师德基本要素——政治上有信念，思想上有追求。并结合这"两项"要素的要求实施了师德教育"两条"路径：一是常规教育不放松。其主要做法是通过读好书、记笔记、写心得提升思想境界；通过讲师德、选典型、比贡献，营造工作氛围等。二是智慧凝聚正能量。定西一中创建于1941年，学校在建校80周年来临之际，应积极筹备三项大型活动：一是建设1个校史展室，全面展示80年来学校所发生的巨大变化，以此来达到鼓舞士气的作用；二是出版2本书，全面总结80年来学校在教育、科研等方面所取得的显著成绩，以此来达到凝聚智慧的作用；三是重奖3类人，即奖励80年来为学校发展做出突出贡献的功勋教师、功勋班主任和创新教师，以此来达到弘扬精神的作用。

在每年教师节举办的校庆会上，我们对评选的优秀教师进行现场表彰奖励。我们的奖品是：一本荣誉证，凝结着优异成就；一束鲜花，象征着感激；一首歌曲，象征着祝贺；一点奖品，象征着鼓励。我们就是要把教师节活动做成一顿让人回味无穷的文化大餐让全体教师共同品尝。通过表彰激励，进一步增强集体荣誉感和个人的自豪感，努力提高全体教师的幸福指数，为学校更好更快的发展积蓄更大力量。

（四）创设机制，人本关怀，评价保障

学校积极创设科学高效的管理运转机制，实施"一心两线"的管理模式，即建立以校长负责制为中心，以年级和职能科室为基本点的纵横两条管理线——纵向：包级校长—年级主任—教师（班主任）；横向：分管校长—中层科室—教师（班主任）。通过横纵两线交叉管理，既确保了学校各项规章、制度得以顺利贯彻、执行，又促进了年级之间、教师之间的相互交流，和谐发展与共同提高。该管理机制在运行的过程中，努力践行刚性政策一视同仁、特殊情况区别对待、文化大餐大家共尝、人本关怀大家共享的治学方略，为广大教师搭建一个展现才能、体现价值的平台，真正让教师体会到教师工作的神圣与幸福。具体工作中，我们着手制定了"定西一中教职工教书育人百分制量化考核细则"，将教职工分三个系列（文化课教师、音体美技教师、职员）分别考核，把"师德表现、教学常规、教学成绩、教科研工作等工作量"综合工作纳入量化考核范围，考核成绩作为广大教职工评优选先奖励、职称晋升评聘、年度考核定级的主要依据，极大地调动了教职工干事创业的积极性，为教师的主动发展、可持续发展注入活力。

四、对校本课程多元化的实践反思

我校在2004年被评为省级示范性高中的基础上，以"尚多元、成其美"为办学理念，以"全面发展、学有特长"为学生发展理念，以"品德高尚、心理健康、行为规范、素质优良"为学生培养目标，大力推进素质教育，通过积极实施"构建多元课程，促进优质发展"系列行之有效的措施，大胆开拓，不断创新，逐步形成符合学生发展需求的学科类、活动类、综合实践类多元化课程体系。为此，学校于2015年又被评为甘肃省"普通高中特色实验学校"。

通过六年多的实践与反思，我认为：申报与评审仅仅是一种导向和过程，并非事实和结果。静心思考，平心而论，我们的特色还并不明显。"构建多元课程，促进优质发展"是我们的办学理想，追求目标，它还未真正成为我们学校的特色，实际才是向往的开始。但我坚信有充满教育情怀的有识之士的引领，有一大批矢志不渝的理想者的追逐守望，我们"尚多元、成其美"的理念一定能够达到，"构建多元课程，促进优质发展"的目标一定能够实现。具体的措施策略如下。

（一）学科类课程校本化、层次化

学校严格执行国家《课程标准》，开全必修课，开足选修课，着力构建具有本校特色的多元化课程体系，按基础类、拓展类、研究类开发校本选修课程，制定相应的多元选课制度和评价制度，为学生的发展提供优质服务。学校除开全13门基础文化课程外，还需开发好以下校本课程。

1. 学科拓展类课程

为着力培养学生的自主探究能力，我们将国家学科课程校本化。即将国家学科课程的基础知识问题化，再将问题探究化，探究问题题型化，疑难问题提炼化，结合《导学练》提纲的命制，形成独具特色的校本化学习课程，着力培养学生的自主探究能力，拓展学生知识视野。该课程由学校教务处、教研处和年级学科组负责实施。

2. 学科实验类课程

利用理化生技术实验室等教育资源，对学生感兴趣的学科实验问题进行专题辅导和实验研究，培养其实验探究兴趣，开阔知识的视野，丰富动手操作实践，践行知行合一，培养合作探究意识、动手实践能力、开拓创新精神和科学思维素养。该课程由教务处负责，由教研组和理化生技术的实验老师落实。

3. 艺体融合类课程

学校开发多元艺体课程，采取选课走班制，为艺体教学注入活力，开设了将体育、艺术融为一体的健美操、健身舞、现代舞、体育舞蹈、街舞等课程，在增强体质和提高健康水平的同时，引发学生对体育、艺术的浓厚兴趣，培养学生欣赏美、创造美的能力。该课程由教务处、体音美教研组负责实施。

（二）活动类课程系列化、趣味化

扎根文化之多元广博，定西一中以多元课程开发为基础，探寻学生多元发展之路，形成由课内到课外、校园到家庭、课堂到社会、过程到结果的立体式、交叉型的多元活动类课程体系。

1. 养成活动类课程——学会做人

为了加强养成教育，让学生懂得怎样做人，掌握言谈举止的规范，养成良好的行为习惯、道德习惯、学习习惯和卫生习惯，促进学生健康全面发展，学校坚持上好新生入校教育第一课，以培养良好的行为习惯为突破口，引导学生从言谈举止、穿着礼仪方面规范自己的行为，进一步将学校行为规范教育常规化、制度化；深入开展文明修身系列活动，开展多种形式的学校行为规范教育，并举行研究型课程的校本开发；

以养成类课程帮助学生形成良好的文明行为习惯，进而提高学生的综合素质，引导学生树立科学的世界观、人生观和价值观。

养成活动类课程，主要由学校德育处、年级部、班主任和辅导员根据学校要求，具体在班级中组织实施。一是学校开设专门的习惯养成教育训练课，每周一次，利用班会、队会时间，由班主任组织实施。二是各任课教师在学科教学中都要渗透习惯的养成教育。三是班级、年级或全校根据学生良好习惯养成情况的实际，开展专题教育活动。

2. 健体活动类课程——学会健身

为了使学生热爱运动，热爱生命，积极锻炼身体，拥有强壮的体魄，掌握保健常识，形成自觉锻炼的习惯，同时培养学生的竞争意识、合作意识、责任感、荣誉感，培养严密的组织纪律性，磨炼意志，学校将想方设法开发、开展学生特别喜欢、愿意主动参与的具有竞赛性、娱乐性、游戏性的体育健身类课程。健体类活动课程由学校教务处、体音美教研组和年级部组织实施，主要在每天1小时的大课间体育锻炼时段进行。

3. 品德活动类课程——学会养德

为了帮助学生提高道德素质，形成健康的心理品质，树立法律意识，增强社会责任感和社会实践能力，引导学生在遵守基本行为准则的基础上，追求更高的思想道德目标，弘扬民族精神，树立中国特色社会主义共同理想，逐步形成正确的世界观、人生观和价值观，也为使学生成为有理想、有道德、有文化、有纪律的好公民奠定基础，学校将紧密联系学生生活实际，选取学生关注的热点话题，围绕现实生活中存在的问题，开发能够帮助学生理解和掌握社会生活的要求和规范，提高社会适应能力的调查、讨论、访谈等活动类课程。

品德类活动课程，由学校德育处、教务处、年级部有计划、有安排、有组织地负责实施。通过品德活动课程的开展，让学生在合作中分享情感体验，丰富扩展生活经验，感悟体验社会道德价值要求，逐步养成良好的行为习惯和正确的道德观。

4. 文化活动类课程——学会修身

为了促进学生科学文化素养和思想道德素质的不断提升，塑造学生良好的道德情操，培养学生的合作意识、团队精神，营造一种生机勃勃，积极向上的文化氛围，进而熏陶感染学生的进取精神、高雅气质和天天向上的风貌，学校大力开发逐渐形成了校园文化活动类系列课程。通过规范的升旗仪式、校园广播、主题班会、宣传专栏、道德讲堂、法制报告、征文比赛、手抄报等活动的开展，极大地丰富了学生的文化生活，涵养了学生的道德情操，培育了学生自尊、自爱、自立、自信、自强的精神品质，促进了学生核心素养的提高。该课程由学校党政办公室、德育处、团委、年级部组织实施。

5. 社团活动类课程——学会发展

为了发掘学生的多样潜能，培养学生的兴趣和特长，学校通过整合资源、拓展空间等多种措施，不断尝试，逐年完善，初步形成了符合学校实际的社团活动模式多元化课程，我校现在有阅读、演讲、主持、书法、美术、摄影、天文观测、舞蹈、器乐、乒乓球、排球、篮球、足球、跆拳道等社团活动小组，寓德智体美劳于活动之中，有力地促进学生全面发展、个性成长。该课程由教务处、德育处、团委、学生会和体音美教育组负责实施。

6. 艺体活动类课程——学会展示

为了丰富校园艺术体育文化生活，培养和提升学生各方面的综合素养与能力，学校每年将举办"以艺育德，以艺启智，以艺怡情"为宗旨的艺术节，举行以"让运动成为习惯，让生命更加精彩"为主题的体育节，开展以"海量阅读，儒雅人生"为内容的读书节，给具有体育艺术文化阅读特长的学生以展示个人素养和魅力的舞台与机会，以感染培养全体学生的艺体文化基本素养，促进学生全面和谐发展，为学校人文建设开拓了广阔的天地。该课程由教务处、德育处、团委、学生会和体音美教育组负责实施。

7. 心理健康类课程——学会养心

学校心理健康教育活动校本课程是根据学生生理心理发展的规律和特点，运用心理学的教育方法和手段有目的、有计划地设计、开发、组织和实施的活动，旨在通过活动培养学生良好的心理素质，促进学生整体素质的全面提高。为此，我们学校专门建有420多平方米的"学生心理咨询中心"，配有4名兼职心理辅导教师，开展各种心理健康教育活动，对学生进行心理健康教育指导，突出思想引导、心理疏导、生活指导，全方位为学生服务。

（三）实践类课程德育化、延伸化

近年来，我校不断加大多元化综合实践课程开发，开展了丰富多彩的社会实践活动，让学生深入社会，获得亲身参与综合实践活动的积极体验，初步养成合作分享、积极进取的良好品质。

1. 国防教育类课程

为了培养学生爱国情感，磨炼学生意志品质，凸显学校育人特色，学校努力构建国防教育实践类校本课程，将传统教育和国防教育有机结合，从而加快思想道德建设和素质教育的步伐，为国防后备人才的培养奠定基础。学校探索开发的国防教育实践类课程主要有：一是国防教育技能训练课程，通过新生入学军训活动，对全体学生进行军事化的组织、纪律和技能训练；二是国防教育参观走访课程，主要举行"八一"建军节慰问部队和走访军营活动，参观国防教育基地、军事博物馆等。该课程由学校德育处、团委、年级部部署、安排、组织和实施。

2. 社会调查类课程

社会调查、访问是社会科学教学的重要方式。它能使学生获得大量课本上得不到的生动具体的感性材料，增强学生的感性认识，同时它还能培养学生独立、自主的学习能力和工作能力。因此，我校将极力构建社会调查类课程为学生全面发展搭建平台。学校主要是与学科教学紧密结合进行实践性、研究性的社会调查，通过了解社会、生活和自然，完成研究性学习调研报告。该课程主要由教务处、教研处负责安排、落实和完成。

3. 校内公益类课程

为了鼓励学生体验社会，增加社会责任感，学校构建开设了校内公益性实践课程。课程开设要求，突出实效性、人文性、公德性，通过传播公益文化，营造科学、高雅的道德氛围，使学生接受更多的新事物，传播爱心提高自身修养。该课程主要由德育处、团委、学生会组织学生参加校内公益活动和青年志愿者活动，培养学生的环保意识、爱校意识。

4. 义务劳动类课程

为了培养学生端正劳动态度，形成良好劳动习惯，进而形成热爱劳动，珍惜劳动成果的优良品质，增强其学会生存、学会生活、学会学习的实际本领，学校决定开设劳动教育课。一是利用寒暑假规定学生参加一些家庭劳动和社会生产劳动，体验劳动的艰辛、快乐和价值；二是学校安排劳动教育课，将校园卫生的打扫保洁，实行全校全天公共区域、楼道等清洁大包干，并实行考评制度，创建了优美整洁的校园环境。该课程由总务处负责实施。

5. 社区服务类课程

社区服务类课程是学生以服务者的身份在课外时间内以集体或个人形式应用所学的知识在社区参加以服务社区、发展自我、多方面体验并认识服务对象为目的的各种公益活动。如志愿者公益活动、宣传教育活动、帮贫助困活动、社区民俗活动等，组织学生通过参加社区服务类活动，以增强学生对社会的认识与感悟，进而提高学生的社会责任感。

五、对文化建设理想性的实践反思

先进教育理念推动着学校教育实践，同时在教育实践中它也不断凝聚着学校精神，将逐渐升华为学校文化。自建校以来，学校几代人就高度重视学校文化建设，将其作为促进学校发展和提高学生素质的重要路径来抓。全体干部教师众志成城、无私奉献、开拓创新，通过建设价值文化、制度文化、行为文化、环境文化，探索了一种崭新的立体式学校文化，铸就了定西一中"刚毅竞进、追求卓越"的学校精神，在此基础上提炼确立了"守真至善，博学致远"的定西一中校训；形成了"尚德启智，知行至美"的校风，"润之以爱，育之以智"的教风，"美于言行，乐于志趣"的学风。这不仅凸显了学校文化特色精髓，形成了文化行政的治校之路，更成为学校不断开拓进取的一笔宝贵财富。具体实践过程和策略如下。

（一）定目标以明志

1. 以宏观目标指明方向

经过前辈几代教育者的探索、追求和奉献，我们学校的办学目标定位高远，方向清晰。1998年，时任学校领导班子审时度势，科学谋划，确立了"办学条件现代化，学校管理规范化，教学工作特色化，学生素质优良化"的办学目标，并提出了阶段性发展规划：即争取五年跨步进入省级示范性普通高中和省级规范化学校的行列；用十年时间跻身成为全省有位次，全国有影响的品牌特色学校。

2. 以具体目标决定动向

学校综合省内外先进的教育理论，结合本校实际，实施了办学目标达成的"五个"定位，以实现整体办学目标。"五个"定位具体如下。

（1）干部队伍建设定位。做一个政治过硬，道德高尚的贤者；做一个乐学好问，知识渊博的智者；做一个多谋善断，研究方法的能者；做一个胸怀坦荡，心中有爱的仁者。特别是学校领导班子要坚持以高尚的人格感染人，以宽阔的胸怀理解人，以渊博的知识引领人，以超前的意识培养人，以良好的行为规范人。

（2）教师队伍建设定位。学校致力于建设一支政治上有信念，思想上有追求，教学上有特色，科研上有能力，发展上有后劲的教师队伍。

（3）学生素质培养定位。学校致力于培养一批又一批"品德高尚、心理健康、行为规范、素质优良"的学生群体。让学生学会做人、学会做事、学会学习、学会创新。

（4）学校核心工作定位。学生是教育的主体和最终归宿，学生综合素质的发展水平是衡量一所学校办学质量最重要的指标。因此，学校必须把保障学生安全，关注学生健康，规范学生行为，提升学生素质当作办学的核心；让学生在一种自主、和谐、快乐的环境中健康成长作为学校办学的最高追求。

（5）办学主导思想定位。学校在坚持做到"三个"服务的同时（即服务于学生、服务于教师和服务于社会），进一步明确办学主导思想，那就是把学校办成学生的乐园、教师的家园、社会的花园；让学生有成就感、教师有归属感、社会有认同感。

（二）立规范以净志

一方面是我们在教师培养中所提到的高效的管理机制、有效的考核评价制度，另一方面就是师生行为文化的建设。

对于教师，我们除了必要的纪律约束和行为规范之外，特别注意从政治品德、职业道德、家庭美德、社会公德等方面对教师进行教育与沟通，引导教师以德做人、以德施教，立身不忘做人之本，从教不忘师德之魂。对长辈不能不尊，对晚辈不能不爱，对同事不能不好。

对于学生，我们则从培养良好行为习惯、发展兴趣特长、开展文体活动等方面入手，全力推进行为文化建设。一是培养良好行为习惯。良好的行为习惯离不开纪律约束，在日常管理中，我们坚持以《定西一中学生一日常规》为准绳，以千分制量化考核为总抓手，按照严、细、恒、实的要求，对学生衣、食、住、行、学等诸方面予以全面规范，打造了列队整齐、就餐有序、就寝及时、书声琅琅等一道道亮丽的校园风景线。二是发展学生的兴趣特长。按照"面向全体，全面发展"的方针要求，最大限度上满足学生个性发展的需求，遵循自主性、愉悦性、发展性、教育性原则，组建了绘画、书法、音乐、舞蹈、田径、体操、篮球、排球、足球、乒乓球等30多个特长生活动小组，有专业教师定期组织辅导。三是开展丰富多彩的文体活动。学校每年春季举办篮、排球运动会，5月举办校园文化艺术节，9月举办"秋季田径运动会"，元旦举办书画展览、文艺汇演，另外还有体操、校园舞等各种体育项目比赛，既丰富了校园文化生活，又给学生提供了多层面的展示才能的机会，激发了学生自主发展的内驱力和创造力，提升了价值品位和文化修养，提高了实践、创新能力，实现了自我发展。

（三）优环境以悦志

校园环境是学校文化最直观的载体。我们坚持把美化校园环境与学校文化建设紧密结合起来，努力挖掘环境的育人功能，通过宏观布局和文化点缀收到显著效果。

1.学校建设彰显一个"高"字——高品位

校园的整体设计体现了先进性、合理性和科学性的理念；校园建筑格调高雅，风格朴实大度；教育设施齐全，教学装备完善；校园占地面积宽敞，环境绿化优美。学校在加强基础建设的同时，先后建设了哺育苑、书虹苑、智慧苑、劝学苑、怡心亭等绿化景点；对每一栋楼房、每一条道路、每一处景点都进行了文化命名，尚德、启智、知行、至美楼；扬帆启航广场，勤奋、修身、助学路，寓意坚持以人为本，构建和谐校园的办学理念；在每处景点竖立标志牌；校园绿树成荫，鲜花绽放，绿化面积达40％以上，别致的雕塑、灵动的喷泉、蜿蜒的长廊……不知不觉中给学生以感染和启迪。

2.文化长廊突出一个"精"字——精品化

教学楼走廊里我们编辑建设了一楼经典诗文长廊，启迪学生品读经典、感悟人生；二楼科技知识长廊，引导学生走进科学、求知求真；三楼世界名人长廊，带领学生走近伟人、激励自我；四楼锦绣中华长廊，激发学生爱国爱家的思想感情。办公楼走廊里，我们面向教师，建设了以教育格言、先进理念、教育感悟为主要内容的文化长廊，让老师们时刻受到教育名家的启迪。实验楼建设了科技知识长廊。

3.文化建设呈现一个"活"字——有特色

班主任根据本班情况，贴近学生实际，引领学生主动参与班级文化建设，在同学们的热情参与下，各个教室里通过张贴标语、悬挂励志名言、制作黑板报和班级壁报、光荣榜等形式建设了健康向上、各具特色的班级文化，优化了班级气氛，提高了班级凝聚力。

  总之，我们始终站在战略高度，着眼于学校全局，把学校文化建设作为一项系统工程纳入学校发展整体规划之中，统筹考虑，逐步推进，并且在推进的过程中找准结合点，把握切入点，以开阔的视野，丰富的内涵，科学的方式，使学校文化更贴近学校工作实际，让任何空间都成为学校文化的展示场所，让任何层面都体现文化行政理念，让全体师生在和谐浓郁的学校文化的滋养下获得全方位的提升与发展。学校文化建设，我们永远在路上。

第
二
章

2 年级建设

——如何才能更实效？

　　年级部是学校组织教师和学生进行教育教学活动的基层组织管理机构。如何将学校设立的年级这个组织机构的"形"，变成推行科学管理、提高管理效益这个"实"，是学校的一项非常重要的工作。加强学校年级建设和管理，要通过年级部传达对教师、学生的理解和信任，以人为本，倡导教师愉悦地工作，培养学生的自我教育能力，搞好制度建设和常规管理，增强效益意识，强化目标管理，加强环境管理，抓好师资建设等核心工作。现就对这些问题的认识、探究、实践与反思分述如下。

第一节　对年级建设实效性的认识思考

年级部是学校管理的基层组织，它是以处在同一发展阶段的学生为主体，集中多数学科教师及班主任在统一领导下进行教育教学工作的综合性组织形式。办学规模的集约化，使得学校年级部的建设与管理显得越来越重要，如何搞好学校年级部的建设与管理显得越来越有必要。为此，笔者就年级部建设和管理的实效性问题谈些自己的认识和思考。

一、对年级建设实效性的认识

年级部是年级教育教学工作的组织者和领导者，一个学校的学风、校风的好坏与年级部管理工作是否到位密切相关，因此抓好年级部的管理工作是十分重要的，它不仅有利于提升学校整体管理的效率和教育教学质量，而且还会推进学校素质教育的实施。那么，如何才能抓好年级部的管理工作呢？我认为：管理就是沟通，管理就是服务，管理更是引领。管理的职能不是自上而下的监控，而是平行的协调管理。只有高站位的决策、低重心的运行、近距离的服务、走动式的管理才有利于管理成效的提高。

（一）年级管理的产生背景与发展现状

为了适应时代对人才培养的要求，科学有效地提高教育质量，深化教育改革已势在必行。对教育改革很重要的一个方面就是学校内部的管理改革，即充分认识年级管理的有效性，强化提升年级管理效能。为此，我们得先来认识一下年级管理的产生背景和发展现状。

1. 年级管理的产生背景

20世纪90年代中后期以来，随着基础教育的逐步普及，就学人口高峰的来临，全国各高中学校办学规模获得了不断发展，学校规模进一步扩大，这就给传统的由各处室直接管理到点的管理模式带来了挑战。特别是进入21世纪以来，我国中学教育在改革开放的大潮中迅猛发展，尤其是一些重点中学规模办学突飞猛进，走上了一条规模急剧扩张之路。一个年级十六七个班已是常见的现象，多的达二三十个班，一个年级就相当于一个一般规模的学校。因此，年级部的管理已被众多学校提上重要的议事日程。

学校规模的扩大，使得优质教育资源得以充分利用，越来越多的学子得以享受较好的高中阶段教育，但学校原有的管理机制与运行体系出现了诸多问题，已无法适应学校规模的超常规发展。如班级数、学生数和教工数量呈现不断增长趋势，一个年级的教学班已达到二三十个班的规模。随着学校教育专业化的不断推进，在诸多教育实践要素的影响下，年级管理及其建设应运而生，而且茁壮成长。

2. 年级管理的发展现状

年级部管理模式由于其针对性强，管理效率高，在短短的时间内其地位得到了进一步提升，职能得到进一步加强，已经成为各高中学校不可或缺的一个基层组织。但是由于年级部并不是一个由教育主管部门认可的行政职能部门，其出现也是因为各学校为了适应形势的变化而采取的一个变通措施，因此其地位与职责是相当模糊的。概括起来，当前年级部管理结构大致可以分为以下几种：一是年级部与处室为平行关系；二是年级从属于各处室，接受各处室的领导；三是将年级部提升到各处室的上面，由分管副校长直接任年级主任，再安排各处室的人员任年级部副主任。

年级管理，在学校管理中的重要性与实用性，在短短十几年内已经超越教研组，而成为学校管理中的中层行政单位。年级部对本年级教师的教学评价、评优选先、职称评聘等方面的评价结论，虽然不享有最终的决策权，但是所提供的材料、信息、意见和建议已经成为最终评定的决定性依据。在这种情况下，年级部享有的权利不再局限于上情下达，不再局限于对基层教师的协调，它已经成为学校实际的中层管理行政单位。

（二）年级管理的责任界定及基本职能

要充分认识年级管理的有效性，快速提高年级管理效能，我们必须还得对年级管理的责任做一界定，对年级管理的职能有所了解。

1. 年级管理的责任界定

年级部的负责者叫年级主任（或年级组长）。年级主任（或年级组长）对校长和分管校长直接负责，并接受教务处、德育处等处室的直接业务指导，对年级教育教学等各方面工作实行全面负责和具体管理。

年级部管理是在学校的宏观管理下相对独立自主地决策管理本年级的班主任工作、教师教学工作、学生的全面工作的一种重要形式。年级部管理是一个"过程"，管理的过程实质是教育教学指导的过程。它隶属于学校管理这个大"过程"，而年级部的"组织目标"也就成为学校"组织目标"的重要组成部分。因此，年级部管理实际上是学校的一种扁平化的分块管理模式。

2. 年级管理的基本职能

年级部工作的基本职能主要有：贯彻、服务、协调和管理四个方面，下面分别作一概述。

（1）贯彻。这是指年级部要将学校的各种规章制度、校长及有关部门的各种指令，通过年级部工作贯彻到年级的师生之中和年级的所有教育教学活动之中。

（2）服务。服务既是年级管理职能又是年级管理义务，包括为师生选择、征订教辅资料、组织师生各种观摩学习、上传年级师生的各种意见和要求等。

（3）协调。年级内各班级、教师、师生间的各种关系，一般都通过年级部进行协调，比较重大的问题由年级部向上级反映汇报，积极协调使之迅速解决。

（4）管理。管理是年级部最主要的职能，主要包括四个方面：一是班级管理，包括：学籍管理、班规建立、班风建设、班级关系协调等；二是教师管理，包括：教师初聘调整、履职督查、教学管理、业务培养、师德师风和团队精神等的培养；三是学生管理，包括：学生规范养成、思想品德、学习管理、日常生活和安全教育等；四是年级目标管理，包括：教育目标和教学目标的确立、实施和奋斗，落实、督查、完成与评价。

（三）年级管理的基本职责和基本功能

要强化年级管理建设，科学有效地提升教育教学水平，就必须重视和认识年级管理的基本职责和基本功能。

1. 年级管理的基本职责

管理的过程实质是教育、指导的过程。年级部在业务上主要担负着年级立德树人工作和教学管理工作。在工作中起着决策、组织、评价、指导、推动的作用。因此，其基本职责如下。

（1）谋划全局，制订工作实施方案。年级部要根据学校总体工作计划，结合本年级工作的具体实际情况，制订本年级的工作计划和每学期工作的具体贯彻落实方案。

（2）注重协调，聚焦育人形成合力。年级部是以同一个年级学生为基础，全体同年级任课教师及班主任组成的集合体。他们在相邻办公室一起办公，易于沟通信息，便于协调各方面关系，进而形成相对稳定的教育合力，产生较强的教育效果。年级部要适时召开年级工作会议，抓好年级教师的思想工作，加强班主任、学科教师间的沟通协调，凝聚群体智慧、提升管理实效、生成教育合力，认真贯彻落实学校的各项工作意见和要求，确保全年级教育教学工作的顺利开展。

（3）主抓班风，凸显良好年级建设。全力协助班主任抓好班级思想工作，以形成良好的班风学风。为了实现年级管理的有效性，年级部要十分重视班主任工作，按照学校"全方位、全过程、全人员"的管理模式来达到"常规到位、德育渗透"的目标要求，年级部成员在班主任抓好班级常规管理的基础上进一步协助班主任进行家访，建立个别学生帮教制度，分阶段召开主题班会和联合班会，定期召开家长会议，建立任课教师"年级值日"制度等工作。

（4）狠抓教学，突出教学质量提升。年级部要配合指导年级学科组，抓好学科教学的计划、安排、落实、教研等工作，全力提升整体教学质量。学校注重以年级学科组整体质量评估的思想，向教学过程管理、教学常规到位要质量。从备课、上课、作业、辅导、考试到评价各环节，都要体现年级学科组集体的力量；在课题研究、教案设计、教法研讨等方面都要有教师共同参与、共同提高的过程。学校注重体现整体评估，增强教学合力的指导思想，以快速提高教育教学质量。

（5）培养教师，提升专业素质能力。构建和谐年级和班级，实施教学与课程改革，优化育人环境，提高教育教学质量，关键核心是教师。因此，年级部的一个很重要的职责就是在不断加强教师的常规教学管理的同时，要更加重视教师的培养，要以课改为契机，以教育科研为抓手，全力促进教师的专业发展，快速提升教师的业务能力水平。

2. 年级管理的基本功能

年级部是学校管理系统的重要组成部分，承载着执行学校管理决策，规划和组织实施年级教育、教学、教研活动及教师培养等多重任务。其基本功能主要有以下几个方面。

（1）协助学校行政进行教学管理。如科学合理地建议教师课程的安排，组织教师制订和执行学科的教学计划，依据教学常规对教师日常教学工作进行督促检查、考核评价，对学科教学质量进行调研与监控等。

（2）协助学校行政进行教育管理。如各项德育活动的组织开展，班级学生的日常德育工作管理、考核及评价；建立以班主任为首，由班级任课教师组成的教育协调系统，有效发挥班主任的组织和协调作用，加强学科之间、教师之间、师生之间的联系与沟通，凝聚群体智慧、提升教育和管理实效、生成教育合力。

（3）协助学校行政进行教师培养。组织本年级教师开展教学研究和教学改革，主要是以加强课程建设、创新教学方式、培育学科特色为目标，一是组织开展多种形式的教研活动，通过开展理论学习、专题研讨、教学反思、个别指导等活动，不断提高教师的专业发展水平。二是为教师的教学能力提升搭建教研平台，通过开展集体备课、同课异构、观课评课等教研活动，使学科组成员在组长和骨干成员的引领下，在教学研讨、思路交流、策略优化的过程中，转变观念、更新知识、提升能力，达成资源共享，实现优势互补、智慧共生的教师发展目标。

（四）年级管理的基本特点和明显优势

随着我校教学质量、社会声誉的不断提升和办学规模的逐步扩大，加之各年级教情、学情的差异，年级部管理模式越来越彰显活力，发挥着重要作用。实践证明：只有充分发挥年级组精细化管理优势，切实加强年级部建设，全方位调动和激发教师团队积极性，才能使育人成果更加丰硕，教育教学水平不断提升。那么，年级管理具有哪些基本特点和明显优势呢？

1. 年级管理的基本特点

开展年级部管理，实行年级部负责制，有利于学校管理效率的提高、教育教学质量的提升和办学总体目标的实现。中小学年级管理具有如下特点。

（1）独立性特点。在学校的教育教学工作中，年级组是执行机构，把学校教育、教学、管理与培养的全部目标有机结合起来，形成本年级的整体目标计划，予以组织实施。年级部领导通过分析年级情况，研究部署完成目标的措施，并及时落实检查，充分发挥年级组的团队精神，可增强学校具体工作的协调性。

（2）一致性特点。从目标角度而言，年级部管理与师资队伍建设被有机地统一在一起了。学校发展以教师为本，教师发展以学生为本，由此可见，学生是学校得以持续发展的重中之重。无论是年级部管理，还是师资队伍的建设，学生始终被放在主体地位。为了充分体现以人为本的教育观，学校力求人尽其才，职能相称；职责分明，充分发挥整体效能。在年级部管理层面上，应确立"主人翁"的主体地位，广泛调动年级教师参与年级建设的积极性、主动性和创造性。

（3）组织性特点。年级管理的组织结构是以校长负责制，年级、处室责任制为基本特征的。表现在制度建设上就是全员聘任、岗位管理。校长在处室主任、年级主任的聘用上有决定权，教职工与年级处室实行双向选择；学校明确年级、处室的职能、权限和责任，年级、处室对教师职工定岗定责；学校对年级、处室进行整体评价，年级、处室对教师职工实行全面考核，根据考核结果表彰奖励择优聘用，按质付酬。总之，年级管理的机构组成是"麻雀虽小，肝胆俱全"。

（4）协作性特点。在年级管理的人员分工上，年级部主任依据岗位责任，对本年级的教育教学、班级管理、教师管理、学生管理等各方面工作全面负责。年级部两名副主任，一个主要负责教学工作，一个主要负责班主任和学生工作。年级党支部负责师生的思想政治工作，并对年级工作起保障监督作用。年级管理以教育法规和学校的规章制度为管理依据，结合本年级的实际实行自主管理。年级部一班人在明确分工的同时，又强调合作，各方面形成合力。

2. 年级管理的明显优势

年级管理不仅顺应了学校规模不断扩大的需要，而且也在一定程度上有效提高了学校管理的效率和效果，它有以下区别于其他部门的明显优势。

（1）管理组织扁平化，提高了管理的效率。在年级管理的实践中，通常年级主任被提升为中层领导，并且有校级干部深入年级，畅通了上下级之间沟通的渠道；年级主任参与学校行政会，参与学校的重大决策，缩短了管理信息传递的链条；年级主任拥有人事权和适度的财权，有权决定教师的聘任和组合，有权决定部分物质的分配。这些变化，从内容和实质上促进了管理组织的扁平化和管理重心的下移，提高了管理的效率。

（2）行政权威被强化，有利于决策的落实。在学校管理中有两种权威体系，一种是教研组管理的专业权威体系，它不具有强制性；另一种是年级部管理的行政权威体系，它具有强制性特点，因而有利于管理决策的落实。在年级管理的体制下，学校的人事制度、考核制度、管理制度等多方面的改革都比较容易推进，因而可以激活学校的一潭死水，为学校发展提供动力。

（3）教育教学被整合，解决了分离的问题。教育教学两张皮的问题是学校管理的顽症，除了升学率的利益驱动因素外，组织机构的分割和管理功能的分化是主要原因。年级组管理淡化了教学管理和德育管理的条块分割状况，在落实层面实现了教育教学的有机整合，初步解决了教育教学两张皮的问题，不仅有利于管理效率的提高，也有利于素质教育的落实和学生的全面发展。

（4）家校合作被融合，实现了教育的合力。实现学校、家庭、社会教育"三位一体"一直是学校教育追求的目标之一。年级管理体制的特点是以行政管理为主要手段，以学生全面发展为驱动，以班级管理为主要载体。年级部一手抓教学，一手抓德育；一手抓学生、一手抓家长；一手抓学习，一手抓实践。"三位一体"的教育成为年级管理的必然要求和结果。

（五）年级管理的教学控制及实施过程

教学控制是一个新的教学管理概念，被称为当今中小学教学管理的最高层次。它是指在学校教学工作中，为完成一定的教学管理目标，以收集教学信息并对其进行处理、分析、评价为途径，以研究和解决教学系统中的各种问题为核心，以提高教学质量为目的，调整、控制教学系统，使教学系统保持最佳状态。年级部实施"教学控制"的过程及内容大体包括以下两个方面。

1. 调研年级师生结构

这是年级部教学控制的原始依据，也可叫静态依据。年级任课教师的年龄、学历、教龄、教学经验、教学业绩、敬业思想，年级部要首先作调查分析，然后因人定岗（含班主任任命），做到用人如器。年级学生男女比例、城乡比例、入学成绩情况、家庭状况等的调研，则是学生分班、制订教学计划和班级教育教学工作目标，以及教育教学管理措施的客观依据。

2. 建立信息反馈机制

随时了解和掌握年级师生在做什么和做得怎样，是年级部教学控制的动态依据。年级部宜建立班级教育日反馈、教学过程督检、教学测试、师生会议、学生评教等制度，全方位反馈年级教育教学情况，这样年级教学控制才会有的放矢。

二、对年级建设实效性的思考

年级部是学校行政管理的最小单位，是以年级为基础，不同学科教师组合在一起，集教育教学和行政管理为一体的组织机构。它的特点是在教育教学管理中易发挥作用，针对性强，特别是在德育管理中更显其优越性。为此，对年级建设实效性有如下思考。

（一）完善组织、清晰职能是年级建设取得实效的基础

年级部管理组织一般由年级工作管理部、年级党支部、学校绩效管理系统组成。年级工作管理部是以年级组长为核心，以班主任为后备力量，以各学科组长、骨干教师为支撑组建起来构成的管理队伍。因此，完善年级组织、构建好年级工作管理团队是取得年级管理实效的主要保证和重要基础。

我校教师的工作安排是按照年级部编排的，年级任课教师和班主任受年级主任的直接领导。学校的教育教学及大型活动都是按年级部来实施和管理的，年级部直接上对校长，下对教师和学生，是学校管理的关键中层部门，它与学校其他功能处室一样是并列平行设置的。年级主任应为学校行政中层领导，在学校管理中发挥着重要作用；年级部对学校教育教学起着执行作用，德育处、教务处代表学校职能部门对年级教育教学工作发挥指导作用。

年级管理工作有其独立性，它负责对本年级教师的聘任、调度和考核，组织评优、选先与奖励；负责本年级教育教学秩序、学生日常规范、体育卫生工作的落实和检查；负责本年级教育教学、德育工作计划的制订和实施；牵头做好班主任工作的部署、管理与考核；负责本年级日常管理工作的组织、督查和考评；完成学校交给的其他任务。

（二）明确职责、把握要求是年级建设取得实效的前提

年级管理是学校管理体系中最直接的层面，年级主任是年级部教育教学的组织者与领导者，肩负着承上启下全方位的管理重任，抓好年级的思想道德、教风学风和团队精神建设，全面负责"年级目标责任制"的贯彻、落实和完成，主持本年级的日常教育教学工作，组织本年级各项教育活动，指导与协助班主任及各科教师的教育教学工作，对班主任及各科教师进行量化考核与评价等都是其职责所在。

为了年级工作顺利开展并取得显著成效，我们必须明确以下年级工作要求：一是年级部要深刻理解并认同学校的共同愿景和发展目标，并努力实现工作目标；二是年级部要积极参与并热情支持学校各处室组织的各项教育教学以及其他职能中心活动，不以任何理由推诿和拒绝；三是各年级部应保持良好的工作纪律、工作秩序和精神面貌，杜绝懒散拖拉、迟到早退、冷漠自私等不良现象；四是年级部应倡导并逐步形成浓厚的学习氛围，建设学习型、研究型年级；五是年级部教师应加强协作、搞好团结、互相关心、相互支持，建立良好的人际环境；六是处理好与学校各处室之间的关系，顾全大局，以学校整体利益为重，不搞小圈子、小团体，克服本位主义思想。

（三）重视培训、提升队伍是年级建设取得实效的关键

年级建设取得实效的关键要素就是要建立一支优秀的教师队伍。优秀的教师队伍既是年级实现可持续发展的核心要素，也是保障学生健康成长、全面发展的重要条件，更是提高年级管理水平的重要手段。因此，年级工作要十分重视教师的培训工作，努力做到以下几点。

1. 创建适合教师发展的环境

年级部要形成一个自由、平等、和谐的工作氛围，通过组织各种活动使教师与教师之间、教师与"领导"之间，经常保持信息交流、情感沟通，以形成同事之间的真诚合作。同时，还要营造浓厚的学习氛围，加强校园年级文化建设和培养尊师重教的良好风尚。

2. 实行服务型的情境化管理

年级主任要关心本年级教师的思想、工作、学习和生活情况，帮助教师解决教育教学中存在的问题和困难；特别是要关心青年教师的成长，做好青年教师的培养工作。在教师管理过程中，不该过多地使用行政上的管理和奖惩，而应重视行为上的帮助和指导，年级领导要真正树立公仆意识，成为教师工作上的助手和生活中的朋友。

3. 重视加强教师的素质培养

要依据教师的思想、文化、专业、身体四方面素质的"需求"，积极为教师提供素质培训的机会，积极组织教师开展多种形式的校本教研活动，通过理论学习、专题研讨、教学反思、个别指导等活动，不断提升教师专业水平的发展；还要为教师的教学能力提升积极搭建教研平台，通过开展集体备课、同课异构、观课评课等教研活动，力争让每一个教师得到应有的良好发展。

4. 引入教师发展性评价体制

在立足教师业务水平和工作绩效全面总结评价的基础上，重在分析教师工作中存在的不足、问题和职业发展中的障碍，与被评估人形成真正平等、坦诚、合作和支持的关系，从而激发教师潜能的发挥，工作积极性和创造性的进一步提升。

（四）明确目标、强化管理是取得年级建设实效的动力

实行年级部管理负责制，就是要工作重心下移，分解工作目标责任，细化工作措施方案，推行精细化管理。因此，年级部要结合学校自身特点，把学校教育、教学的总体目标分解为年级的阶段目标和具体目标，形成结构合理、内容清晰、权责分明、任务具体的目标体系，进一步形成"千斤重担众人挑，人人肩上有指标"的工作格局。

年级主任是年级管理的第一责任人，上对校长负责，下对全年级负责。年级主任下设两名副主任和两名部务委员，共同组成年级管理委员会。年级主任包干负责一个年级，在校内应享有中层干部的权益，有一定的人权、财权，即在规定范围内聘任教师，给师生有限奖励等；平时参加校行政会，参与研究学校日常工作和重大事件有表

决权，对本年级偶发事件有处理报批权，有围绕学校中心工作安排好年级日常活动的指挥权。

年级管理工作重点抓好两条主线，一条是以年级部和班级为主轴的团队管理主线，另一条则是以学科组为核心的学科管理主线。只有掌握调动好这两条主线，才能达到管理的最佳效果。年级管理工作的原则是：认认真真，兢兢业业，勤勤恳恳，扎扎实实，创造性地开展工作。重视过程性管理，严格落实好各项教学常规。做到常规抓好，细节抓严，过程抓实。

（五）强化合作、协调配合是取得年级建设实效的保证

年级部是学校最基层的一级教育教学管理机构，年级部是联系学校与教师、学生的纽带，担负着教师教学、学生思想教育、家校联系的重任。年级部的作用在于横向组合，整体协作。

1. 要与年级学科组密切合作

年级部要根据教育方针对学生培养教育的总要求，实施对本年级段的教育教学工作。在各学科教师探讨教育思想、研究教学方法，对学生进行教育教学活动过程中，年级部与教研组配合联系更显重要，与教研组密切配合，加强对年级学科组的管理和指导。一要指导年级学科组加强学科间的横向联系，推进学科向综合化方向发展，避免教与学的偏科现象；二要指导年级学科组在教学过程中渗透德育教育，把握学生思想脉搏，教书又育人；三要指导年级学科组利用本学科的特点在年级部中广泛开展多形式的活动，强化素质教育，增强师生的凝聚力；四要指导年级学科组定期开展听课、评课以及检查、测试、分析、总结等教学活动，适时召开学生座谈会，了解学科的教学信息，并及时反馈。总之，年级部与年级学科组要密切配合，要既抓教又抓学，既抓课内又抓课外，既抓知识教育又抓能力培养。只有这样才能从多元的角度对学生实施素质教育，促进教育教学质量的全面提高。

2. 要与各功能处室紧密配合

借助处室职能与力量建设年级部是一项有效策略，像我校就建立了处室主任联系蹲点年级部制度，对年级部工作进行指导、服务、帮助和统筹，形成捆绑式发展。这对于年级部建设具有重要的意义。年级部应协同处室力量对年级日常管理工作进行检查和督导。在教务处的指导下开展教学管理工作，配合德育处制订并实施年级德育工作计划和有关教育工作的各项规章制度，协同后勤处对学生学习生活进行检查和督导，积极参与团委对青年团员开展思想政治工作，指导年级学生分会开展日常事务工作等。

总之，明确职责选好人，创新活动育好人，肯抓落实提高人，打造和谐为了人。年级部是学校发展的促进者，形成以年级部管理为重点的管理方式对推动学校的发展，特别是提高工作实效性上的作用是非常明显的。

第二节　对年级建设实效性的模式研究

年级部作为学校管理组织系统的一个组成部分，是学校管理活动的基本单位，对管理学校内部的日常教育教学，具有特别重要的意义。目前，许多中学在管理中出现了机构设置管理层次过多，沟通难度加大，工作效率低下等现象。为了进一步提高学校管理效能，学校管理组织机构的改革需要在理论上探索研究，在实践中不断进行有益的尝试。当前理论界对学校管理研究的最新动态和发展趋势是：提升年级部管理在学校管理中的作用，把年级部作为学校管理执行运转机构，负责学校的微观管理，由年级主任参与学校决策，直接对校长负责，全面负责年级部的教育教学工作，发挥群众团体的积极作用，调动年级教师的积极性、主动性、创造性；而让其他原来的行政部门成为建章立制、指导评价、监督检查、协调服务的机构。由此形成了执行运转高效化的系统——年级部。

一、年级建设实效性模式研究的意义

年级部管理负责制是很多中小学都在推行的一种新的基层管理模式。它以年级部为单位，以年级主任为核心组建的年级部管理委员会为直接负责机构，强化教师间的横向联系，对教师工作内容进行协调，对教师工作任务完成情况进行评价，有利于层级管理，越来越彰显其活力和效益。因此，对年级建设实效性的模式研究具有十分重要的现实意义。

（一）年级建设实效性模式研究是社会发展的必然要求

随着城市化的发展，城市学校规模的不断扩大，师生人数急剧增加，给学校的管理带来了新的挑战。传统金字塔式的层级管理模式已无法适应学校的超常规发展。虽然学校领导职数有所增加，但仍然以原有的办公、教学、德育、后勤等为处室的分块管理模式，已很难形成管理合力。每位领导都以自己具体事务性工作为目标，但实际上大多没有参与到真正意义上的管理中来。另外，教师多、学生多、机构多、层级多，造成了管理信息反馈慢且容易丢失的弊端，削弱了学校规章制度的执行力，形成了许多管理死角，出现了个别领导等、拖、靠、攀、比的现象。因此，各学校为了办人民满意的教育，提高学校管理质量，探索较为实际有用的管理办法，确定了"管理中心下移，领导工作下沉，权力范围下放"的低重心管理思路，采纳了企业的扁平化管理模式，即实施以年级主任为核心的年级部管理负责制，创建了以年级部为主体的扁平化管理模式，开创了学校管理的新局面。

（二）年级建设实效性模式研究是学校改革的必然需要

在学校原有管理模式上，公办高中传统的做法多数实行"校长室→教务、德育处→班主任、教师→学生"四级管理模式。经过长期的工作实践发现，这种管理模式因管理层次过多，容易造成管理脱节的弊病。比如，校长室、德育处工作往往是等待式、被动式的，班主任发现了问题不能有效解决时才只好层层向上求助，甚至一些上级部门还不希望把过多的小事件向上申报，导致很多学生的不良情绪和事件在萌发状态很难被及时发现并采取措施，延误教育管理的最佳时机，为以后的教育管理留下"后遗症"。同时，班主任工作对老师有一定的能力要求，在评价机制不够完善的情况下，有些班主任往往不能把班级情况及时如实地向上反映，或者不能得到上级部门的有效帮助，结果班级管理不平衡现象严重，形成几个所谓的乱班、差班。因此，这种传统的管理体制在很多情况下已经远远不能适应学校发展的需要，急需进行改革，以寻求有效的管理方法和模式。

（三）年级建设实效性模式研究是学校发展的必然供给

年级部管理体制是一种介于分校制与一校制之间的管理模式，是一种兼顾集中与独立的优势，同时又保存原来学校建制的管理方式。年级部管理体制不是人们凭空臆造的，它是在全国教育发展过程中面对新情况、解决新问题时产生的，已经是被实践所证明了的卓有成效的方法。21世纪初我们的中学教育特别是高中教育出现了单位学校内班级数目急剧增加的局面。对于一个学校来讲，学生数的扩张，它的年级的班级数、班主任人数、年级学科组人数都出现了很大的变化，各年级之间的差异性由于各自数量的庞大就越发突出，学校各类活动的组织，全校共同参加就难以管理和调配。于是年级部管理模式就应运而生了，所以说年级部管理模式实效性的研究是为了面对和解决高中规模不断扩大发展的新情况、新问题的要求而进行的。

（四）年级建设实效性模式研究是提升管理水平的必然途径

通过网络查阅学习发现，国外学校普遍没有年级部这个校内管理机构，而我国普通高中几乎都已采用新型年级部管理模式；同时又发现许多学校因工作职责分工、权限、管理模式存在很大缺陷，致使年级部管理模式也存在一些问题。因此年级建设实效性的模式研究既丰富了相关的学校管理理论，又可以对年级部管理起到有效的指导作用，特别是对学校年级部管理质量的提高具有重大意义。由于高中学校具有年级周期性的特征，如果对高中学校年级部的问题和对策进行很好的研究，既可以提高学校的工作效率，更好地优化学校管理模式，提高学校的总体管理水平，使学校的工作更加顺畅，也使教育教学工作得以适应高中学校教育现状，而强化年级部管理制度，更加可以为教师的工作和学生的学习起到指导性的作用。

二、年级建设实效性模式研究的理论

随着学校规模的扩张，班级数的增多，学校管理的层级不断升级，学校主要职能部门德育处、教务处在学生管理和教学管理方面就很难顾及每个具体的细节，大有力所难及或者鞭长莫及之感觉，为了解决这一突出的现实问题，年级部管理模式就应时而生了。为了进一步打造年级团队，强化年级建设，提升年级管理效能，我们必须得了解、认识和掌握年级建设实效性模式研究的理论，因为这些理论对打造高效率的年级部管理模式有非常重要的借鉴意义和指导价值。

（一）团队合作理论

团队管理理论起源于20世纪60年代的日本，这一理论主要建立在理解人性的基础上，强调以团队为基础的装配组装，从而提高工作效率。到了20世纪90年代，团队理论开始有了广泛的研究，其主要内容包括团队信任、团队冲突、团队多样化、团队绩效管理和团队激励等方面。

团队建设理论关注的是团队的合力，而在当前的学校管理中往往欠缺团队的合力。团队管理理论在年级部建设中具有很强的适用性，因为年级部成员有不同的分工和角色，有的教师担任班主任，有的担任学科教研组长，有的担任行政领导，有的仅仅是任课教师。尽管有众多不同，但年级部的教师的目标是一致的，就是教书育人。同时年级部每位教师都要遵守管理规范和工作规范，为年级部建设提供了一定的条件。

年级主任要调动教师团队的合作精神，主动协调校长室、各个职能部门和教师开展工作，采取积极的态度消除团队合作过程中产生的误解。具体来说：一是年级主任要善于营造团队氛围，要与本年级教师共同制定目标，鼓励团队合作精神，引导年级每个成员关注年级目标并为之努力奋斗。二是年级主任要强化团队的向心力和控制力，为避免学校与年级部、年级部与教师之间出现偏差，学校与年级部要加强调控，及时发现问题，加强规范制度，强化考核与激励机制，确保顺利开展工作。

（二）系统优化理论

系统优化理论经常适用于企业，要求企业把劳动者、劳动手段、劳动对象科学地组织起来，并按系统优化方式进行经营，使人尽其才，物尽其用，借以取得最大的经济效益。系统的结构决定系统的功能，功能又反作用于结构。整体大于各个部分之和的根本原因在于系统结构的优化趋向。对企业人力资源的管理，我们可以运用系统理论进行分析研究和综合调整。具体来说，就是通过建立结构、实现功能，优化结构、增强功能，改变结构、拓展功能。即：$1+1>2$。

学校要进行优化管理，要注重从结构方面进行考虑，在教师及生源基本不变的情况下，要完善管理，提高各职能部门和年级部的组织性，就会产生大于各要素之和的整体功能。年级部也是如此。所以，在学校管理中，有一个合理的结构层次，达到了最佳结构，就能调动大家的积极性，就容易做到人尽其才，物尽其用，提高整体功能，会达到最佳的教育教学效果。

除此之外，要提高整体素质，要注意使学校领导层、职能部门、年级部和教师素质协调发展，避免出现"短板"效应，降低学校整体功能。由此可见，在管理方面，学校充分完善管理制度，调动教职工的积极性，让其充分发挥聪明才智，做到人尽其才，物尽其用，才能取得最佳的效益。

（三）精细化管理理论

精细化管理是一种理念，它是建立在常规管理的基础上，并将常规管理引向深入的管理模式。在社会竞争日益激烈的当下，精细化管理理论更加得到重视和广泛应用。现代教育管理中精细化是保障学校管理到位、取得成功的重要举措。唯有抓得更细才能取胜。

精细化管理的核心就是任务更具体，目标更明确，落实更有效。要求人人尽职，事事到位，处处深入，件件落实，责任细化，同心做事。精细化管理的目的就是落实管理责任，将管理责任具体化、明确化，变一人操心为大家操心，精细化管理的关键是制定完备的规章制度，事事有章可循，健全计划、狠抓落实，达到精益求精。精细化管理的重点是要求每一个人都要尽职尽责，一次性把工作做到位，不折不扣地执行有关制度。精细化管理的方法是把工作做细，老子说"天下难事，必作于易；天下大事，必作于细。"这句话精辟地指出了想成就一番大事业，必须从简单的事情做起，从细小之事做起。"精"就是把事情做到"极致"，"细"就是最大限度地优化每一个环节，达到"零事故"管理，"化"就是使"精细"成为工作常规，成为学校文化，成为个人的习惯，成为不懈的追求。

实施精细化管理主要通过以下三条途径：扁平化管理的组织形式、基本单元的"学习型组织"建设和快捷的反馈纠正系统。推行年级部管理体制建设，实施年级部主任负责制，让各年级部在学校的宏观调控下，相对独立地运作。年级部的具体工作目标、责任、计划、措施等由年级部依据学校的大政方针而制订，然后再由学校统筹。这样就可以分工明确，责任到人，克服年级管理效率低下等弊端。

（四）扁平化管理理论

扁平化管理是指减少中间管理层级，强化责权对等的一种分权式管理。其基本内涵是要减少管理的中间环节，下放管理权限，强化基层组织的自我管理，其目的是调动基层的积极性，提高管理的效率。

在一个组织结构中，管理人员所能直接管理或控制的部属数目，通常称之为组织的管理幅度或管理宽度。管理学家们通常认为管理层次与管理幅度在组织人数一定的情况下基本上成反比，管理幅度越大，管理层次也就越小；管理幅度越小，管理层次也就越多。这就决定了两种基本的管理组织结构：即扁平型的管理架构和垂直型的管理架构。

垂直型的管理架构中管理幅度较窄，管理层次较多，呈现金字塔结构形态。由此带来的弊端很明显：决策权集中在上层，下层几乎没有自主空间，参与决策的程度低，易使人员形成消极的态度，积极性和创造性慢慢散失；管理层次多，但缺少应有的权力，政策措施在执行过程中失真或执行力递减，带来管理效率低下甚至无效管理；上层领导与基层管理者及基层群众相距较远，信息沟通渠道不畅，不便交流，不易沟通，不利于形成良性互动的信息传递机制，不利于科学决策和干群关系的和谐等。

扁平化的结构，管理层次少，管理幅度大，当然也有其优点：由于管理层次少而管理费用低，信息交流速度快，由于管理幅度大，成员有较大的自主性，因而满足感增加。扁平化管理是通过增加管理幅度缩减管理层级而建立起来的一种紧凑而富有弹性的新型组织结构管理，它具有敏捷、灵活、快速和高效的优点，是企业为解决层级结构的组织形式在现代环境下面临的难题而实施的一种现代管理模式。

当学校发展到比较大的规模后，仍然使用传统的管理模式已不合时宜，必须对它进行改革创新，而跨国公司的管理给了学校管理很大启发。在过去层级管理的基础上不增加新的管理层级，而对原有管理层扁平化，即让权力重心下移，丰富中间层管理者的职权，使每个层级之间的距离缩短，使管理模型由"金字塔"形变成"横橄榄球"形。具体表现为：一是权力重心下移，丰富了中间管理层（年级组、学科组、班主任）的管理职权，有利于基层管理者和被管理者更直接地接触政策，避免不良因素干扰，有利于统一落实政策和提高执行力。二是由于管理幅度较大，被管理者有较大的自主性、积极性和满足感，这有利于开发员工的潜能和创造性。三是缩短了上下层的距离，既加快信息传递的速度，又提高了领导决策的效率，还可以促进上下级之间的沟通。

对学校而言，实施扁平化管理的重心就是调整学校中层的职能，突出职能部门的服务功能，而对学生的管理直接由年级部来承担。由于年级负责人管理的重心就是年级工作，有更多的机会了解和熟悉年级教师和学生的具体情况，所以会使管理工作更到位。例如：原来的学生大会由教务处或政教处召开，会议的主要内容是以教育为主，分析问题针对性不强。而由年级部主任为主的年级大会，则更多的是表扬年级中的好人好事，针对性地分析年级中存在的问题，更贴近学生实际。由于年级部主任对年级学生相对熟悉，所以学生中的问题能更早地发现、更快地解决。

三、年级建设实效性模式研究的历程

年级管理产生于20世纪90年代后期，发展于21世纪初，现在正呈现出茁壮成长之势。年级建设在学校管理中的重要性与实用性，在短短十年内已经超越了教研组建设，正在成为普通中学尤其是规模较大中学普遍推崇的学校管理模式。年级建设实效性模式的研究，经历了以解决问题为导向、以理论方法为依据、以完善机制为措施、以精准施策为根本的探索历程。

（一）针对问题解决，探讨有效管理模式

在学校管理中，传统的行政管理机构及模式虽然有有利的一面，但是一旦规模扩大便暴露出许多问题，产生许多管理中的困惑。主要表现在以下几个方面：一是行政管理难以纵向到底，横向到边。规模较大的学校，一个年级就是一所规模不小的学校，就行政管理的总体来说，要实现整体的统一与协调，实现管理诸要素的最佳组合，发挥最佳效益，实属不易。由于信息滞后和难以掌握第一手资料，不免造成决策的失误和工作的疏漏。二是教务处管辖跨度及工作量大，管理力度不够。在规模化学校里，教务处要抓教学管理，要面向各个年级对教研组、备课组、班级等工作发挥积极的指导监督作用，要做到指导有效和监督严密，客观上显得不可能，易于产生草率肤浅或顾此失彼的现象。三是岗位之间协调难，不利发挥集体优势。在规模化学校里，传统的组织机构由于垂直的行政层位多，不免产生合作少、协调难与反馈慢的现象，由此难以形成整体最大合力、体现团队优势，从而成为优化行政管理的一大障碍。

如何使规模较大的学校的管理体现科学性和实效性，真正向管理要质量，成为我们教育管理工作者探索的课题，在进一步探索、讨论和研究如何提高教育教学质量的时候，对学生"作用力"的"合力"由谁来协调平衡就提到了议事日程上。我们思考的结果认为，应该对教学一线建立横向管理系统，把同时作用在学生身上的各科教师组织起来，建立年级行政单位，由副校长任年级责任人，把年级的管理层位从传统模式中的最低层提升到第二层位。在此基础上实行扁平化的"一层双轨、二级行政的管理模式"。副校长分管的一个年级，我们称之为"块"；主管教学、政教、后勤的某一项工作，我们称之为"线"。这样副校长身兼年级责任人和科室领导两职，使副校长在"块"与"线"的两条轨道上运作，从而形成了"块"与"线"的有机结合，这就是我们所说的"一层双轨"。"二级行政管理"指全校只有两个管理层，即：学校党政一把手为第一决策层，副校长为第二决策层也是执行层（年级和处室）。

这种高层位年级责任制管理模式建立后，校内形成了纵横管理的两条线路。校长通过副校长实现科室纵向管理和年级横向管理；兼职年级管理的教务主任和政教主任纵向接受科室的领导，横向接受年级的管理。纵向各科室都有任务布置到年级，而年级责任人必须协调安排，突出重点，创造性地工作。年级责任制的建立无疑加强了横向管理。在这个管理模式中，年级既是学校这一管理系统的重要有机的组成部分，同时又是一个相对独立的多功能的管理实体，它既受校长的办学思想和管理目标的指挥和控制，同时又根据年级的特点，创造性地管理本年级的教育教学工作，而年级的各项工作，又服务于学校这一整体的办学任务和目标。

（二）依据科学理论，寻求有效管理方略

随着学校规模的扩张，学校管理的层级不断升级，金字塔式的等级组织结构模式的弊端越发凸显。为了解决这一弊端，提升学校管理效能，有识之士们借鉴了扁平化管理理论，使扁平化年级部管理模式应时而生，尤其是对目前规模较大的学校，更有实际意义和效果。扁平化管理理论破除了组织自上而下层级较多的弊端，减少了管理层次，增加了管理的幅度，通过裁减冗员建立紧凑的横向组织，达到使组织灵活、敏捷、更富有柔性的目的。从理论上说，学校年级部扁平化管理是适应教育公平理念的诉求。扁平化管理压缩了管理层级，从而缩小了教师管理体系中"金字塔"底层到顶端的距离，扩大了资源共享，有利于学校的综合化管理。所以，为了顺利推行扁平化"一层双轨、二级行政的管理模式"，我们组织认真学习，深刻领会先进的思想理论和他人成功的经验做法，科学谋划解决问题的策略与方案，制订翔实的改革实施计划与方案。

1. 明确年级建设实效性的模式探讨之指导思想

为推动学校教育教学管理改革，全面推进教师全员聘任制，完善择优竞争机制，落实年级部目标管理责任制，实行教育教学循环制，充分调动教师的工作热情和积极性，进一步加强年级部管理能力，充分发挥年级部在教学、管理、育人方面的作用，快速提升学校教育教学水平。

2. 探寻年级建设实效性的模式探讨之基本措施

（1）实行年级部管理责任制。年级部管理层一般由三人组成：年级部主任、年级部教学主任、年级部德育主任。由校长聘任年级主任，并指定联系蹲点年级的副校长；年级主任聘用年级班主任及年级课任教师。

（2）明晰年级部的目标责任。学校自年级主任聘任之日起，就要与其签订年级工作管理责任书，明确年级管理和教育教学目标任务的量化考核，清晰知晓目标任务的完成情况和教育教学秩序的管理状况直接同教育成果奖、结构工资挂钩。

（3）推行年级部教师聘任制。重视和加强年级教师的考核评价工作，教师和班主任的期中、期末考核按校规定的优、良、合格、不合格四个等次比例执行。考核结果是年级部聘用教师的最重要依据。同时，年级部还要试点推行末位淘汰制，也可以将考核结果直接与校内结构工资和班主任津贴挂钩。对连续两次考核为不合格等次的，年级主任有权解聘。

（4）加强考核评价制度建设。年级主任及年级管理团队成员的工作考核，由校长召集学校考核小组、教师代表、学生代表联席会议执行。对不合格的，解聘其职务。教师的考核主要从德、能、勤、绩、廉等方面综合评价，当然，所教班级考试成绩将是主要的参考指标，班主任工作考核还要重点参考其所带班级的考试成绩和班级建设考核检查结果。

（三）完善机制制度，保障有效管理实践

在扁平化的年级部管理下，年级主任应当成为年级管理的第一责任人，全面负责本年级的所有教育教学工作。要实现年级主任对全体学生的学习以及全年级任课教师教育教学的全面指导，必须完善年级建设实效性的模式构建机制和制度，以保障年级建设实效性模式的探讨实践。

1. 组建年级部管理团队，明确各自职责

年级部是一个相对独立的管理部门，各年级部设有一名副校长联系蹲级，并全面负责；设年级主任一名，由中层正副主任下到年级兼职，具体负责年级全面工作；每个年级部还配备两名副主任，协助年级主任工作。年级主任主持全年级全面工作，直接领导班主任和各学科组长，封闭运作，形成独立的反馈回路。其主要职责如同一位分校校长，管好该年级的近千名师生。年级还配设教务员、后勤管理员。如果年级部有解决不了的问题可以汇报给分管校长，分管校长如果在解决中还有困难，可以传达到校务会议研究。由于政教、教务、教研、总务四大科室主任都下到年级部，原来四大处室的功能就被分解到各年级部，由各年级部自行组织安排。大量教育教学的具体工作由年级承担起来。

2. 提升年级地位，赋予年级部相应权力

（1）设置年级部为行政机构。学校要把年级部设为行政领导机构，改变以往年级组长的称谓为年级主任，其职位相当于中层领导，实行分权减层，推行年级主任负责制。年级主任有权对干涉学校正常教育教学的活动说不，同时，年级主任有权安排整个年级的各项活动，只有赋予年级负责人一定的自主权，年级才能正常有序地开展各项工作。

（2）强化年级部职能与责任。加大年级部教育教学自主权，要对学校各个处室的职责权限精准划分，从而解决年级部和各个处室之间权责不明的情况。转变以往年级部对教育教学工作仅仅是协助的角色，仅仅向学校德育处、教务处等反映、请示的情况，要让年级部具有实际的指导与评价教学的功能。

（3）赋予年级管理一定职权。为体现年级管理的职权，人事统一的原则，在原有的基础上学校应给予年级部足够的权力。如对教师的选聘，任课任职（班主任、学科组长）、业绩考核、各类评优的安排建议；对学生的学籍管理、奖惩决定，班级考核和师生教育活动的组织等。

（4）细化完善考核评价办法。学校对年级部实行学年度目标考核制度，年级又对备课组、班级实施学期、学年度目标考核制度。细化德、智、体、美、劳各项年级管理目标，每一位教师对自己任教班级以及本人的教学目标了然于胸。

3. 明确工作范畴，提升年级部管理效能

（1）制定工作目标。围绕学校工作目标进行分解，细化为年级阶段工作目标，使全体教职工都有明确的工作目的和努力的方向。

（2）搞好自身建设。年级主任、副主任的分工明确具体，职责合理明了，工作规范有序；对教师师德师风建设、例会制、考勤制、值日制、评选先进、期终考试等方面都有实实在在的操作要求和考核细则。

（3）抓好常规管理。就是对教育教学、教育科研、集体备课、班队建设、学生良好行为习惯的养成等方面的常规管理都要有细致具体的要求，由年级部派专人检查、评比、考核，还要组织好周测、月考的考试、阅卷、成绩统计、分析和评价工作。

（4）提升管理能力。首先，学校要根据本校年级部的管理性质制订相应的管理考核方案，建立一套适合本校的扁平化管理考核激励制度，以推动管理效率的提升。其次，在学校干部用人上，要深化全员聘任制，择优用人，动态管理，听取教职工和专家的意见，为各个年级部科学制订系列规范的培训计划，切实提高年级部干部的管理水平。再次，在学生和班级管理方面，要在公平公正的基础上，民主评选，公开考评，让师生都满意，实践也证明，这样的全过程管理，有利于激发师生的积极性和创造性，有利于提升学校整体办学水平。

四、年级建设实效性模式研究的结论

多年来的实践证明，学校组织结构的扁平化改革是组织管理发展的内在要求，也是未来的组织管理形态之一，有利于加速组织管理信息的流通，提高管理的效率；也是促进教师专业化发展的客观需要。我校以推行实施扁平化年级管理模式多年，现就我校年级建设实效性模式研究的结果总结如下。

（一）建立扁平化年级管理模式，有利于提升管理效能

扁平化年级管理模式是按照校长—年级部分管副校长—年级部（处室）—学科备课组（班主任）—教师（学生）的体系运作。为了克服由于年级部的升格而可能引起的职责不清状况，年级部主任由学校中层兼任，并安排一位副校长蹲点年级部，具体联系指导年级工作，协调各职能处室和教研组的关系；年级部实行年级主任负责制，上对校长负责，下对年级师生负责，同时还要协调好与各处室的关系。建立扁平化年级管理模式，可以使各职能处室之间原有存在的沟通障碍和不协调性在同一年级共同利益的驱动下予以解决，顺利实现各职能部门间的平行沟通。

（二）强化提升年级部职能地位，有助于增强管理责任

为了提升与强化年级部管理职能地位，年级组长改称为年级部主任，使之与各职能部门成为平行的行政管理部门，并赋予年级部明确的职责、权利和任务。年级部全面负责本年级的教育教学工作，完成学校下达给年级的教育教学目标管理任务，直接对校长负责，再由年级部根据学校下达目标制订本年级每期（年）工作计划。同时年级部还要负责本年级教师思想教育工作、教师培养工作及党组织建设和群团工作。

（三）分权于年级激发管理活力，有益于提高管理效能

传统管理模式是由教研组管理年级学科备课组，而这种形式容易导致不同学科的教师相互封闭、各自为政、缺乏互相交流的倾向，加之教研组职责和权力的分离，不利于对教师实施有效的管理，实际上是由教务处承担了对全校教师有关教学方面的日常管理。传统管理模式名义上是由政教处通过年级管理班主任，而年级也因为职责和权力的分离，仅仅局限于上情下达，谈不上对班主任进行管理。由年级部作为一级行政组织直接管理本年级学科备课组和班主任后，中间环节被取消，管理层级清晰，管理权力得到落实，将有效改变旧状，实现管理效率和教学效益的统一与提高。

第三节　对年级建设实效性的策略探讨

在高中教育普及化、素质教育全面推进以及价值取向多元化的时代背景下，学校年级建设面临着许多新情况、新问题、新困难和新任务。立足本校实际，加强年级建设，应从加强年级思想教育、强化年级教学管理、完善年级组织队伍、严格年级管理制度以及丰富年级文化等方面采取措施，齐抓共管、形成合力，增强学校年级建设的实效性。

一、全面激活年级管理各要素潜能是增强年级建设实效性的根本

随着学校规模的不断发展，现行的学校管理方式已经不能适应学校新的办学形势，过去仅靠德育、教学、后勤、工会、党建五条线管理学校的模式也要相应地发生变革，以适应学校发展的需要。为了使决策更科学，目标更明确，管理更到位，责任更具体，学校管理的支点急需前移，建立年级部管理与德育、教学、后勤、工会、党建相结合的管理机制，形成分线与分块相结合的管理模式，改变学校年级部设置流于形式的局面，以便充分有效地发挥年级部的管理作用，提高学校的管理效能。

（一）强化年级教师管理意识，增进学生认知理解信任

心理学家根据马斯洛的需要层次理论，对高中生的需要进行了研究，发现高中生强度最大的五种需要之一就是理解和信任需要。高中生强烈希望作为一个自主人应得到他人的理解、认可、尊重和信任。对学生的理解和信任，最直接的就是通过年级部全体教育者去传达、来实施。

理解便是"德"，因为理解不仅是认知或智慧活动，而且是德行，这在教育领域更为明显。教师深刻理解学生，尤其对后进生，采取合理的教育行为，意味着教师的职业道德水准高，工作责任感强。狠抓理解这种贯穿于教育各个方面与环节的德行，使年级部教师养成善解人意的品质，那么，德育的其他方面和其他各领域都容易被带动起来。在这样的理论基础上，理解教育应主要立足于发展年级部教师的理解意识，使之渗透到教育的各个方面与环节。引导年级部教师运用理解策略，使学生在做人与为学上获得进步，包括成功策略、教师奖励策略等。

相互信任是师生沟通交流的基础。在交流中教师要相信学生，也要用诚心让学生

相信自己，让学生主动向老师敞开心扉，师生之间要言而有信，在信任中增进交流，在交流中加深信任，达到情感交流，师生关系和谐。师生之间的"鸿沟"是做好教育工作的最大障碍，学生需要的不是他们敬而远之的教师，而是一个情绪稳定、做事庄重的让他们觉得可信赖的人；教师不应只是简单的命令者，而应是引导者，帮助者，对学生的影响要尽可能减少使用职务权力，而更多地利用自己的为人，去指导和影响学生。要像父母一样爱护自己的学生，尊重学生，理解学生，才能使学生心悦诚服。这种以理服人，平等的师生关系，使学生不会迫于某种压力去做某些事情，而是在了解这些事情的必要性与可能性之后，继而转化为自觉的行为，才能更长久地影响学生。

（二）健全年级自主管理机制，突出学生自我教育培养

在年级管理中，如何坚持"以人为本"的思想，充分发挥学生的主体作用，让学生通过自主管理，培养自我，发展自我，完善自我；让学生经历自主教育，学会做人，学会生活，学会求知；让学生得到自主发展，发展特长，发展个性，发展能力，这是现代教育的一个重大课题，也是一个十分重要的趋势。

做实年级管理就是要建立并加强以学生发展为本的学生自主管理机制。苏霍姆林斯基曾说过："只有能够激发学生进行自我教育的教育，才是真正的教育"。只有考虑受教育者的权利和情感需求，教育者的高尚动机才会"内化"到学生心中，才会获得成效。在年级管理中，工作的着眼点是通过学生自主管理，充分地发挥学生的主体作用，重点是要培养学生以下几个方面的能力。

1. 自我认识、明辨和评价的能力

使学生初步具有认识正确的道德标准和行为准则的能力，知道自己的正确志向，能广泛听取明辨别人意见，虚心接受一切正确的批评，经常反省和检讨自己的言行，能给自己提出一些改变或发展某些方面品质的要求，学习独立地评价自己和其他同学的道德行为表现。

2. 自我监督、辨析和控制的能力

能够遵守正确的道德标准和行为准则，并根据道德标准和行为准则对自己进行监督，不断地加以完善，初步学会用社会主义思想道德对社会现象和社会文化进行辨析，抵制不健康的影响。

3. 自我体验、防范和教育的能力

在老师的指导下，培养自尊心、责任心和同情心，在追求内在真善美的同时，鄙视、摒弃假丑恶的东西，初步学会抵制、战胜外界不良诱惑，主动接受正确榜样的影响，培养荣誉感、责任感、自豪感和追求真理的情感，做到言行一致，实事求是。

（三）完善年级各项管理制度，做实学生常规管理过程

管理要靠制度作保证。因此，在年级管理中要建立完善各项规章制度，从而使学生的自主管理有章可循，克服自主管理的随意性。各项规章制度的制定要通过充分的讨论，要获得年级多数学生的支持。这样，不仅使学生自主管理工作做到制度化、规范化、科学化，而且使学生年级自治组织管理得到全年级学生的普遍认同。

实践证明，年级学生学会自主管理，有利于挖掘学生的潜在能力，有利于发挥学生的主体作用，有利于培养学生的创新精神。可以为学生提供更加自由广阔的发展空间，是实现主体德育的一个重要渠道。诚然，学生自主管理的作用是不言而喻的，但如何进行，却不是一件容易的事。

年级的常规管理主要抓好以下几方面的工作。一是认真贯彻学校的各项决策，配合各职能处室开展好工作。二是广泛搜集本年级教师、学生的意见和建议，为年级部的工作、学校的决策提供依据。三是定期召开本年级教师研讨座谈会，交流教育教学信息和班级管理经验。四是加强家校联系，形成家校教育的合力。

（四）强化年级团队管理目标，增强教师责任担当意识

通过强化年级管理，调动每个人的活力和热忱，增强团队的凝聚力，培养年级成员对团队的认同感、归属感和一体感，营造成员间相互尊重、团结友爱、互相合作、关心集体、努力奉献的良好氛围。通过强化目标责任意识，增强担当奉献精神，树立正确的世界观、人生观和价值观，着眼于服务和奉献，在自己的岗位上忠实地履行对学生、对学校的责任，自觉地把责任意识转化到提高教育教学质量的行动中去。做好自己的本职工作，共同营造良好的学风、教风和校风。

1. 注重教学常规目标，强化教学环节落实

通过年级管理就是要加强集体备课、上课、反思、作业、辅导、评价等教学常规管理。在常规管理中，重点抓教学常规各个环节的落实、检查反馈、指导改进。

2. 明确备课重点要求，凝聚集体智慧备课

通过年级管理就是要发挥学科组长的核心作用，凝聚学科组集体智慧，用好共同资源优势，发挥经验丰富的老教师的把关作用，调动年轻老师的工作热情，强化集体备课，严格做到"四定"（定时间、定地点、定课题、定中心发言人）"三研究"（研究教材、研究学生、研究教法）"五统一"（教学目标及要求、教学重点及难点、教学方法及训练途径、教学进度及梯度、作业及练习）。

3. 重视自习辅导督查，加强自习学风培养

通过年级管理就是要大力加强学生自习课质量的提升，重点是加强监督检查，对违纪学生严肃处理，保证本年级自习课做到静而不死、活而有序，为同学们创设一个良好的学习环境。

4. 关注学生心理健康，做好正面教育疏导

通过年级管理就是要做好学生的心理辅导和青春期教育，防止厌学和早恋现象的滋生和蔓延，防微杜渐。实行任课教师对弱势生承包制，定期填写帮扶记录，目前已经取得一定成效。同时实行班主任助理制度，在高中的会考复习中取得了较好的成效。

（五）提升年级领导管理能力，营造育人良好环境氛围

以"立德树人"为宗旨，以全面推进素质教育为根本，以提升学生综合素质和核心素养为目标，通过不断提高年级领导管理能力，大力提升年级管理水平，进一步挖掘教学资源的科学配置、净化优化育人环境氛围，全面提高教育教学质量，努力办好人民满意的教育。

1. 创设乐教、善教、优教的教育环境

（1）创设"用人之长、人尽其才"的人才环境。每个人只要找到了合适的位置，他就会有所成就。年级部领导要着力引导教师寻找适合自己的定位，让其充分发挥个人优势。

（2）创设"团结和睦、共同进步"的人际环境。一个年级能否良好发展，和谐的人际环境是关键。我校的人际环境有着优良的传统，并不断地深化。教师之间，教师与学校行政之间，和谐、融洽。全年级教师应力求在工作中互帮互助，共同探讨；生活中亲如一家，其乐融融。

（3）创设"激励向上、催人奋进"的竞争环境。随着新课程改革的深入，年级部要因时制宜营造出引人向上的竞争环境。使"大浪淘沙""逆水行舟"等富有竞争意味的思维深入人心，在日趋成熟的竞争环境中，使年级教师不断增强危机意识，不断地提高自身修养和业务水平。

2. 营造宽松、和谐、人文的教育氛围

（1）全面体现"以人为本"的教育理念。在这样的环境氛围中，人人都有得到尊重和理解的权力，人人都有尊重他人、理解他人的义务，实现学生的自我超越、自我发展和自我完善。

（2）倡导民主、平等、和谐的包容心态。通过强化年级管理营造宽松、和谐、人文的教育氛围就是给予学生以心灵上和思想上的充分自由，即解放学生的头脑，使他能想；解放学生的眼睛，使他能看；解放学生的双手，使他能干；解放学生的嘴，使他能说。欢快愉悦的人文环境，它将陶冶学生的理想，使他们不断地在自己的人生旅途上前行。

3. 开辟拓展、延伸、合作的教育途径

随着地区经济的不断发展，老百姓的收入有了明显的增长，家长在子女教育上的资金和精力投入不断增大；关心学校办学水平和教学质量，希望自己的子女能有一个好成绩，考入一所理想的学校。在家长片面观点的影响下，学生只关心自己的学习成绩和升学目标，忽视自己的思想品德教育，重课堂教学轻社会实践。因此，原本单一、固定的教育途径必须加以拓展和延伸，将学校德育教育与家庭教育、社区教育结合，形成三位一体的有效合作模式，社区教育是学校教育的补充和延伸，是形成德育合力的重要力量。我们一直把青少年社区志愿者服务活动作为一项德育重点工作来

抓，并不断探索有效的管理模式和服务内容。通过与社区教育的结合，拓展了学校德育的空间和时间，丰富了德育的形式和内容。

二、认真做实年级管理各方面工作是增强年级建设实效性的关键

为了适应教育改革不断深化的形势，推进以年级部为核心的扁平化管理模式，用真情和智慧走进学生心里，平衡管理者和被管理者的契合关系，增强年级管理的针对性和实效性，努力打造规范和谐、高质量发展的优质年级，以满足学生的成长和社会的期待，认真做实年级管理各方面工作是核心关键。

(一) 科学设定年级部工作目标

各年级部要根据对自己年级整体实际情况的分析、讨论和论证，集思广益，反复酝酿，科学实际地设定年级部工作目标。要确立建成人际关系和谐、爱岗敬业、乐于奉献、健康向上和高雅整洁的年级工作环境目标；要确立建成围绕学校总体目标，认真落实教学常规要求，高效推进教育教学活动的风清气正、教学氛围浓郁的年级工作文化目标。使其成为全年级全体教师和学生共同努力的方向和追求的价值取向。

(二) 准确定位年级部主任职责

年级部主任是年级部教育教学的组织者与领导者，充分发挥年级部主任的积极性，准确定位年级部主任的权力职责，是年级部建设和管理的重要内容。年级部的管理首先是年级主任的管理，根据年级主任在学校教育教学中的地位作用，应给予年级主任一定的职责和权力。年级主任应作为学校的中层或准中层干部管理，学校应根据本校的实际情况，落实年级主任的政治、经济待遇，使其有权、有职、有利，充分调动他们工作的积极性、主动性和责任性。

在实践过程中，我们学校的做法是：年级部主任经校委会议讨论决定后由校长任命；班主任的配备则由年级部主任提出拟用名单，再由分管德育和教学的校长共同讨论协调而确定；科任教师则由年级部主任和教务处主任共同商定后，提交校长办公会决定。其主要权力与职责如下。

1. 年级部主任的权力

一是领导班主任、学科组长及任课教师，对他们的工作有监督、检查和评价权；二是有向学校建议奖励和处罚教师权，根据学校规定并结合年级特点制订本年级教师奖励办法并组织实施；三是有奖励和处罚学生权，但警告以上处分要经校长批准后执行，按学校规定并结合级部实际情况制订助学金、奖学金实施办法，批准本级部的三好学生及优秀学生干部；四是制订本级部的规章制度，经学校批准后执行。

2. 年级部主任的职责

一是学年开学前两周根据学校下达的年级部编制数，提出本年级部予聘科任教师和班主任名单，经校长批准后认真落实；二是在本年级部认真执行学校工作计划，

贯彻落实各项规章制度，并结合年级部具体情况组织实施；三是负责本年级教师的思想政治工作，教育教学工作，并按学校要求进行考核；四是学期初制订年级部教育教学工作计划，定期检查，期末进行各方面工作总结；五是负责本年级部学生的思想教育、学习和生活管理，组织好文体活动、社会实践和劳技活动，认真指导和培养学生干部；六是领导班主任、备课组长，及时协调各班、各学科的教育教学活动；七是加强教育和教学工作的研究，探索新的教育教学方法，努力提高教育教学效果。

（三）正确把握年级部工作内容

年级部是学校的基层教育教学与管理单位，是联系学校、教师和学生的纽带，担负着教师教育教学、学生思想教育和家校教育联系的重任。为此，我们在工作中一定要把握好以下内容。

1.年级部工作要与德育教育工作结合起来

年级主任要全力抓好班主任工作，对本年级班主任要多加关心、帮助和指导，协助班主任搞好班集体建设。年级主任要了解、掌握年级学生管理动态，督促、协助和指导班主任加大管理力度，改进管理措施，增强管理实效。要抓好学生常规教育，持之以恒地抓好本年级学生的行为规范养成教育，及时处理学生中的突发事件。

2.年级部工作要与常规教学工作结合起来

年级主任要抓好教学常规管理，要勤于巡视本年级两操、晨读、课间、自习以及平常上课情况，对本年级教师不遵守教学常规和有悖于教师职业道德规范的行为要予以批评、指正，并及时做好记录，并对评优选先活动提供考核依据。

3.年级部工作要与体艺卫等工作结合起来

年级主任要指导班主任协同配合做好学校体育、艺术、卫生、安全等教育活动。督导班主任配合学校各部门做好本年级部全体师生人身财产的安全与防范、区域卫生的打扫与保洁、室内外公物的保护与管理，力求让年级师生在安全、整洁、舒适的环境中工作、学习和生活。

4.年级部工作要与教师队伍建设结合起来

年级部主任要关心本年级教师的思想、工作、学习和生活情况，帮助教师解决教育教学中存在的问题和困难，特别是做好青年教师的培养工作，积极组织教师开展读书活动、教研活动和教学比武活动，力争让每一个教师都能得到有效地专业成长与发展，并获得一定的成就感。

（四）积极协调年级部成员关系

在学校盛行"量化考核，科学管理"的今天，学校各项规章制度应有尽有，管理者视这种管理为理性管理。这种以物本主义为基础的理性管理模式较快地改变了那种无序状态的局面，取得了较为理想的成绩，不失为一种好的管理办法。但要从根本上调动年级部全体人员的积极性，这种刚性管理显然是不够的，年级部的组织建设，重要的是部内各成员间的互相信任，取长补短，以此来提高整个年级部的合作力。实践中我们发现，与这种理性管理相对应的非理性管理是协调成员间良好人际关系的一种方法。非理性管理是以人为中心，以情为主线，重视非理性因素——情感、意志、心态、形象方面的管理，挖掘成员的潜能，形成群体价值观和凝聚力，共同实现教育目标的管理模式。在当前以至未来的学校管理中，非理性管理将成为管理创新的突破口和提高管理效能的新的增长点。在年级部组织建设中，既要有理性管理，又要有一定的非理性管理；应强调的是理性管理与非理性管理的统一，是现代学校管理的理想追求。

（五）有效开展年级部教育教学

年级部的教育教学管理是年级部管理的主要工作。教学默契、教学协调和开展有效的教学研究是年级部建设的主要目标。

1. 全力搭建年级内教师教育教学的默契性

形成具有教师个性的教学风格，以期达到教师的教学特色，是我们教学管理追求的目标。教学默契指的是教师之间围绕教育学生、发展学生的个性特长、促进学生的全面发展，提高教育教学质量，通过内部的默契合作互补提高，寻求出高效的教学手段的一种教学组合的自然运用。教学默契的形成对年级部的教育教学管理来说，至关重要，但又非朝夕可成，作为年级部应为教师形成这种教育教学默契做如下一些基础性工作。

（1）建立教师间的相互听课制度。年级部要精心策划、合理安排并制订年级教师的相互听课方案。要求同学科、不同学科的教师，要经常性地进行相互间的听课活动，以增强教师间的相互了解、相互认识和相互学习，以达到各自在教育教学上的取长补短，共同提高。

（2）协调教师间的相互帮扶结对。年级部要认真部署、周密计划、科学有序地组织协调教师间的相互帮扶工作。如同学科教师间的师徒结对，异学科教师间的新老结对，班主任间的帮扶结对等。通过年级教师间的广泛结对，以便在教育教学上相互学习、相互研究、相互进步。

（3）组织教师间的相互评课活动。年级部要有计划、有安排地组织教师间的相互评课活动，通过听课后的评课教研，相互谈心交换意见，互相帮助、相互理解、相互信任和相互支持，进而达到相互提高，共同进步。

（4）开展年级教育教学专题研讨。年级部就教学方法、教学技巧、教学心得等，要积极开展有计划、有步骤、有实效的专题研讨教研活动，以便信息互通，成果共享。

2. 竭力构建年级内教师教育教学的协调性

（1）领导决策要求与教师执行操作之间的协调性。实践表明，学校领导决策统一布置后，年级部管理者首先应该组织相关教师弄清领导决策的意图，在认为正确的前提下，鼓励教师积极参与，结合自己的具体情况，尽量做得出色。在遇到有异议的情况下，鼓励大家畅所欲言，经过分析后将信息反馈给领导，对学校领导来说可能会从中获取管理决策的新思路，年级部主任的这种协调可以说是随时的、经常的。

（2）班主任工作与任课老师教学间的配合协调性。这一协调性不仅直接影响班集体建设、班级教学质量，还关系到班主任及任课教师个人能力的发挥，素养的提高。班主任和任课老师总的目标是一致的，但由于所担负的职责不同，个人修养、性格特征的不同，学科业务不同等诸因素的差异，往往容易导致工作中意见分歧，乃至产生矛盾。作为年级部的管理者，应把协调好班主任与科任老师的关系作为自己工作的职责。这种协调，可以借助年级部管理中的评价手段来协调，可以通过年级部开展活动来协调，也可以通过年级部树立典型来协调。

（3）班级学科间在教学实施执行过程中的协调性。这一协调是年级部协调教学工作的要点所在。由于国家招生制度对学科科目的规定要求，由于学生学习中的心理问题，由于各科任教师的风格水平不同，往往会引起一个年级各学科之间的教学不平衡，有的学科因为学生不易掌握其知识技能而进行大量的题海战术，有的学科因为学生的厌学而产生消极情绪，非高考中考科目往往靠边站，学生偏科现象普遍，严重地影响了素质教育的实施。年级部的协调可以通过学科占用时间分配、学科活动组织、评价机制制定等措施来协调学科平衡。

3. 尽力创建年级内教师教育教学的规范性

提高教育教学质量是年级部建设和管理的核心主题，开展正常有序的教学活动是提高教育教学质量的主要抓手，积极开展教学研究活动是提高教学质量的主要策略。为此，年级教育教学工作要特别重视其规范性的建设，尽力抓好以下"五定"。

（1）定组织，就是年级部各学科、异学科的教研活动一定要有组织和管理。它包括组织者、成员、考核，要有一定的实体，如备课组、德育组、信息组等。

（2）定时间，就是年级部要求组织开展的教研活动一定要有时间保证。确定的时间不得随意挪用、挤占，做到雷打不动，每组活动时间以每周一次为宜，每次活动以1小时左右为宜。活动过密有游离之嫌，时间过长有不专之嫌。

（3）定内容，就是每次的教研活动都要求组织者事先计划并确定好内容，力求做到目的明确、针对性强、实效性好。具体内容可以是集体备课讨论、听课后的交流、教育理论学习、学生情况分析等，也可以是观摩学习、课件制作交流、论文撰写指导等，也可以有演讲、沙龙等。

（4）定模式，年级的教育教学活动运作管理模式，可以是"计划—实施—评价—反馈"。该模式是既封闭的、常规的，又是开放的、创新的。

（5）定任务，年级部要以实施素质教育、面向全体学生和学生的全面发展为出发点，针对学校的发展和教学目标的需要来确定教育教学活动任务。

（六）积极开展年级部教育科研

教育科研是教育改革的先导。它是教育走以"科研带教研、教研促教改"的可持续发展之路，也是教师由"教书型"向"专家型"转轨的必由之路。教师参加教育研究是新时期教育特点的一种表现形式，教育时空的扩展使教师参与教育科学研究成为必然。因此开展教育科学研究活动，努力营造教育科研的氛围，是提高年级部教育教学水平的重要途径。年级部的教科研水平是衡量一个年级部综合实力的重要标尺。因此，加强年级建设和管理势必要在这个关键性的问题上下功夫。

基于年级部教师的工作对象是同一发展阶段的学生这一特点，形成以年级部内部教师为主体的教育科学研究，承担课题研究任务，就显得十分有利。年级部要根据学校的实际情况和自身条件，着眼于提高年级部老师的教育科研能力为出发点，制订教育科研计划，使教师在教育科研的实际中提高各方面的素质。传统经验型的教师凭借教学积累的技能经验来教学，现已不再适应现代化的教育；现代化的教育需要科研型的教师，而科研型的教师只有通过教育科研活动来培养。为此，年级部要大力提倡和组织教师学习和讨论教科研的作用意义，使教师增强科研意识，冲破教科研神秘论；使教师明确教育科研是教师法赋予教师的权利，是自己的本职工作。鼓励教师努力承担课题研究任务，由骨干教师牵头、其他教师参与的课题研究是提高教师教科研能力的基础。它能使教师素质得到快速提高，使青年教师得到快速成长，这已被诸多事实所证明。

三、科学规范年级管理各机制职能是增强年级建设实效性的核心

新课程的全面实施，对教师的团队意识与相互协作，提出了更高的要求。在一个教师团队中，只有激活团队中的每一个人，在团队目标协调一致的基础上团结合作，才能产生1+1>2的团队协同效应，才能提高教育教学质量，才能更好地促进每个教师的专业成长，才能更好地促进学生全面发展。那么，在新课改的背景下，如何加强年级部教师团队建设？怎样构建教师团队建设的有效模式？怎么提高年级整体效应、落实课改目标、促进学校的可持续发展？这一系列问题都是当前摆在我们教育工作者面前需要不断探索研究的课题。笔者认为：科学规范年级管理各个机制及其职能是增强年级建设实效性的核心。

（一）建立年级命运共同体，形成共同愿景

决策的正确执行就是一个分享观点的过程、意见达成的过程和责任分担的过程，只有思想认识统一了，才能使落实工作水到渠成。那么，如何做到集思广益达成思想认识的统一呢？理论与实践都充分说明，唯有建立命运共同体，形成共同愿景。因此，在年级建设实效性的探索中，首要的任务是做好以下几个方面的工作。

1.建立年级管理责任制

从我校同年级班级多、管理难度大的实际出发，在充分开展民意调查的基础上，

实施年级部管理责任制，科学确立年级部教育教学的具体目标，年级主任全面负责教育教学管理工作。发挥德育处、教务处、教研处、总务处等管理机构目标计划审核、工作指导督查和总结评估作用，加强监督指导，落实过程管理，降低管理重心，提高管理效率。

2. 确立年级管理目标制

围绕学校总体目标，根据年级实情和学生状况，经过年级部领导、教师和家长代表充分讨论和共同论证，集思广益，反复酝酿，形成年级部工作目标，成为全体教师和学生共同努力的方向。在年级目标的基础上，各班班主任、科任教师根据自己班级学生的实际状况与自身优势，合理、科学地确立自己所带班集体的班级目标和个人目标，经过年级部主任审核后，在年级内公示，起到相互促进、相互督促的作用；同时在年级家长会上，向家长宣传，取得支持，形成家校互动，符合教育一致性原则。

3. 制定年级部工作规范

制定年级主任职责，明确岗位要求，让年级主任享有本年级的人事权、管理权和经济权，全面负责本年级的教育教学管理。年级主任根据本年级实际，制定教师与班主任工作细则，形成年级教师例会制度与班级工作例会机制，不定期召开由全体科任教师参加的学情排摸会和教学质量分析会，有效提高班级整体的教育教学质量。

4. 实施各种凝聚力工程

强化目标管理，加强目标凝聚，任课教师和班主任围绕目标，分析目标达成度，加强沟通交流，注重和谐协作。利用周末休闲时间，组织年级活动，如教师沙龙、简易聚餐、联谊活动等，鼓励老师自我突破，让每个人都有成功愉悦的体验和感受，激发其工作热情的原动力。年级管理干部要适时关心每一位年级部成员的工作、生活、疾苦，让年级内每位教师感受年级"大家庭"的温暖，增强年级部的凝聚力和战斗力。

(二) 明确年级主任责权利，强化使命担当

强化责任担当是社会发展的需要，是党和国家事业发展的需要，也是每个人自身成长的需要。强化责任担当应遵循权责利原则，权与责是对等的，有多大的权力就要承担多大的责任；责与利也是一致的，担当了责任也能获得相应的物质利益和精神利益。根据权责利原则，可从以下三个层面来强化年级主任的责任担当。

1. 重视年级主任选聘与培养，着力提升管理能力

在民主集中制原则下，学校要十分重视和加强年级主任的选聘和培训工作。根据问题导向，有针对性地就年级工作计划的制订、教学常规检查的管理、年级学科课组活动的安排、年级班务工作的量化考评、年级教师团队的建设等内容，聘请省内外专家、名师和富有经验的年级主任来校开设讲座、进行培训和答疑解惑；学校领导也可以带领年级管理者参观考察一些全国知名学校，实地学习他们的有效管理方法和经验，进一步丰富年级管理者的智慧，提升管理者的能力。

2. 明确年级主任职责与权力，充分给予管理职权

年级主任应适度合理享有年级人事聘任权，年级教师管理权，年级绩效考核权，年级评优选先推荐权等。年级主任应根据学校工作计划，结合本年级工作和学生特点，制订和实施年级工作计划，指导年级青年教师做好班主任工作，开展年级整体教育教学常规管理，组织好年级教育活动、课外活动和各项竞赛等。年级主任还应享受一定的政治待遇、岗位津贴和学校突出贡献奖等。年级主任应接受学校组织的业绩考核，学校参考年级主任意见，决定是否调整年级教师工作。

3. 定期督导评价年级部工作，全力保障管理工作

学校定期召开年级部工作例会，广泛听取年级教师建议；召开不同层次部分学生座谈会，开展学生问卷调查，召开家长委员会会议，及时调查各学科和班主任的教育教学情况。听取学生对年级部管理的意见和建议，了解学生的需求。在此基础上，对年级目标达成度进行分析评价，加强会诊和指导，以便及时调整策略，采取有效措施；力求做到检查有反馈，反馈有调整，调整有成效。同时学校还要加强对年级主任履职、用权、尽责情况的检查与考核，对年级主任工作实行评定等级制。校长根据考核结果并参考年级主任聘任条件决定是否继续聘任该年级主任。

（三）推行年级组阁聘用制，实施双向选择

为深化学校内部管理体制改革，激活内部活力，引进竞争机制和激励机制，推行年级组阁聘用制，实施双向选择，以全面提高教育教学质量。

1. 推行年级组阁聘用制，由年级主任聘任教师

在学年结束前，及时公布各年级主任名单，向教师发放岗位意向表，由教师根据自己的意愿选择岗位意向和班主任工作意向。学校充分尊重教师的选择，并将教师的相关材料真实提供给年级主任。由年级主任根据年级岗位职数和年级教育教学目标，结合教师的教育教学能力、教师个性特点等，行使年级主任权力，择优聘用。在人员确定的过程中，学校各职能部门为年级主任排忧解难，做好年级主任与待聘用教师的沟通工作。聘任教师后，年级主任与教师签订工作合同，确定双方的权利与义务，明确教师的工作目标、工作量和具体工作要求。原则上教师在年级主任的领导下，应服从年级主任的工作安排，出现不同意见，双方协商解决。

2. 年级主任聘班主任，班主任再聘任科任教师

学校根据相关规定，确定各年级班额，提供学生背景资料，年级主任在德育处、教务处的指导下，根据年级学生的基础、性别等实际情况，合理分成若干个平行班，经过学校审核后，张榜公布。年级主任根据班主任职责，并充分考虑组内教师的教育能力，聘任班主任，并报学校审核，由学校统一进行公示。公示结束后，年级主任根据科任教师工作意向书中的意向，聘任班主任，并和被聘班主任签订工作责任书。班主任在组长的指导下，根据教师职责、教学能力和个性，在年级内聘任本班级的科任教师，如若碰到重复聘任，则由年级主任予以协调；不能聘到的教师，则由教务处统一协调。

（四）加强年级部团队建设，提升专业研修

加强年级教师团队建设，构建有效的年级教师团队建设模式，促进教师的专业成长，提高年级整体工作效应，落实课改目标，以促进学校的可持续发展。为此，应全力做好以下工作。

1. 年级部以学科为单位安排办公，建立年级学科教研备课组

以年级部为学校基本的行政管理机构，一定程度上削弱了教研组的功能，对学校教学工作产生一定的影响。为弥补这一缺陷，学校在整体安排年级教师办公室时，以年级内同一学科教师在同一办公室为原则，组建学科教研办公室，这样更加有利于教学研讨与资源共享。各年级同一学科都成立相应备课组，选出学科组长。按照学校年级学科组活动要求，以课堂教学为主阵地，以研究教材、研究学生、听课评课、学法指导、分层作业、有效练习等为载体，定期开展学科集体教研活动，激发教学智慧，共享成功经验，促进年级学科整体发展。

2. 年级部制订校本研修落实计划，定期开展年级部教研活动

年级部要按照新课程标准要求，制订校本研修制度落实计划，围绕教学重点、教学实施、教学反思、学生作业、错解题、学生学习、课堂教学等内容，加强学科组集体教研活动；做好考前复习、考后质量分析与查缺补漏的工作；建立错解题记录，开展两到三次错解题训练；组织学科内老师相互听课、评课；积极参与教育教学研究，每位教师每学年至少撰写一篇学科教学论文；认真开展公开课教学，年级各学科组每学期至少推出一节公开课。重点开展"同课异构"研修活动，在尝试课、会诊课和优质课研修过程中，组内教师相互取长补短，合作共享教育智慧，分享成功经验，不断增强教师团队意识，提升教师团队力量。

3. 年级部紧紧围绕学生发展状况，加强考试后的分析与评价

以月考为主要形式，进行阶段性质量监控，通过各学科每月一次的考试，及时批改试卷、统计考试成绩、汇总分析评价。要求年级部和每位教师都要认真梳理分析学生测试情况，要做到抽样分析和全样分析相结合，深入了解全体学生各知识点的掌握程度，共同分析年级部学生学习情况、教师的教学状况，形成年级部阶段性质量分析报告，及时召开年级部教师例会，进行考后质量分析评价通报。注重分析平行班级学生的学习现状，各学科发展是否均衡，针对班级存在的问题，为任课教师提出建设性教学建议，充分地协调平衡各学科，做好补漏工作，促进学生全面发展和班级的科学发展。

（五）实施捆绑式评价机制，提高管理效能

"消除内战"是形成合力的关键。学校应该创设防止内耗的环境，营造上下同心的氛围，使所有教师都置身于这种环境和氛围之中。为此，我们将推行实施"捆绑式"评价机制。

1. 实施捆绑式班级管理机制，提升班级管理效能

以各班班主任为中心，指定分派三位任课教师，共同管理所在班级。班级治理的好坏不再是班主任一人的事情，每位划分到班的教师都有责任协助班主任管好班级，逐步建立"捆绑式"班级管理评价模式。治理的内容不仅仅是智育方面的，还涉及德育、体育、美育以及班级文化的开发与巩固。这种管理模式一方面减轻了班主任繁重的工作量，另一方面集思广益，通力合作，提高班级管理的效率，增强同一班级各科教师间的凝聚力。这一机制的实施，有利于增强任课教师的责任心，不仅教书更要育人，这样班主任作为班级管理的总舵手就可以多渠道、全方位地接收反馈信息，从而更及时准确地解决班级中所存在的问题。树立"一荣俱荣""一耻皆耻"意识，充分利用绩效团队工资，来激励各班教师团队，提升班级管理效能。

2. 实施捆绑式学科评价机制，提升年级学科教研

在学校的组织机构中，年级学科组是一个由相同学科教师组成，以研究、探讨、解决教育教学过程中产生的实际问题为主要任务的基层教学教研组织，它通常以活动为载体，促进教师教学能力的提高和专业素养的增强。近几年来，我校在构建"协作、多元、负责"的年级学科组建设的实践与探索中，关注到了以往年级学科组建设中的不足，在年级学科组团队的评价方面推行了以"捆绑式评价"代替以往单一教师个体评价，加大了年级学科组团队整体评价的力度，从而有效促进了教师在教研活动中的主体意识的形成，提高了年级学科组教研活动的实效性。所谓"捆绑式"评价，即以年级学科组为评价对象，把团队中个体的成绩与不足，纳入团队的考评项目之中，最终以团队的考评结果来反映教师个体的考评成绩的评价。"捆绑式"评价最基本的特点是以团队的评价结果来评定团队内所有个体成员的工作实绩，它是以团队内成员间的协调活动与发展为基础的，有利于促进教师群体合作意识的形成和发展，有利于形成良好的教育教学研究氛围，有利于教师的专业成长与发展。

3. 实施捆绑式年级奖励机制，提高年级管理水平

学校极力开展以年级为重点的集体评价奖励机制，建立评选先进年级部、优秀年级学科组、先进班集体、文明处室、先进党支部等的制度与办法，明确先进优秀标准与评选条件，加强工作检查和民主测评，做到评选公正、公开、公平，在此基础上，主要依据年级部氛围、学科成绩、教育科研、竞赛获奖、常规管理、参加校际活动等综合指标，评出优秀年级部，开展捆绑式考核和奖励，并作为推荐市、区先进集体的必要条件，以此不断增强教职工的集体荣誉感和团队意识。

4. 实施优胜劣汰的评定机制，促进年级整体发展

学校成立综合评定考核小组，在实施年级部集体评价的基础上，从教师师德、教学成绩、班主任工作业绩、个人发展规划完成情况等方面，进行教师的综合评定。考核要简单，导向要清晰，只有标准基线，综合评定要立足于绩效，用数据说话，要把综合评定工作融入日常绩效管理工作体系中，以形成一体化的工作模式，而不是独立开展的工作。根据综合评定结果，由校聘任委员会实施优胜劣汰机制，或调离原来年级部；或工作量减半；或调离教师岗位，从事后勤工作。使所有员工都有压力，还要把压力变为动力。

第四节　对年级建设实效性的践行感悟

　　随着教育改革的不断深入，普通中学的办学规模越来越大。一些重点高中，学生成倍增加，教师大量涌进，学校管理与教育质量提升已是摆在教育者面前的现实难题。为了适应这一发展需要、破解这一难题、提高管理实效，实施"切片分块"的年级部管理，就应运而生了。可以说，实施年级部管理是大势所趋，势在必行；是时代赋予的重任，是历史发展的必然。为了更好地开展年级管理，进一步提升年级管理的实效性，现就我校实行的年级管理工作做一总结反思。

一、年级建设实效性的践行成效显著

　　经校委会多次研讨后决定，我校于2013年秋季开学开始在全校实行年级责任管理制，将传统的"金字塔式"纵向层级管理体系压缩为"块状式"横向扁平化管理体系，通过年级部管理，把校分解为"级"，把年级分解为班，把班分化为组，构建学生自我管理体系，最后达到让学生"自我管理""自主学习"的教育目的。通过多年来的探索实践，目前我校的年级管理和课改工作有条不紊地扎实推进，全校教职工思想统一，锐意进取，形成了良好氛围，取得了一定的成效。

（一）优化了教育管理系统，夯实了学校管理基础

　　我校在全面总结、深刻反思的基础上，构建了以年级管理为中心的"学校统一指导，处室服务协调，年级直接管理"的教育教学管理模式。我们把管理重点下放到年级，强化年级的管理职能，夯实了管理基础，简化了管理层次，减少了管理幅度，形成了以教学为中心，后勤围着教学干、处室围着年级转的良好局面，增强了工作向心力、凝聚力，形成了较强的教育合力。

　　我们把学校层面的管理定位在发展规划、队伍建设、课程开发、环境创建、理念和思路的引领上，重点是出思想、明思路、指方向、做保障；把处室层面的管理定位在指导、服务、协调和督查落实上，依据处室工作目标与任务，为各年级的教育教学工作提供科学、合理的指导意见，支持和帮助年级部、学科组有效开展工作，重点是出点子、给思路、拿措施、促落实。

　　与此同时，我们认为，年级部是学校教育教学管理的核心组织，其主要职责是在

校长领导下，根据学校总体安排，全面规划、协调、组织、实施年级教育教学工作，重点抓学生管理、教学措施落实和质量提升；年级学科组是组织教师实施教学、教研、落实教学常规的基本组织和管理单位，其主要职责是规划年级学科各阶段教学，引领、组织、协调教师按规划和要求落实教学常规，组织开展集体备课和校本研修活动，探索有效教学、高效课堂思路，引领教师的专业成长；班级教学组是教育合力的聚合点，班主任是教学组的组织者和协调者，其主要职责是组织本班任课教师通过学科间的教师交流、沟通，师生之间的协调与信息反馈，建立教师之间、师生之间的信息桥梁，形成教学相长的合力。

（二）搭建了校本研究平台，营造了教研生态环境

校本研究是有效管理的重要载体，反映的是学校、年级部的管理追求、管理特征和管理水平。年级校本研究的主要内容是学校年级文化建设、年级制度建设、年级课程发展、年级学生发展、年级教师发展等学校年级内涵发展的问题。为此，我们在构建科学的年级校本研究引领机制上做了重点改革，以引领学校、年级全体教职工在实践、探究和思考的状态下创新工作思路，达成状态佳、思路新、过程优、落得实、效果好的工作目标。

1. 强化科学指导

从学校整体内涵发展的高度，科学指导各年级部做好校本研究的规划与方案，科学运用校本研究平台，用反思与预设激发教师的智慧和灵感，用体验与感悟开发教师的潜能与特质，使管理成为引领、探索和实践校本教研的综合发展过程。

2. 建立有效制度

建立有效的年级部教师岗位成长的"培养、培训、管理"一体化有效运行机制和研修制度，用机制引领校本研究成为工作常态和研修习惯，用制度规范各个工作层面或环节的校本研究过程，有效推动学校各项教研工作的创造性落实。

3. 完善评价机制

建立完善科学的年级评价激励机制。用科学的评价激励各项工作从被动的执行转变为主动的进取行为，使其在不断实践与体验、反思与唤醒的过程中生成创新意识和行动能力。

4. 实行成果推广

建立年级校本研究问题征集、梳理和成果推广办法。激励广大教师在实践中发现、梳理和分析问题，思考解决问题的最佳方法与落实措施。让经验得到推广，使问题成为研究与实践的动力。

（三）体现了以生为本理念，生成了共同发展合力

在教育教学管理实践中，我们坚持以"学生的全面发展、健康成长"为根本目标，引领教师不断深化对"为学生终身发展、终身学习、终身幸福奠基服务"的发展性、高效性和生命性教学观的理解，强化了"四个意识"，采取了"两项措施"。

1. 强化四个意识

（1）强化"首要责任"意识。就是要求教师对自己教的学生和学科应负首要责任，要求在教育教学工作中始终做到：不松劲，不推诿，不放弃。

（2）强化"岗位责任"意识。就是我的岗位我负责，全面肩负"我教、我管、我负责"的工作责任。全力以赴做到：既教书，又育人，为每个学生的全面发展和成长负责。

（3）强化"职业责任"意识。就是要激发教师"学生的未来是我们的动力，学生的进步是我们的责任，学生的智慧是我们的企盼"的职业责任感；树立教师"关爱、示范、认真、坚持、创新"的职业精神；推崇教师为学生的个性、全面和健康的发展"百分之百"的真情关怀。

（4）强化"担当责任"意识。就是要增强教师对学生教育的责任心、事业心和紧迫感，树立"拖不起，耗不起，不可逆"的行动意识和发展意识。促进教师保持继续发展的动力和活力。

2. 采取两项措施

（1）引领高效教学。引领教师逐步把新课程理念内化为教学规范，自觉探索构建高效教学模式。课堂教学力求达到基本内容自求化、要点内容问题化、重点内容习题化、难点内容层次化，体现出以教师为主导、学生为主体、训练为主线、发展为根本的宗旨。

（2）科学规划作业。作业设计以高效练习为原则，体现层次性，克服盲目性，瞄准探究性、实效性、生成性和发展性目标。依据教学内容要达成的目标，结合学情实际，针对教学重点和要点，精心选编有梯度、分层次的练习题，指导不同发展水平的学生合理选做。

二、年级建设实效性的践行问题分析

近年来，随着高中学校规模的不断扩大和高中教育的不断发展，各学校在年级建设方面不同程度地出现了一些新情况和新问题。年级建设不仅是学校管理方面的一项基本建设和自我管理的塑造的重要内容，同时也是一所学校办学思想、教育质量和管理水平的综合体现，更是一项复杂的系统工程。按理说，实施扁平化年级部管理应该效益很高，但从实施的现状来看，并不十分理想。下面就从年级和学校两个层面做一分析梳理。

(一) 年级建设实效性的践行在年级层面的问题

1. 年级领导缺乏管理理念

因为大多数年级部领导，虽然说是由中层干部牵头，但主要还是由教研组长和备课组长中较为优秀者组成。相对来说，他们缺少应有的管理理论，缺乏必要的管理经验，更缺少先进的管理理念。而没有先进的管理理念，就难以有先进的管理方法，难以有领先的管理措施。当然，也就不会出现先进的管理，产生很高的效益。

2. 年级领导缺少领导气质

大多数年级部领导，自认为自己是老师，不是领导。虽说参与年级部管理，但往往是理不直，气不壮；常常是底气不足，缺少魄力；束手束脚，放不开手脚；畏首畏尾，前怕狼后怕虎；得过且过，做一天和尚撞一天钟；混同于百姓，有时连普通教师也不如。

3. 年级领导缺乏全局观念

许多年级部领导视野狭窄，目光短浅；没有领导风度，缺乏领导度量。他们大多没有全局一盘棋的思想，心中只有他们自己。在考虑问题时，往往不从全校着想，不从全年级着眼；往往只考虑个人得失，只关心切身利益。因而，常常导致决策失误，工作被动，酿成全局失败。

4. 年级领导缺少管理能力

虽说管理的关键在教师，但不少年级部领导对教师的管理几乎是空白，缺少应有的约束，没有必要的抓手方法。虽然教学的核心在课堂，但是许多年级部领导又对课堂的教学几乎不问，满足于有人上课就行。他们很少深入到课堂听课，进行深入的课堂教学研究和指导。如果没有深入的课堂教学研究，那么教学管理是注定要失败的。

(二) 年级建设实效性的践行在学校层面的问题

1. 思想松懈

校级有些领导认为，建立了年级部，什么问题都该放手，什么事情都该不管；似乎与领导脱离了关系，与学校解除了联系。于是乎，觉得该轻松、应调整了，就再不去深思哪些事情该管，哪些问题该抓。因而，该指导的没指导，该督查的没督查。到头来，只能是问题多多，挫折不断。

2. 管理疏漏

不少学校一味放任自流，疏于对年级部的管理。既没有具体的管理体制，也没有具体的管理办法；校级领导几乎是尸位素餐，形同虚设。比如说，如何培养年级部干部，没有具体打算；如何对年级部进行指导，没有具体意见；如何对年级部进行督查，没有具体方案；如何对年级部进行考核，没有具体措施；如何对年级部进行奖励，没有具体办法。

3. 工作肤浅

不少校级领导整天坐在办公室内，不了解下情。具体地说，不深入到教育一线，研究教育中的新动向；不深入到课堂里去，调查教学中的新问题。进而使自己成了教育上的聋人，教学上的盲人。满足于打打电话，习惯于开会讲讲；似乎打打电话就解决问题，开会讲讲就改变一切。

4.责任不明

年级部管理得不好，固然年级部要负责任，但学校领导要负什么责任，似乎不很明确。似乎建立了年级部，校级领导反倒无事可干，没有什么责任了。我觉得，应当让校级领导去分管年级部，加强责任管理。要明确分管领导要负什么责任，年级部领导要负什么责任。从而，责任到人，形成一种责任机制。

三、年级建设实效性的践行过程反思

通过对多年来年级管理实效性的探索反思，笔者认为：要搞好年级建设，只有建立起一种促进良好教风与学风持续发展的长效机制，营造出一个良好的教与学氛围，充分调动师生教与学的积极性和主动性，从根本上激发师生教与学的内驱力，才能解决好年级建设的根本问题。

(一) 加强德育教育、培养良好学风是年级建设的基础

加强德育教育，是年级建设的先导，也是首要目标。为此，我们要以理想信念教育为核心，深入进行世界观、人生观和价值观教育，使学生树立科学的学习观，进而提高学生的思想觉悟，增强学生的责任意识和使命感，使他们能真正认识到自己肩负的历史使命，增强学习的内驱力。

加强学风教育，是年级建设的基础，也是根本目标。学风建设是学校发展的核心内容，更是学校的立校之基，发展之本。学风建设的主要载体有管理载体、文化载体、活动载体和传媒载体四类。其中管理载体，是指用于规范、约束和协调教育主客体行为的规章制度，管理载体实现着教育与自我教育的有机统一，是学风建设的根本保证。文化载体，是指校园文化，它主要起改善和营造优良的学习氛围。活动载体，是指承载学风建设主题所开展的教育活动，它是学风建设的主要阵地，主要培养学生的实践能力。传媒载体，主要包括传统媒体与广泛使用的新媒体平台。它是教师与学生信息交流的重要平台，正确选择和运用传媒载体，对学风建设有着重要影响。总之，学分建设的载体逐渐走向多元化，随着信息技术的迅速发展，使得新传媒载体不断开创学风建设的新阵地。许多新型的载体对学风建设产生了很大的影响。为了进一步优化学校年级学风建设，需要我们对文化载体、管理载体、活动载体及传媒载体进行正确的选择和运用，全力创建和培育良好学习氛围和学习风气。

(二) 强化师德教育、树立良好教风是年级建设的关键

百年大计，教育为本；教育大计，教师为本；师德师风，为师之本。因此，在年级建设中，我们要大力倡导和弘扬师德师风教育，树立良好年级教风。

1.树立良好的师德教风，这是广大教师成为学生健康成长的引路人的需要

这就要求教师工作必须坚持"四个统一"，即：教书和育人相统一，言传和身教相统一，潜心问道和关注社会相统一，学术自由和学术规范相统一。注重对学生世界观、人生观和价值观的塑造培养，带头弘扬社会主义道德和中华传统美德。自觉坚守精神家园、坚守人格底线，以自己的模范行为影响和带动学生，做学生锤炼品格、学习知识、创新思维、奉献祖国的引路人。

2. 树立良好的师德教风，这是广大教师职业标准和高质量人才培养的需求

育人者必先育己，身不修则德不立。教师的职业道德水平决定着人才培养质量，因此，广大教师应全面提升自己的道德水平和政治素养，以德立身立学和施教育人，大力培育高尚师德，树立良好教风，营造风清气正的美好育人环境。

3. 树立良好的师德教风，这是新时代对教师队伍建设提出的最基本的要求

学为人师，行为世范。教师的思想政治素质和道德修养水平直接影响人才培养的质量，在优秀教师的摇篮里，知识与道德伴飞，人格随道德升华。因此，广大教师必须牢固树立"四个自信"，遵循教育教学规律，按照学生成长规律，旗帜鲜明地立足于培养新时代中国特色社会主义事业的建设者和接班人的需要，共同打造守正奉献的师德教风，在以德立身中提升自我修养，在以德施教中潜心育人。为培育社会主义事业建设者和接班人、实现中华民族伟大复兴的中国梦贡献力量。

（三）严格管理措施、培养良好级风是年级建设的核心

从目前学校年级学风中存在的诸多问题来看，除了学生思想不明确、认识不到位之外，还有缺乏管理的因素。因而在加强年级级风建设中，加强管理、严明纪律是不可缺少的一项有力措施。

1. 以优良组风带动优良学风

随着新课改选课走班制和学分制的实行，使学生班级管理弱化，出现了同学不同班、同班不同学的现象。按以往那样以班为单元的管理模式有些力不从心。为此，必须重新寻找工作依托，细化管理单元，以学习小组为管理单元，以学习小组学风建设为突破口辐射整个班级和年级。制订详细的"学习小组学风建设实施方案"和"学习小组学习效果考核体系"；与学习小组文明活动建设相结合，开展"学习标兵小组"评比活动；以学习小组整体风貌为评比重点，增强学习小组成员的责任感，促进成员间的合作交流，共同进步，进而形成"比、学、赶、帮、超"学习风气和"组风正、学风盛"的良好氛围。

2. 建立完整的激励导向机制

在年级学风、班风建设中，建立完善的奖惩制度，以此来激励学生浓厚的学习兴趣。在奖惩制度的建立中，认真贯彻"公平、公正、公开"的原则，充分发挥三好学生、优秀学生干部、奖学金、助学金的评选评定对学风建设的促进作用，通过不断改革评选、评定、奖励和表彰的办法方式，加大评优工作的宣传力度，激励更多的学生努力学习、全面发展，以学业成绩的提高、全面素质的拓展来体现学风、班风建设的成果。

3. 建立严格的纪律约束机制

班风、学风建设长效机制的建立，必须依靠严格的管理、依法治校。通过实施严格的纪律制度，约束学生在纪律上的自由散漫。对各类违章违纪的学生要进行批评教育，直至纪律处分。如考试舞弊问题，仅靠教育和引导往往很难奏效，必须伴有严厉的纪律处分。

（四）强化组织队伍、提升管理效能是年级建设的保障

加强年级建设，必须建立一支专兼结合、相对稳定的、高素质的管理团队，包括年级管理领导、班主任、学科组长。实行副校长联系蹲点下的年级主任负责制、年级主任领导下的学科组长责任制和班主任聘任制，为加强年级建设提供组织保障。

1. 实行副校长联系蹲点下的年级主任负责制

该制度的建立推行，将对学校的管理、改革与发展起到很重要的作用。其主要价值功能有以下几个方面：第一，教师的管理范围相对变小而缩减至年级部，这有利于对教师进行针对性管理；第二，年级主任负责制有利于增强年级组的凝聚力，有助于教师建立对组织的归属感；第三，使年级主任的管理能力得到很大的发挥，逐渐独当一面，成为学校管理及改革的中坚力量；第四，年级主任能很好地把握年级学生的特点，有针对性地对年级学生加强管理和教育。

2. 推行在年级主任领导下的学科组长责任制

这是学校实施年级部办公与管理模式的必然产物。以往的教研组已形同虚设，在时空上教研活动不能得到有效保证，而年级学科组建设是年级部建设与教研组建设的最佳结合点，是学校教学管理、实现教学目标、促进教师专业发展的有效抓手。年级学科组是学校教育教学和教科研工作的最基层组织，是学校开展集体备课，校本研修的基本团队，是年级学科教学、教研等工作的核心。年级学科组长是年级本学科教学、教研、教改、教务与教师专业成长等工作的具体组织者、实施者和责任人。年级学科组长在年级部的直接领导下，结合本学科组的特点，从具体的工作入手，充分发挥年级学科组成员的优势，重视具体问题的研究与工件的落实，努力开展好年级学科组的以下各项工作。一是统筹安排、组织实施本年级学科组的教学教研活动；二是负责本年级学科组青年教师的培养，努力提高学科组教师的教育教学能力和水平；三是提高本学科的教学质量；四是积累年级本学科的教学经验，形成教学特色。

3. 采用学校统管下年级与班主任双向选聘制

在学校教育中，班级是最能体现学校特征的组织形式，是学校管理中的最基础单元，班级是否稳定，能否形成团结友爱、积极向上的班级氛围，直接影响着学校良好校风的形成，影响素质教育的开展，而作为班级的管理者——班主任，对良好班风的形成有着最直接、最重要的作用。为此，我们要始终把建立一支作风正派，为人师

表，管理有方，肯于奉献，精明强干的班主任队伍放在极其重要的位置，常抓不懈。如此标准的班主任，不是学校每一位教师都能达到的，所以我们实行了双向选聘制度。每学年结束时，我们召开大会公布选聘班主任的要求，由应聘者自己填表，陈述自己应聘所具备的条件和工作打算，学校教务处将协调年级部做好选聘工作，要公正负责地选聘那些既热爱事业又有能力干好工作的同志做班主任，聘期不定，根据表现随时调整。在实行班主任聘任制的基础上，不断加大对班主任的培训力度，以提高班主任的素质；同时，建立激励机制，充分调动班主任工作的积极性。

（五）丰富文化活动、提高管理水平是年级建设的载体

校园文化具有重要的育人功能，校园文化建设对学风、教风和校风建设具有重要的推动作用。要在校园、教室、宿舍和其他公共场所，开展融思想性、教育性、知识性和趣味性于一体的丰富多彩的校园文化活动，以科学的理论武装学生，以正确的舆论引导学生，以高尚的情操塑造学生，以优秀的作品引导学生。那么，年级建设中如何做到这些呢？

1. 用心搭建年级文化建设的平台——物质文化

苏霍姆林斯基说过，在学校要"让墙壁会说话"。其实，这"墙壁"所代表的，正是学校文化建设中的硬件设施或环境建设。年级物质文化是年级文化建设的"硬件"，它主要包括年级组办公室和本年级班级教室环境建设。

（1）精心营造温馨和谐的年级组办公环境。温馨和谐的年级组办公环境如同教师的第二个家，教师在整洁、舒适的环境办公，心情会放松，工作效率也一定能随之提高。

（2）全力构建富有特色的各班级学习环境。年级楼道的墙壁可以粉刷有本年级特色的画、标语。班级物质文化具体包括五个方面：①在教室门口悬挂班级展示牌，通过这个展示的窗口宣传班级格言、班主任寄语、全班集体照、班旗和本班特色。②搞好班级环境卫生，要求窗明几净，地上无纸屑，卫生工具摆放在卫生柜，为班上创造一个整洁的学习环境。③在教室四周墙壁张贴学生字画、照片及个性化的园地专栏，营造出清新雅致的文化氛围。④每班设书柜，定时更换图书。同时设计图文并茂的板报，增添班级的人文氛围，起到陶冶性情、激发美感的作用。⑤充分利用阳台、窗台等地设立生物角，让教室充满生机活力。

2. 着力稳抓年级文化建设的关键——制度文化

"没有规矩，不成方圆"，制度文化建设实际上包括制度建设、组织机构建设和队伍建设三个方面，其中组织机构的健全和完善，文化队伍的勤奋与能干，对正常开展年级文化活动，加强年级文化建设，具有决定性的作用。

（1）抓好年级制度文化建设。年级组管理的内容包括本年级的教师管理、学生管理、教育教学管理以及安全、法制、资产等诸多方面。教师管理包括师德建设、考勤考绩、青年教师培养、年级教师交流学习等，学生管理包括日常行为规范、品德行为养成、安全法制教育、五项达标评比等；教育教学管理包括班主任管理、班集体建设、教学常规、教科研活动、年级家委会等。此外，在校纪校规的基础上，进一步制定各年级组的例会制度、清洁卫生制度、奖惩制度、财产管理制度、安全防范制度。应该说，作为学校最基层的管理单元，既有常规性、日常性的工作要求，又有阶段性、过程性的工作任务。

（2）抓实班级制度文化建设。以规章制度、公约、纪律等为内容的班级制度文化是班级文化建设的关键，具体措施如下：①展望班级愿景，议定班规。建班初期，各班根据年级组班主任培训会上提供的班级管理模式，结合实际商定独具特色的班名、班风、班训、班歌、班级蓝图及班规。班规应细到考勤、学风、纪律、卫生和奖惩措施等。班主任可以按班规每周在《家校联系本》上记录评分并于周五发放给家长。同时还可通过评比，促进学生良好行为习惯的养成。②规范学习习惯。班主任可设计每日记事本，人手一本，规范记录每科作业及注意事项，让家长每日签字，共同培养学生良好的学习习惯。③班级管理民主化。制定班干部管理条约，明确职责分工，让班干部参与宣誓仪式，增强责任感。同时为使每个学生都有参与班级管理的机会，可以实施值日班长、值周班委等，使班级成员人人有事做。

3. 全力打造年级文化建设的核心——精神文化

精神文化是校园文化建设的核心内容，也是校园文化的最高层次。它主要包括校园历史传统和被全体师生员工认同的共同文化观念、价值观念、生活观念等意识形态，是一个学校本质、个性、精神面貌的集中反映。校园精神文化又被称为"学校精神"，并具体体现在"一训三风"（即校训、校风、教风、学风）和学校人际关系上。因此，年级精神文化建设应以学校精神文化建设为遵旨，全力做好以下年级工作。

（1）年级级风建设。年级风气建设实际上就是年级精神风貌的塑造，年级风气作为构成年级教育环境的独特的因素，体现着一个年级的精神风貌。

（2）年级教风建设。年级教风是年级教师在长期教育实践活动中形成的教育教学的特点、作风和风格，是教师道德品质、文化知识水平、教育理论、教学技能等素质的综合表现。

（3）年级学风建设。年级学风是指学生集体在学习过程中表现出来的治学态度和方法，是学生在长期学习过程中形成的学习习惯、生活习惯、卫生习惯、行为习惯等方面的表现。

（4）年级人际建设。年级人际关系包括年级部领导之间的关系、年级部领导与年级教职工之间的关系、年级教师之间的关系、年级教师与学生之间的关系、年级学生与学生之间的关系。

四、年级建设实效性的践行感悟建议

年级建设实效性的管理模式的广泛应用，具有十分重要的现实意义和历史价值，但在实施过程中难免会出现一些问题。面对出现的问题，我们应当以积极的态度，进行深入的研究，力图完善它的理论，健全它的体制，采取切实可行的措施，解决存在的问题，使年级部管理越来越好，效益越来越高。为此，笔者就实践中需要注意的事项根据自己的感悟而提出一些建议。

（一）学校领导科学谋划，全力促进年级管理能力的提升

要想获得教育教学的成功，不断提升学校办学质量，就必须构建科学的学校管理系统，搭建承载引领功能的年级高效管理模式，营造良好的年级管理生态环境，强化年级部管理的职能，提升年级部管理的效能。

1. 为年级部精心培养、挑选、配备干部

要想搞好年级部管理，就必须有一支精干的干部队伍。学校的年级管理者是学校的主要管理层，需要思想端正、业务过硬、吃苦耐劳、责任心强、组织协调能力好的骨干教师承担。因此，学校领导，特别是一把手校长，要能做到以下三点。

（1）慧眼识才——选对人。校长在选择年级干部时，要让那些教学业绩突出、工作能力强、有事业心、有良好群众基础的中层干部或骨干教师来担任，通过他们的示范引领，带动年级教师。

（2）知人善任——用对人。校长要坚持拓宽视野，善于发现，练就知事识人之"慧眼"，坚持事业为上，人岗相适，厚植敢用真用之魄力，做到任人唯贤，用人之长，合理安排工作。

（3）倾力培养——教会人。首先是培养奉献意识，教会干部心甘情愿、毫无怨言地工作；其次是培养责任意识，教会干部能以强烈的事业心和高度的责任心工作；再次是培养自律意识，教会干部在教育教学中能以身作则，率先垂范。

2. 为年级部诚心授权、给钱、解决困难

学校首先要能给年级部一定的人事权，如在教师工作的安排上，能真正实行年级部主任聘任制；其次是要能给年级部一定的财权，也就是要给年级部一定的资金，作为奖励基金用于奖励优秀的、进步快的班级、学生和教师；再次是要能为年级解决实际困难，也就是要让校级领导蹲点分管年级部，加强对年级部的协调指导工作。

3. 为年级部精心建章、立制、量化考评

学校要让年级部顺利开展教育教学工作，必须科学制定对年级部的管理考核办法。要明确年级部应达到的目标要求。对年级部领导的考核，应以整个年级的成绩来考核，要让他们与整个年级荣辱与共，成败相依。

（二）职能部门准确定位，充分发挥好其应有的指导作用

在年级部管理模式的实施中，很容易弱化处室职能，并与其产生一些具体矛盾，导致处室某些职能没有充分发挥，造成了工作上的一些"缺位"。为了解决这一突出问题，有些学校在实施年级部管理模式时，对原有的职能部门做了大规模的调整，把教务、政教、教研室合并为教导处，把校长办公室的师资引进职能与教科室的师资培训合并为师资管理处，校办、总务处继续保留。笔者认为这一改革很有借鉴意义，但各学校要因地制宜务必结合本校实际，不能操之过急。

为此，我们学校未改变现有职能部门，但要求职能部门必须积极主动地寻找自己的位置，在准确定位的基础上，充分发挥好应有的协调指导作用。例如德育处可以在学生管理的层面，在德育教育方面和特色育人方面多做文章，宏观指导多一些，对外交流多一些。教务处可以在新课程改革的教学组织上多思考，信息收集方面多关注。不要抱怨因年级部作用的强化而削弱了处室的职能，只要我们抱着有作为的积极态度去工作，一扇门关闭，那么一定会有另一扇窗打开。

（三）管理干部认真施策，全面协调好年级与处室的关系

从某种程度上说，和谐的人际关系和积极向上的工作态度是协调年级部与职能部门关系的重要基础。因此，在工作协调上就需要我们每一位管理者必须要有认真的态度和宽广的胸怀。同时，还应不断地深入研究、开拓创新，积极主动地采取有效措施做好以下工作。

1. 学校应梳理并清晰地界定年级部与处室的职能权力

学校相对清晰地划分出各自职权是工作规范化的重要标志，也是协调好年级部与处室间关系的有效举措。为此，校领导应梳理学校质量再造流程，清晰界定年级部与各功能处室的职能和权力，明确制定部门内每个岗位的岗位职责及工作任务。

（1）年级部的主要职能和权力。①主要职能。年级部主要负责德育教育、班级管理、文化建设、学风塑造、养成教育、教师发展、人生规划、成绩分析、安全教育、年级家长委员会、年级部财产管理等。同时，还要落实各处室安排布置的各项工作，完成各项教育教学目标任务。

②主要权力。一是人权，年级部有权根据学校总体人事安排聘用本年级的班主任和科任教师，有权推荐评优选先人选；二是财权，每学期学校可根据年级组考核的情况，赋予年级部一定的经费使用权和资金分配权，以用于年级建设；三是考核权，年级部根据学校的考核标准和评比条件等，对教师个人及班级的管理工作进行考核，考核结果与评优选先、评职晋级、奖金分配挂钩。

（2）各处室的主要职能和权力。①主要职能。各处室主要负责期中、期末考试，运动会，科技节，社团活动，师德师风，跨学科、跨级部教研，学校家长委员会等大型活动的安排部署。

第二章　年级建设——如何才能更实效？

② 主要权力。一是指导权，为实现年级部的自主管理，各处室要当好年级部的参谋，指导年级部制订本年级的工作计划，深入年级部、教师、学生中了解情况，及时向年级部提供建设性的意见和建议。二是监督权，各处室作为学校的管理层，对年级部的工作过程要加强职能监控与管理；应积极深入年级，督促年级各项工作的落实。三是评价权，为了加强年级部管理工作的规范化、制度化、科学化，各处室平常要加强对年级部工作的跟踪检测与评价，及时向校长和年级主任反馈，以有利于校长决策和年级组及时调整工作。四是保障权，各处室应完成由"行政管理"型到"管理服务"型职能的转变，加强服务意识，为年级部保驾护航，努力提高办学效率。

2. 在协调年级部与处室关系时需要遵循的原则和流程

（1）要遵循的原则。一是效率优先原则。坚持目标的多元化理论，以效率优先作为工作的指导思想，无论是何种管理模式，以有利于提高办学效率为根本出发点，为可持续发展，形成长效管理机制；二是主任负责制原则。加强自主管理，最大限度地调动年级部与各职能处室的积极性，使年级部既不成摆设，各处室也不被架空，双方工作形成互补关系，形成最大合力；三是权力制衡原则。要坚持权力制约与平衡原则，寻找分权与集权的最佳结合点。

（2）要遵循的流程。就是针对每一项具体任务的实施，应明确具体要流经的岗位以及每一个岗位在相应流程中的具体行动。一是先将现行的"校长—中层—年级部"三级组织框架，调整为"校长—各处室+级部"的两级组织框架。二是注重职能处室"统"的指导作用。教务处工作程序为：教务处—年级学科组长—教师，德育处工作程序为：德育处—班主任—学生。三是再注重年级部"分"的执行作用，年级部教学工作程序为：年级部—学科组长—教师，年级部学生工作程序为：年级部—班主任—学生。在此架构中，需发挥年级部主任的双重角色功能，使之成为各处室与年级之间上传下达的沟通纽带。

（四）主要领导科学用人，努力加强对年级人财物的监管

年级管理，是学校多层面的综合的前沿横向管理，它是以制度管理为基础、人本管理为辅助、目标管理为主线的创新性系统管理。一个年级部就像一个学校的分校，学校方方面面的工作都要体现到。从管理学的角度看，使管理系统结构整体得到优化，系统内部要素之间相互沟通、相互作用、相互制约，使学校管理系统的整体得到充分发挥，校长的科学谋划、精心施策和严格领导是必不可少的。因此，校长在对年级工作人财物的监管上必须做好以下三个方面的工作。

1. 正确设岗，科学用人

这是加强对年级工作人财物监管的核心关键。一般来说，年级部领导机构可以这样设置：校长决策一名副校长联系分管某一个年级，配备一名骨干中层干部任年级主任，再安排两名科室主任，分管德育和教学。年级部实行年级主任负责制，做到上对校长负责，下对年级师生负责。

2. 完善考核，加强监督

这里的考核与监督既针对年级部，又针对各处室。年级部与处室实行主任负责制，每学期初，学校将教育教学考核目标与要求分解到年级部与各处室，年级主任、处室主任分别与校长签订目标责任书。学校的考核评估领导小组，在每学期期末时要对年级与处室进行终极考核，并根据考核结果予以奖惩。将考核结果与个人考核等级挂钩，并记入个人档案，作为晋级、任免的重要依据。为了有效促进年级部与各处室双方平常工作的协调性，在考核时加大对对方考评意见的权重，同时将各处室对年级部履行指导、监督、评价、服务四种职能的情况，以及年级部对各处室布置工作的落实情况作为重要考核依据，使他们之间相互制约、相互促进。

3. 注重研究，提高能力

这是加强对年级工作人财物监管的有效策略。年级部管理模式目前在全国各地各学校教育中的优势逐步显现，但是对其监管则应该是校长室工作的新内容。一种权力一旦处于失控状态，其优势可能就会逐步丧失。于是，年级部管理模式的有效监管作为一种新任务落在了主要领导的肩上。有效监管是为了年级部能够更健康地发展，而不是对年级部功能的束缚。当然过分的监管也可能会使年级部徒有虚名，放不开手脚。如何处理好这对矛盾，则是学校主要负责人领导水平和个人素养特别是胸襟是否开阔，管理是否内行等所决定的。为此，学校领导应加强理论学习，结合实际注重科学研究，不断提升自身素养和领导能力。

（五）年级干部潜心实践，努力探求年级部管理有效策略

构建科学的年级高效管理模式，搭建承载引领功能的校本研究平台，强化年级管理基础，优化管理思路与过程，为生成发展合力营造良好文化生态，是提高年级部管理的有效策略。

1. 重视年级部的过程管理

没有过程，就没有结果。当然，没有好的过程，就不会有好的结果。因此，在年级管理的过程中，要提高其实效性，就必须重视并做好以下管理过程：一要定期检查备课笔记，让每个教师都认真准备每一节课；二要实行随堂听课制度，让每个教师都上好每一节课；三要定期召开学生代表座谈会，及时了解学生的迫切愿望；四要定期进行问卷调查，努力掌握各科的教学情况；五要正常进行巡查制度，随时把握教学的新动向。

2. 加强年级部的校本教研

育人为本，科研为先；教学为魂，师资为根。对年级管理实效性的策略探索的核心关键，还是加强年级部的校本教研。因为校本教研是提高教育质量的关键，是提升教育水平的核心。所以，在年级管理的过程中，要着力加强校本教研，并尽力做好以

下几个方面的工作：一要定期组织专家讲座，不断引进先进的教育教学理念；二要定期举办教育教学经验交流会，努力提高教育教学理论水平；三要按时召开年级情况分析会，及时解决教育教学中存在的问题；四要以学科组为单位，定期开展教学研究活动；五要建立学科主备课制度，力图发挥众人的智慧。

3. 强化年级部的教师管理

校以师为本，此乃办学者之共识，大凡名校，无一不是名师云集之地。教师是年级部以至学校发展的关键因素，激发教师工作的积极性，就能最大限度地提高年级部以至学校的教育教学质量。因此，在学校年级部管理中应特别重视加强对教师的管理，竭力做好以下几个方面的工作：一要用"人格"的魅力凝聚教师。常言道："人格的力量是无穷的"，一个年级或一个学校，领导"人格"的优劣，是决定教师向背的关键因素。作为年级主任要对教师实施有效的指挥，就必须修炼良好的"人格"魅力；二要用"公正"的态度对待教师。"公正"包括对每一位教师在待遇上的公正、在使用上的公正和在情感上的公正；三要用"科学"的制度规范教师，常言道：没有规矩，不成方圆。制度是组织有效运转，达成目标的可靠保证，也是实现公平、公正、公开的必要条件；四要用"精准"的评价考核教师，针对教师的工作，采用科学严谨的方法，进行灵活的、恰当的定量与定性的评价，以激励教师不断努力成长。

3 班级管理

——怎样让它更有效？

　　班级管理是学校管理中的一项重要内容，是班主任按照国家教育方针和学校教育计划，对班级内外各方面关系进行协调和处理，从而实现预定教育教学目标的综合性活动。作为新形势下的教师，我们应将班级管理的职能深刻领悟、融入自己的日常教育实践之中，并不断深入地去认识、研究和掌握有效的班级管理方法和策略，这是十分必要和非常重要的。从小范围来讲，将直接影响到班级管理中的主体——学生的身心健康发展；从大范围来讲，将影响到整个社会乃至整个国家的良性发展。

第一节　对班级管理有效性的认识思考

　　班级管理不仅是一项系统的德育工程，更是学校管理中的重要一环。班级管理的好坏会直接影响着学校学风和校风建设，同时班级管理的效果也关系到每位教师。班级是学校教育教学工作中的一个基本单位，也是学生学习生活的基本单位，随着社会的进步和时代的发展，虽然我们面对的对象始终是一群孩子，但由于社会生活环境的变化，学生的思想认识、内心情感和行为准则也在不断变化。所以，作为教育工作者的我们，为了国家的未来，为了我们的事业，为了学生的发展，必须在认识理解的同时要仔细深刻地思考，怎样才能有效地在变化的环境中塑造一批批德才兼备、团结友爱、积极向上的未来建设者？

一、对班级管理有效性的认识

　　班级是学校进行教育教学活动的基本单位，而班主任是班集体的组织者、教育者和指导者，是学校实施教育教学工作的主力和骨干，是学生全面健康成长的领路人——导师。在某种程度上，班主任工作是一所学校工作质量的缩影。可以说，学校的全部工作都与班主任有关。班主任工作质量，直接影响着学校的工作质量，影响着未来公民的素质水平。在班级工作中，班主任扮演着决策与管理、组织与协调、教导与服务等多重角色，正因如此，要当好班主任必须对班级管理有效性有充分的研究、了解和掌握，必须对班级管理有效性的方方面面情况有正确全面的认识。

（一）班级管理有效性的意义和作用

　　班主任是班级工作的组织者、引领者和实施者，是沟通家长和社区的桥梁，是立德树人、实施素质教育的主力。班主任工作是学校教育教学中极其重要的工作，它既是一门科学也是一门艺术。加强班级有效管理，有助于学校全面工作的规范落实，有助于学校良好秩序的科学建构，有助于党和国家教育方针的全面贯彻，有助于学生核心素养和关键能力的全面培养。同时，加强班级有效管理，是培养社会主义合格建设人才的需要，它关系到祖国的未来、民族的希望。因此，重视和加强班级管理有效性的研究，对做好教书育人、管理育人和服务育人具有十分重要的现实意义和历史作用。

1. 班级管理有效性的重要意义

（1）班级管理的有效性是贯彻党和国家教育方针、完成教育任务和实现教育目标的重要保证。学校的全部工作都是为了贯彻教育方针、完成教育任务，实现教育目标的，这些都要落实在学生身上。学校的教育教学活动，是以班级为单位进行的。因此班级管理工作对学生的全面发展起着直接现实的保证作用。

（2）班级管理的有效性是提高教育教学质量的重要手段。班集体是学生学习、生活和成长的重要场所。在班级管理中有目的、有计划、有步骤地调动学生参与班级活动的主动性和积极性，使学生成为学习、生活和班务管理的主人，这样就能很好地促进学生的全面发展，并有效地展现学生各方面的潜质和才能，为学生提供一个广阔的发展空间。

（3）班级管理的有效性能为学生的健康成长、全面和谐发展提供良好的条件和氛围。一个班的班风、学习质量、人际关系、组织活动等，都对学生的发展起着至关重要的作用。

（4）班级管理的有效性可以增长师生的管理智慧和才干。要管好一个班级，需要多方面的素质，一个优秀的班主任必将在管理的能力上和各方面的素质上都能得到很大的提高。学生也是如此。班干部的竞选、值日班长、今天我是班主任、我为班级献计策等活动的开展，同样也能增长学生的才干。

（5）班级管理的有效性是沟通学校、家庭和社会教育力量的桥梁纽带。要管理好一个班级，班主任工作是关键。班主任要做到管理育人、教书育人、服务育人，并要与社会联系起来，努力建设学校、家庭、社会三位一体的教育网络，以求教育效果的最大化。

2. 班级管理有效性的主要作用

（1）有助于实现教学目标，提高学习效率。班级组织产生的根本原因是为了更有效地实施教学活动，因此，如何运用各种教学技术手段来精心设计各种不同的教学活动、组织、安排、协调各种不同类型学生的学习活动，是班级管理的主要功能。

（2）有助于维持班级秩序，形成良好班风。班级是学生全体活动的基础，是学生交往活动的主要场所，因此，调动班级成员参与班级管理的积极性，共同建立良好的班级秩序和健康的班级风气，是班级管理的基本功能。

（3）有助于锻炼学生能力，学会自治自理。班级组织中存在着最基本的人际交往和社会联系，存在着一定的组织层次和工作分工。因此，班级管理的重要功能就是不但要帮助学生成为学习自主、生活自理、工作自治的人，而且要帮助学生进行社会角色学习，获得认识社会、适应社会的能力，而这对于促进学生的人格成长是极其重要的。

（二）班级管理有效性的特点和内容

新时代的教育工作者不仅要教好学科知识，更要注重班级管理的有效性，充分发挥学生的聪明才智，挖掘学生内在潜力，培养学生的综合能力，使之成为适应新时代发展要求的综合性人才。为此，我们一定要深刻理解班级管理的有效性特点，全面了解其内容。

1. 班级管理有效性的基本特点

班级管理是班主任老师根据一定的目的要求，采用一定的手段措施，带领全班学生，对班级中的各种资源进行计划、组织、协调、控制，以实现教育目标的组织活动过程。这一活动过程的根本目的是使学生得到充分的、全面的发展。班级管理有效性具有以下基本特点。

（1）班级管理有效性的宗旨具有教育性。就是指在班级管理的整个过程中要把教育放在首位，坚持管教结合。也就是说，教育的方式需要管理，管理的宗旨是为了更好地教育。

（2）班级管理有效性的内容具有广泛性。就是说班级管理是以学生德、智、体、美、劳各方面全面发展为最终教育目标的一项全面、系统、复杂、细致的具体工作，也就是指它既具有系统因素，又具有随机因素，呈现出了全面、复杂和广泛的性质。

（3）班级管理有效性的对象具有发展性。班级管理的对象是学生，由于社会生活环境的变化，将不断影响学生的思想认识、内心情感和行为准则的不断变化，所以，学生的成长和发展是不断变化着的。

（4）班级管理有效性的方法具有多样性。由于不同的班级是由不同的学生组成的，因此，在教育管理中，所采取的措施方法必须是不同的、多样化的，以体现因材施教的原则。

（5）班级管理有效性的目的具有现实性。在教育改革发展的新时代，班级管理要构建起符合素质教育要求，促进学生全面、和谐、健康成长的综合实践类课程体系，努力培养学生的核心素养，提升学生的素质能力，为学生日后适应社会发展需求提供坚实的基础。

（6）班级管理有效性的过程具有直接性。班主任对班级学生的管理，是一种面对面的教育。班主任是要直接地面对每一个学生。

（7）班级管理有效性的策略具有灵活性。针对每一个学生所呈现的不同个性特征，对其各种不良行为习惯要分析其生成原因，教育方法必须因人而异地分别采取不同的具体方法才会见成效。而且，随着时间的推移、学生学龄段的变化，教育手段也要随之灵活地变换，不能一成不变。

2. 班级管理有效性的主要内容

班级管理是一项培养教育人的组织活动过程，它体现着教师和学生之间的双向互动的活动关系。教师的管理与学生（班委会）的管理结合起来，构成班级管理。班集体是学生学习、生活和成长的重要场所，班级管理是以班集体为基础展开的。因此，建设培养良好的班集体是班级管理的核心工作，也是班主任工作成果的体现。其主要内容有以下六个方面。

（1）班级思想教育管理。就是对学生思想政治教育的管理，即学生德育教育的管理。班主任要加强对班级学生日常的思想品德教育和行为规范养成教育，建立良好的班风。通过思想教育提高学生认识，改正学生不良倾向，强化学生良好行为，帮助学生树立正确的人生观、价值观和世界观，使学生能够明辨是非，正确认识自我与外部世界，恰当处理各种问题。这是班级管理的主要内容，是教学工作的重中之重，班主任要通过不断提升班级管理水平的策略来达到加强对班级思想教育的目的。

（2）班级组织建设管理。就是建立起班级组织的结构，包括确立组织目标、组织机构和组织规范，培养一批优秀的班干部，使其形成班集体的核心。班级组织建设是班级愿景实现的首要路径，是班级管理的中心任务。班主任在班级组织建设管理中，在参考学习成绩好坏的基础上，要充分考虑学生的责任心、上进心和管理能力等众多因素，最大限度地选取班级管理的合适人选。拥有部分固定的领导班底后，在适当的岗位上采取轮值的方式，使得大家都有机会参与到班级建设中来，充分调动每一个学生的积极性，激发学生对于班级的荣誉感和责任感，保证学生在日常学习交流中的平等地位。

（3）班级制度建设管理。就是为规范班级学生在教室内的日常生活规律，让学生应该知道且确实遵守的，也是教师和学生共同处理教室中人、物、事等因素的，使教室成为最适合学生学习环境，并实现教学目标而建立的一套行之有效的规则。它包括生活教育的辅导和学生问题行为的处理，管理重点在于引导学生做好自我管理。优化班级管理首先要做到有一个科学合理的班级管理制度，充分调动全体学生的积极性。在班委会的选举和换届过程中，加强对学生进行公平公正公开等思想的教育，促使学生从小事做起，自觉维护班级和社会的良好秩序和风气。通过日常班级管理的实践，凝聚全体师生力量，不断促进班级管理制度的改进和优化。

（4）班级教学活动管理。就是建立正常的教学秩序，安排学生的座位，抓好学生的课堂纪律、自习纪律、考试纪律和请假考勤等。学习是学生的基本任务，对学生学习过程的管理是班级管理的重要内容。学习管理的根本目的，在于提高学生的学习质量。为此，班主任要加强对学生学习目的的教育，端正学习态度，掌握学习方法，分析学习质量，严明学习纪律，建立学习规范，培养学习习惯，使学生树立勤奋好学的良好学风。

（5）班级实践活动管理。就是在班主任的指导下，根据国家教育方针和学校培养目标，有目的、有计划地实现班级教育目标而举行的各种教育教学实践活动。它是班主任对学生进行政治、思想、道德和心理教育的基本形式，是班主任组织、建设学生集体，并通过学生集体教育和影响学生个体的一种普遍采用的教育形式，也是学生进行自我教育的一种行之有效的方式。因此，在班级管理中，班主任要认真组织学生参加学校的各项教育教学活动和社会实践活动，培养学生良好的生活习惯、卫生习惯和劳动习惯。

（6）班级综合评价管理。是指班主任在班级管理过程中对班级学生的综合性评价管理。它是指班主任为促进学生全面、健康地发展，在系统、全面、准确地搜集、整理、分析学生发展过程与发展状况信息的基础上，对学生的品德、智能、体能等各方面素质做出综合判断的过程。班级评价管理具有正向激励作用、反馈调节和沟通互信作用，因此，在班级各项建设中，班主任要认真细心地了解并研究学生，包括对班级日志周记的检查、学生档案建设、班级学生操行评定、三好学生评选、班级总结奖惩等。在坚持发展性原则、及时性原则、全面性原则、针对性原则和综合性原则的基础上，对每一个学生的道德品质、公共素养、学习能力、交流与合作能力、运动与健康、审美与表现和学科学习做出合理科学的评价。

（三）班级管理有效性的功能和目的

班级管理的好坏，在一定程度上直接影响着学校教育教学的质量。要做好班级管理工作，就要从班级管理基础性的各个方面着手做好基本工作，也就是需要从充分认识班级管理的各项功能及其目的出发。这是实现班级管理有效性的基本前提。

1. 班级管理有效性的重要功能

班级管理对于班级活动的顺利进行，对于学生的健康成长和全面发展具有很大的影响。因此，班级管理的重要功能就是既要帮助学生成为学习自主、生活自理、工作自治的人，又要帮助学生进行社会角色的学习，获得认识社会、适应社会的能力，这对于促进学生的人格成长是极其重要的。班级管理的有效性在学校教育中的主要功能有以下几个方面。

（1）维持良好的班级秩序。良好的班级秩序，可以使教师安心教学，学生快乐学习。因此，维持良好的班级秩序，可以说是班级有效管理的基本功能。为此，在班级管理过程中，首先从"维护"上下功夫，做好各项工作的检查督促，在"维护"上要严字当头，依靠规章制度，力求科学化、规范化，程序化，不因为学生学习紧张而放松对遵守纪律、做好卫生等工作的要求。实践证明，一如既往的要求，会使学生感到严肃紧张、积极向上的气氛，防止产生懈怠情绪。其次从"营造"上做文章，经常表扬好人好事，做好激励工作，坚持每隔一段时间，由班长或班主任做班级情况小评，以表扬为主，对学习上刻苦、成绩进步、遵守纪律好、劳动好、关心班集体、关心帮助同学等好人好事充分表扬，树立正气，激励学生积极进取。

（2）提供良好的学习环境。学习是在一定的环境之下，人与环境的有机结合。良好的学习环境会默默地感染学生，达到润物细无声的效果，以一股无形的力量推动学生加倍努力、奋发向上，使学习效果达到事半功倍。因此，班级管理有效性的主要功能就是：教师要千方百计为学生营造和提供一个安全舒适、富有启发性的良好学习环境，这不仅有易于实现教学目标，更有陶冶情操之效。学习环境可分为物质环境和精神环境，物质环境包括校园、教室、教学设施等；精神环境指教学模式、教学策略、学习动机、学习氛围等。班主任作为班集体的组织和教育者，要积极地营造一个良好的学习环境。

（3）培养学生的自治能力。在班级管理中对学生自治能力的培养是现代社会发展的客观要求，也是班级管理的核心功能。只有加强对学生自治能力的培养，让他们进行自我控制和自我管理，才能在竞争激烈的现代教育中立于不败之地。班级管理中的自治能力教育，就是在班级管理过程中，通过增加学生的主体意识和主体自我控制能力，培养和提高学生在德育活动中的能动性、自主性和创造性，使他们具有自我教育、自我管理、自我控制和自我完善的能力，从而成为德育活动的主体和自我发展的主体。班级是学生共同生活和学习的主要场所，班级所制定的各种规范、制度和公约，以及班会活动、课外活动，都有利于培养学生的互助合作精神和自治能力。

（4）增进师生的情感交流。良好的师生关系是班级管理工作能够顺利进行的前提。班主任肩负着立德树人的根本任务，那么，班主任能否完成好这一历史重任，能否执行自己的班级管理思想，关键在于能否与学生建立良好的沟通与交流的渠道。要增进师生情感的沟通交流，就必须坚持做好下面五点：一是尊重学生，只有在人格上的相互尊重才能使学生感受到被关怀，这样才能使班级管理工作建立在良好的交往之上。二是接纳学生，班主任应有包容的胸怀与思想，接纳具有不同认知与习惯的学生，在充分了解和理解的基础上，提出合理的解决办法。三是有同理心，在学习生活中，能将心比心推己及人，是拉近与学生的心理距离的重要方法。四是真诚赞美，就是根据学生的实践表现，给出相匹配的赞美，切记浮夸、缩小与轻淡。五是慎用批评，批评教育应充分考虑学生的心理发展特点，做到切中要点，有的放矢，注重控制情绪的强度，充分考虑学生的承受力与理解力。

（5）促进学生的人格成长。学生具有相当的可塑性和依赖性，需要教师从旁点拨引导，才能发展为健全而成熟的个体。教师在进行班级管理时，应积极地应用各种指导策略，培养学生积极向上的生活情感、坚韧不拔的意志毅力、大义凛然的正义感和正确科学的价值观，促进学生人格的健康成长，进而达到身心健康、自我实现的目标。

2. 班级管理有效性的主要目的

学校是育人的地方。学校管理不是为了管住人，而是在于教育人。依此类推，班级管理的目的是"育人"而非"管住人"。因此，班级管理有效性的目的不是管住学生，而是要成就学生，就是要促进学生全面、和谐与健康地发展。

在日常教育工作中，把班主任功能窄化为"管住学生"而忽略"育人功能"的现象十分普遍，一方面任课教师认为管好学生天经地义是班主任的事，另一方面班主任认为只要班上不出事、不违纪就行了，而忽视学生综合素养的培养提升。之所以出现这个问题，是源于"教育手段"和"教育目的"的本末倒置，管理是教育的手段，而不是教育的目的，班级管理的目的是促进学生发展。真正的教育是"管理"和"育人"融为一体、相伴而生的，是不可分割的。即管理是以育人为目的，没有以育人为前提和目的的管理不是教育；育人需要管理做保障，没有有效的管理育人活动难以维系和实施。

根植于"育人"基础上的管理更加注重方法和艺术，这就要求教育人必须尊重学生这个特殊"生命体"，一要看到学生的不成熟性而多包容学生的不足和错误；二要看到学生的发展性而耐心等待和促进学生进步和变化；三要看到学生的敏感性而细心和精心实施教育；四要看到学生的差异性而采用多种教育方法；五要看到学生的独特性而不采用一个标准评价学生。只有这样因材施教，多元评价，积极期待，锲而不舍，教育才是沉稳大气而不功利，温馨亲切而不冷漠，睿智灵活而不呆板。

根植于"育人"基础之上的管理更加注重挖掘每一个教育行为的教育价值，开展工作就不再是简单的"任务驱动"，不再是简单的"功利推动"。而是"发展驱动"。例如，要求学生出操"快、静、齐"就不是为了不被德育处批评，而是培养学生做事认真负责的精神和雷厉风行的风格。例如，要求学生发式服饰到位就不是为了应对德育处检查，而是引导学生追求积极健康的生活以及学会审美。

总之，根植于"育人"基础之上的管理力图激发和培育学生"向上、向善"的欲望和追求，促进学生把学校教育要求内化为自身成长的必然需求，只有这样才能实现学生的自我教育、自我管理和自我发展的目标，实现"不教而为教，不管而为管"。

（四）班级管理有效性的原则和模式

让孩子拥有成功的未来，是家庭、学校、社会共同的愿望。为了实现这样的目标，创设适合学生"主动发展教育"的环境与途径，实行纵向和横向管理相结合的班级有效性管理的原则和模式，使学生充分发挥主动作用，按照社会的要求与自身发展的需要主动求教、自觉进取、积极参与教育教学过程，从而得到全面发展是非常必要的。为此，作为教育工作者，我们必须要熟练地掌握常见的班级管理有效性的原则和模式。

1. 班级管理有效性的基本原则

班级管理原则对于建立和发展班级集体，全面实现班级目标以及全面提高教育质量都具有十分重要的意义。班级管理有效性原则，应该体现和反映班级管理工作的特殊性，而不能与学校教育中其他的工作原则相混淆。班级管理有效性原则，必须既有科学性，它应该是全面地而不是局部地指导班级管理工作，又有可行性和操作性，简明易记，为广大班级管理者所接受。班级管理有效性的基本原则可归纳为以下八条。

（1）全员激励原则。激励含有激发动机，形成动力的意思。它能使人产生自觉行为，形成一种内驱力和自动力。所谓全员激励，是指对全班每个学生的激励，充分发挥他们的智力、体力等各方面的潜能，实现个体的目标和班级总目标。那么，如何贯彻全面激励原则？首先，要求班级管理者公正无私，一视同仁，用同样的情感和尺度对待每个学生；其次，要善于运用班级目标激励所有成员，班级目标是班级成员共同的期望、追求和达到的成果，它具有导向和激励作用；再次，要经常运用各种激励的教育方法，它是利用人的积极向上心理和荣誉感使人奋发努力，使潜在能力得到最大的发挥。

（2）自主参与原则。是指班级成员参与管理，发挥其主体作用。现在的学生自主意识较强，他们是班级的被管理者，也是管理者，一旦他们真正参与管理，班级管理效率将成倍提高，班级的发展将获得强大的原动力。这一原则也是民主管理原则的具体要求和体现。它对于培养学生的主人翁精神，学生的创造性、独立性以及建立民主的师生关系都有着十分重要的意义。贯彻自主参与原则要注意做到：一是管理者要增强民主意识，切实保障学生主人翁的地位和权利；二是必须及时采纳学生的正确意见，接受学生的监督，不搞一言堂，切忌家长作风；三是发展和完善学生的各种组织，逐步扩大班委会等组织的权限；四是努力创造一种民主气氛，为学生行使民主权利提供机会，创造条件。

（3）教管结合原则。就是教育和管理相结合的原则，是指把班级的教育工作和班级的管理工作辩证地统一起来。具体地说，就是班主任对学生既要坚持正面引导，耐心教育，寓教育于学习中，于学习中受教育，又要凭借必要的规章制度要求学生，约束其行为，实行严格管理教育。只有这样，才能获得教育的实际效果。贯彻教管结合原则，首先要求管理者应当用科学的道理和正面的事例，对学生进行启发诱导，调动其接受教育的内部动力，使他们在思想、品德、学业、生活等方面沿着正确的方向发展。其次，管理者要引导学生制定必要的规章制度，并要认真执行，经常检查，及时总结，进行评比。制定各项规章制度，是实现班级目标的一种科学的管理，也是实现班级管理达到预期效果的保证。

（4）严慈补给原则。即严格要求，严格管理，不放松，不迁就；"慈"是对学生真诚宽容的爱，没有爱就没有教育，失去了爱的教育是没有生命的教育。严和慈是相辅相成的，没有严格要求的管理，是放纵放任的管理，仅有严而无慈的管理是粗暴武断的管理，舍去其中之一必不能成功。那么，怎样做到严慈相济呢？笔者认为：要从"严"字入手，用"爱"疏导。一要严字当头，爱在其中；二要严之有理，严中有爱；三要严而有度，爱而不纵；四要严而有方，爱而有法；五要严得规范，爱得公平。

（5）堵导结合原则。当一个班级受到社会多种影响时，会出现很多不良现象。这时我们可采取"堵"的方式，减少学生犯错误的可能性。但仅靠"堵"是不够的。过多的"堵"有两点不利：一是容易使学生成为我们管理工作的对立面，增加教育阻力；二是从长远看，不利于增强学生的防御抵抗力。为此"堵"必须与"导"结合起来，以"导"为主。通过引导，让学生明辨是非，增强学生自我教育能力。这其中不仅需要老师明辨是非，更需要用心与学生去交流沟通。

（6）通情达理原则。班级管理说到底是对学生的管理。青少年学生具有丰富情感，对他们的管理与教育必须有感情的激发和熏陶。同时，青少年学生又是单纯幼稚的。对他们的管理与教育还必须讲道理、摆事实、循循善诱、启发诱导，帮助他们提高思想认识。实施通情达理原则，首先要动之以情，以情感人，具体表现在思想上关心学生的进步，学习上细心地指导，生活上热心地照顾，遇到困难能耐心地帮助。其次要晓之以理，要善于运用科学道理和有说服力的典型事实，针对学生存在的具体问题，由事入理，由浅入深地给学生讲清道理，以提高学生的认识。再次，要科学地处理好"情"与"理"的辩证关系。也就是在管理制度上要严明，要公正，要一丝不苟，体现一种"刚性"；而在情感上则要宽和，善解人意，待人之诚，体现一种"柔性"。

（7）平行管理原则。在班级中，除了师生之间的垂直关系外，还有同学之间的平行关系。所谓平行管理原则，是指管理者既通过对集体的管理去间接地影响个人，又通过对个人的直接管理去影响集体，从而把对集体和个人的管理结合起来，以收到更好的管理效果。贯彻平行管理原则要遵循和坚持以下几点：一是要组织和建立良好的班集体；二是要善于发挥班集体的教育作用；三是要加强个别教育。

（8）协调一致原则。就是指班级管理者主动组织协调班级各方面教育力量，互相配合，共同合作，步调一致地做好班级管理工作。影响学生成长和班级管理的主要因素是家庭、社会和学校。在家庭中，家长的生活方式，家长的一言一行，无不给孩子的道德品质、思想行为打上深深的烙印。随着学生年龄的增大，社会对他们的影响日益增强，对班级管理工作的影响也不可低估。因此，班级管理者应当广泛地联系家庭、社会以及学校内部各方面的力量，使之密切合作，相互补充，形成对班级学生进行综合管理的合力网络。贯彻协调一致原则，首先要充分发挥教师集体的作用。班级管理要卓有成效，就需要任课教师的密切配合，形成一个团结一致的教师集体。其次，要做好与团、队和班委会的协调工作，要充分发挥他们在班级管理中的主动性、积极性和创造性。再次，班级管理者要争取家庭和社会有关方面的配合，应经常同学生家长和学生所在的社区保持联系，争取他们的支持。

2. 班级管理有效性的主要模式

班级是学校开展教育活动，传授科学文化知识和培养学生素质素养能力的基本单位。班主任通过组织和领导班集体，协调任课教师与学生的关系，联系学校、家庭和社会来实现对全班学生的教育教学工作。班级管理是班主任工作的一项重要内容，对全班学生的教育教学工作影响极大。因此，作为教育工作者必须要认识、探究和掌握班级管理有效性的主要模式，这对提高教育教学质量具有深远意义和重大影响。

（1）常规管理模式。就是指通过制定和执行规章制度去管理班级的经常性活动的管理方式。规章制度是学生在学习生活中需要遵守的行为准则，它具有管理、控制和教育的作用。通过规章制度的制定，使班级各项工作有章可循、有条不紊，以避免班级工作的盲目性和随意性；通过规章制度的贯彻，可以培养学生良好的行为习惯和优良的班风。开展以班级规章制度为核心的常规管理，是班主任工作的重要内容之一。一般来说，班级的规章制度主要由三部分组成：一是教育行政部门统一规定的有关班集体与学生管理的制度，如学生守则、日常行为规范、体育锻炼标准等；二是学校根据教育目标、上级有关指示制定的学校常规制度，如考勤制度、奖惩制度、课堂常规、作业要求等；三是班集体根据学校要求和班级实际情况讨论制定的班级规范，如班规、值日生制度、考勤制度等。

（2）平行管理模式。就是指班主任既通过对集体的管理去间接影响个人，又通过对个人的直接管理去影响集体，从而把对集体和个人的管理结合起来的管理方式。班级平行管理的理论源于著名教育家马卡连柯的"平行影响"的教育思想。马卡连柯认为，教师要影响个别学生，首先要去影响这个学生所在的班级，然后通过班集体与教师一起去影响这个学生，这样就会产生巨大的教育力量。班主任实施平行管理模式时，首先，要充分发挥班集体的教育功能，使班集体真正成为教育的力量；其次，要通过转化个别学生，促进班集体的管理与发展。总之，要实施对班集体与个别学生双管齐下、互相渗透的管理。

（3）民主管理模式。是指班级全体成员在服从班集体的正确决定和承担责任的前提下，参与班级管理的一种管理方式。班级民主管理的实质是在班级管理的过程中，调动学生自我教育的力量，发挥每一个学生的主人翁精神，使学生积极主动地参与班级事务，让每个学生都成为班级的主人。班级民主管理模式有助于加强师生交流，增强学生的参与意识、责任意识和合作意识，培养学生的担当精神与合作能力。实施班级民主管理模式的主要做法是：首先，班主任和有关教师要有明确的尊重学生个性的意识，充分发挥学生主体作用的指导思想，并在教育教学实践中自觉地贯彻；其次，充分发挥班委的核心作用，千方百计地创造条件让大家参加班级管理的各项活动，让学生人人都有自己的发言权，都有展现自己才能的机会，都有机会履行班级管理职责，共同实施班级管理活动；再次，建立班级民主管理制度，如干部轮换制度、定期评议制度、值日生制度、值周生制度、定期召开民主教育活动制度等。

（4）目标管理模式。就是要使一个班级形成一个同心同德的集体，采用各种手段来实现既定目标的管理方式。具体来说，就是指班主任与学生共同确定班级总体目标，然后转化为小组目标和个人目标，使其与班级总体目标融为一体，形成目标体系，以此推进班级管理活动，实现班级目标的管理方法。目标管理是由美国管理学家德鲁克提出的，其理论的核心是将传统的他控式的管理方式转变为自我控制的管理方式，是一种以自我管理为中心的管理。其目的是为了更好地调动被管理者的积极性。践行班级目标管理模式是时代的要求，它有助于学生良好思想道德、心理品质和综合能力的培养与提高。在班级目标管理工作中，要遵循系统性原则、自我管理原则、全面激励原则和实效性原则，要围绕全班成员共同确立班级的奋斗目标，将学生个体的发展与班级进步紧密地联系在一起，并在目标的指导下，实施学生的自我管理。

（5）小组合作模式。小组合作班级管理模式是在新课程改革背景下，探索以学生为主体、以教师为主导，以师生之间、生生之间的多边互动为载体的小组合作学习的教育教学班级管理模式。小组合作班级管理模式是一种基于学生自我管理，以"互助合作小组"为基本管理单位，以学生的行为习惯、学习习惯、学习品质和各项活动的表现等作为竞比指标的学生间相互合作、相互竞争、相互促进的一种管理模式。小组合作班级管理模式充分体现了主体的平等性，能够增强学生的主体意识、合作意识、竞争意识，提升自我管理和自我教育的能力，让学生在合作互助中成长。在组织实施小组合作管理模式时，力求做到以下四点：一是合理分组，这是实施好小组合作管理模式的前提；二是明确小组合作的操作流程，这是小组合作管理模式顺利进行的必要条件；三是做好小组长的培训工作，这是践行小组合作管理模式成功的基础；四是完善小组合作奖惩制度，公平公正地奖励评价是小组合作管理顺利推进和取得实效的有效机制。

二、对班级管理有效性的思考

一般而言，一个班级由几十名学生组成，要培养好这些学生，做到立德树人，就必须有一套科学有效的班级管理办法，能够充分地优化学生的成长环境，发挥学生的聪明才智，发展学生的个性潜能，并培养学生各方面的能力，使他们成为全面发展的适应时代要求的各类人才。要达到这一目的，必须依靠作为班级引导者和组织者的班主任，做出长期的努力和实践。通过切实有效的班级管理，摸索出一套适合自己班级情况的管理模式，才能在现代育人工程中描绘出灿烂的前景。那么怎样才能做到这些，如何才能实现这一美好愿景呢？

（一）深刻领会班级管理内涵，全力探寻班级管理策略

班级管理是教师根据一定的目的和要求，采用一定的手段措施，带领全班学生，对班级中的各种资源进行计划、组织、协调和控制，以实现教育目标的组织活动过程。其根本目的是使学生得到充分的、全面的发展。一直以来，班级管理存在着教师没有认真领会其内涵的问题，忽视了学生的内在需求，强迫学生完全服从于教师的权威，学生被动地按照教师要求去学习，缺乏自主性。另外，班级的管理制度缺乏灵活性，学生干部的固定导致学生在进入社会环境之后认为干部是荣誉的象征，影响学生的价值观。所以，只有正确理解班级管理的内涵，才能更好地利用系统管理学的理

论，对班级进行科学有效的管理。

1. 明确目标，关注细节

班级目标是班集体奋斗努力的方向，是班风建设的精神支柱。班级发展目标的确定是班级建设管理的基本要素，在具体建设中，应当重视目标的作用。目标是指引我们前行的明灯。班主任在班级管理过程中要不断强化目标意识，为其设定个人目标和集体目标，在此基础之上使学生树立自尊、自信、自强的形象。此外，还需要让学生坚定自己的理想信念，朝着目标不懈奋斗。为此，班主任要利用班级已经确定的奋斗目标来引导学生，使目标细化和内化，变成学生的自觉行动，通过有意识地开展各种教育活动，认真贯彻《中学生日常行为规范》《中学生守则》的各项要求，努力实现班级奋斗目标，从而形成良好的班风。具体就是要做到以下三个方面。

（1）目标清晰，指向明确。班主任要精心指导学生共同制订班级奋斗目标和工作计划，要将制订的班级目标和可操作的内容相结合，让学生明白我需要做什么，我该怎么做。在班级目标的设定过程中，一定要充分发动学生共同参与，集思广益，使目标更加切合实际；一定要全面了解班级状况、科学制订，使目标在不同阶段发挥应有的导向、激励和启动功能；一定要重视发挥学生在班级目标制订中的积极性和主动性，这样会增强学生在班级目标实施执行过程中的自觉性和有效性。班级目标可有远期目标、中期目标和近期目标。班级目标的清晰确立，为确定班级小组目标、个人目标提供了遵循和依据。

（2）内容具体，便于操作。目标应该是具体的，可以通过努力实现的，这样才有动力助推学生不断前行，产生真正的发展效应。班主任在指导学生制订或调整个人目标时，一定要求学生同时制订出实现目标的具体计划，即把目标从"量"上按时间进行分割，为目标的实现做出一张时间表来，将任务落实到具体的"时间点"上。这样不仅完成任务的效率高，显得轻松顺利，而且还能养成学生自我规划、自我管理、自我教育的好习惯。

（3）细处着眼，小事做起。天下大事，必成于细。学生养成教育就应从细节入手。常言道：学校无小事，事事皆育人，细节决定成败。因此，良好习惯的培养必须从细节开始。在教学中，有许多的"细节"，比如正确的坐姿，读书的姿势，回答问题言行等，这些都可以从每一堂课的一点一滴小事抓起，时常注意，经常提醒，久而久之，形成习惯。班主任只有这样将教育规律与教育实践有机地结合起来，树立以生为本的管理理念，注重过程和细节的教育管理，才能提升管理效益，实现班级教学目标。

2. 规划人生，注重落实

"古之立大事者，不惟有超世之才，亦必有坚韧不拔之志"。志向是生活的目标，力量的源泉，成功的伙伴。人们有了它，才不会迷失前进的方向。树立志向，有助于摆脱平凡与平庸，走向不凡。因此，班主任要重点指导学生树立远大理想，做好人生规划，增强自我管理，注重抓好落实。为此，班主任应做好以下三个方面的工作。

（1）引导学生不断做好自我设计。生命是过程，不是终点。真正经过思考的人生是一个自我发现的过程，一次深入自我的旅程。在班级管理中，班主任要不断引导学生结合自身情况明确管理目标，如，科学规划自我学习时间，合理安排学习活动，初步明确人生发展目标和方向。

（2）鼓励学生注重做强自我控制。因为中小学生的身心发育还未完全成熟，自我控制能力并不很好，对于自控力不好的学生，班主任必须给予必要的引导与管理，引导他们从小事做起，从今天做起，严格控制自我行为。另外，班主任还可鼓励学生采用自我激励与暗示的方法，如在房间张贴座右铭，时刻提醒和警诫自己，时常进行自我反省等；也可鼓励学生自主参加体育锻炼，培养自身坚韧、果断的良好品质，从而让自控能力得到不断的强化。

（3）帮助学生做细实施自我评价。要求学生对自身设定目标的完成情况加以评价，进而根据评价结果合理调整自我设计。在引导学生实施自我评价时，需要注意不能只看行为效果，而要重视行为动机和行为过程的评价，要在重视过程和落实上下功夫，增强学生的自信心与积极性，要引导每个学生都能认识到自身的优势与劣势，从而扬长避短，不断完善自我，为培养学生自我管理素养奠定坚实的基础。

3. 培养习惯，坚持守望

叶圣陶先生说："什么是教育，简单一句话，就是要养成良好的习惯。"孩子天性爱玩，无论是自我认知还是对客观环境的认知都比较欠缺。因此，适当的学习方法引导、不断地坚持守望有助于学生形成良好的学习习惯，树立自信。要养成良好的学习习惯，需要不断强化，需要持之以恒地渗透。久而久之，学生的学习习惯就自然形成了，班风也就好转了。为此，我们应从以下四个方面做好工作。

（1）坚持以激励为主题，培养学生良好习惯。学习上需要激励，班级管理上也同样如此。长期以来，对班级的激励一直是我工作的主题。我经常对学生说："我们是一个很不错的班级""我为自己能成为你们的老师感到骄傲""别的老师都说我们班特优秀"。这些用第一人称表达出来的话语，既让学生和我融合在了一起，更让学生的自信心高涨，荣誉感倍增，班级工作开展起来也就得心应手了。慢慢地，孩子们接受了这个集体并很快融入集体中来。因为"好孩子是夸出来的"，所以我坚信，优秀的班级也是夸出来的。

（2）坚持以训练为根基，培养学生良好习惯。在激励主题下，经常坚持唱好常规训练戏。常规训练是班级管理中需要常抓、反复抓的重头戏。中小学生行为习惯培养有很多方面，不能胡子眉毛一起抓，重点应抓好在校一日常规训练。首先，明确训练要求，即告知学生要做什么。其次，强化训练过程，即要求孩子们怎样去做。再次，及时评价总结，即评价学生做得怎么样。在训练中，班主任要坚持做到：讲要精，练要实，管要严，理要细。久而久之，既培养了孩子自我管理自我约束能力，又培养了同学们的集体荣誉感。这样，班级秩序自然就井井有条，学生的活动和学习也就有了良好的保证。

（3）坚持以活动为载体，培养学生良好习惯。班级活动蕴藏了丰富的教育资源，因此除了学习，班主任还要结合《中小学生守则》提出具有相对意义的活动主题，积极组织多样的、有针对性的活动，为学生提供发现天赋、激发才能和锻炼自身的机会，增强班集体的凝聚力，进而培养学生的良好行为习惯。如知识竞赛、才艺展示、小组辩论、设计大赛和一些团队活动，在活动结束后，民主评选出优秀奖和进步奖。通过举行这些活动，班级管理会呈现出欣欣向荣的局面，学生的各方面能力也逐渐被发掘出来，学生的良好行为习惯也不断得到培养，一个团结向上有思维能力的班集体也逐步形成。

（4）坚持以放手为目标，培养学生良好习惯。教是为了不教，管是为了不管。让学生养成自我管理、自我约束的能力和习惯，这是班主任工作的最高理想，也是教育的最终目标。为了这个目标，我们在班级中应积极倡导魏书生老师的"事事有人干，人人有事干"的精细化管理模式。我想还是采用扁平化的班级"小组合作"管理模式为宜，把班级分成若干同质小组，通过对学习、卫生、纪律、作业、课间活动、课堂常规等各方面进行考核、评比，使同学们形成竞争意识；在考核评价中推行值日班长制，实施一周一评比、一月一总结。同时还要做好表彰奖励工作。在实施过程中，应充分给予班干部管理班集体的权力，进一步调动他们的积极性和主动性，让他们自己管理班级，记载班级家务，组织安排主持班队活动，这样有利于学生责任感和担当精神的培养，有利于集体荣誉感的培养，更有利于良好行为习惯的养成。

4. 严格管理，适时奖励

培养学生良好的行为习惯不仅需要建立一套严格的管理制度，而且更加需要建立相应有效的考核评价制度，进行严格的督促、检查和反馈。结合学校活动开展各项有益的评比活动，营造良性竞争的氛围，促进行为习惯的养成。具体做好以下两方面的工作。

（1）完善管理制度，保障严格管理。为了更好地实现班级管理目标，作为班主任不仅要为班级制定完善各项规章制度，而且还要狠抓《中小学生守则》《中小学生日常行为规范》和班级各项制度的遵守落实，不断做好各阶段性的工作；同时，班主任更要创新管理机制，大胆实施值日班长制度，严格做好课前、课上和课后的规范性要求，严肃自习和课堂纪律，抓好自习、升旗、课间操和考试等工作的值日考核评定。根据评比细则，每天对学生的行为规范落实情况进行检查量化考核，及时总结表扬，发现问题反馈纠正。在制定班级规章制度时，应当注意以下三点：第一，所制定的规

第三章 班级管理——怎样让它更有效？

章制度要明确具体，宽严适度，便于操作执行；第二，所制定的规章制度要多从积极方面鼓励，避免以消极方面限制、防范，不应当简单地与"禁令""处罚"画等号；第三，规章制度一经制定，就要坚决执行，不能随意放松要求。具体地说，就是班主任对学生既要坚持正面的引导、耐心教育，又要凭借必要的规章制度要求学生，约束其行为，实行严格管理。只有这样，才能获得教育的实际效果。

（2）适时评价奖励，促进班风建设。为了充分发挥每个学生的潜能，促进学生主动参与班风建设，使班级管理走上良性循环的轨道，因此，在班级建设中，班主任要将良好行为习惯养成教育实践活动开展与班级学风、班风建设的适时总结评价相结合，通过开展行为习惯养成教育主题活动，倡导学生语言文明、举止高雅，从小处着手，从小事做起。根据"奖励理论"多方寻求"刺激点"，巧用激励机制，对每周设定的教育重点，进行及时的检查评比和奖励，最大限度地激发班级学生的积极性，以增强班级学生习惯养成的内驱力，进而促进良好班风的形成。

（二）全面深化环境育人理念，努力营造班级良好环境

良好的育人环境是培养学生优秀品质和良好习惯的摇篮，是促进学生德智体美劳全面发展的基石，它能自发地给人一种耳濡目染的教育。美化环境是强化良好班风形成的外在驱动力。那么如何才能有效地营造良好的班级育人环境呢？这永远是摆在我们教育工作者面前需要不断研究的重要课题。笔者认为，班级文化是一个班级独特的精神风貌，是学生成长和教师发展的生态环境，是无声的课程。我们努力打造班级特色文化，就是凸显环境育人优势，体现"以生为本，全面发展"的教育理念。为此，作为班级管理者一定要致力于班级特色文化建设，全面深化育人理念，营造良好的育人环境。

1. 创建整洁优美的班级环境

物质文化建设是班级文化建设的重要组成部分，健康优美的教学环境就像是一部立体的、多彩的、富有吸引力的教科书，它有利于陶冶学生的情操、美化心灵、激发灵感、启迪智慧，也有利于学生素质的提高。因此，我们一方面主抓学科教学素质化的整合工作，一方面对班级教学环境进行正确定位，规划布局，美化净化。既要体现高格调的文化环境氛围，更要显示班级奋进的高起点定位。同时，班级的环境净化与学生的卫生劳动教育结合起来，让学生在参与卫生打扫环境净化的劳动过程中，既学到卫生劳动的技能，养成了热爱劳动的习惯和良好的卫生习惯，又培养了热爱美、欣赏美、创造美的能力，并进一步内化为优良的品德素质。

2. 建立规范有序的班级制度

俗话说"没有规矩，不成方圆"。建立规范有序的管理机制，是搞好班级文化环境建设，实现其最终目标的必要保障。我们首先要健全班级文化建设组织，并就班级校园文化阵地、环境卫生、美化静化等方面进行明确分工，责任到人。建立实施值日班长制，增强学生自我管理约束、自我教育服务的能力。加强常规管理，进一步修订完善一系列班级管理制度，把班级文化建设任务纳入班级小组目标管理体系，这样将有利于全面实施素质教育，促进学生健康成长和全面发展。

3. 创设健康向上的班级文化

（1）创设班旗、班徽和班歌。一个班级的班旗、班徽和班歌的创设是班级"软文化"环境建设的起点，也是目标，更是核心，就像一场音乐会的前奏和结尾，令观众更加神往。在设计它们时，班主任应调动全班师生人人参与，设计完成后，应通过集合、比赛、年级活动等各种场合展示班旗、班歌、班徽，使本年级本校师生注意到本班的形象标志。班旗、班歌、班徽作为班级和班级特色的标志有助于学生对班级产生认同感和自豪感；更为重要的是他们的设计活动有助于挖掘学生的创造力、合作力，加强班级的凝聚力，增进学生间的了解和信任。

（2）创立班名、班训和班规。一个班级的班名要根据本班的特点来命名，要求应响亮悦耳、蕴意深刻，班训和班规要能够增强班级的凝聚力，成为班级特色，对促进学生的发展和成长具有重要的训导、劝诫作用。

（3）创建班标、特色文化墙。班级标语的设计要错落有序、精美大方，标语内涵要意蕴俊美，融思想性、教育性、艺术性、趣味性于一体，对增长学生知识、培养学生情趣、增进学生热爱生活和学习有着极大的潜移默化的作用。班级特色文化墙的建设，尽量做到以育人为突破口，力求让每一面墙说话，让每一个角落育人，让内容充分体现班级特色，起到激励导向的作用，极大地调动学生学习的积极性。

4. 营造奋发进取的班级风气

班风建设实际上就是班级精神的塑造，体现着一个班级的精神风貌。我们首先从班干部入手，统一认识，端正班级方向，树立起"团结友爱、积极向上"的学习风尚，为促进良好班风的建设奠定基础。其次我们要从全班学生入手，端正班级学风，我们以《中小学生守则》《中小学生日常行为规范》为基本要求，以学校常规检查评比为重点，在班级开展"创文明班级、树优良班风"为主要内容的创建活动，以启迪、熏陶、感化和塑造等方式引导和规范学生的思想行为，在学生中形成遵纪守法、尊敬师长、团结互助、勤奋好学、积极向上的良好风气。

5. 开展丰富多彩的班级活动

（1）开展课外兴趣小组活动。在积极鼓励学生踊跃参加学校开设的各种拓展性课程和丰富多彩的课外文化活动外，也可自己班级或跨班级创设课外兴趣活动小组，开展喜闻乐见的各种文化活动，让学生自主选择参加，既增长了学生的才干，发展了个性，又使学生接受了教育，提高了学生的综合素质。

（2）开展文明上网系列活动。为了教育学生争当文明网民，引导学生不沉溺于虚拟时空，自觉抵制不良影响，开展"告别网吧游戏，走进绿色网络"签名仪式和"远离网吧，远离三厅两室"等系列活动，为学生的健康成长营造良好氛围，取得了理想的教育效果。这一活动在有线广播电视台报道后，得到许多兄弟学校的响应。

（3）开展古诗词评级活动。在语文老师的辅助指导下，班级可制定古诗词考级方案，引导学生开展古诗词朗诵活动，提高学生鉴赏能力和审美情趣，传承中华优秀文化传统。

（4）开展传统性教育活动。结合学校实际，开展经常性的学校传统活动，如教师节的"尊师爱校"、迎国庆诗歌比赛、庆祝元旦文艺会演、法制宣传日等活动。

（三）正确掌握班级管理方法，竭力做到班级管理五化

班级管理是一门学问，也是一门艺术，教师要进行有效的教学，就必须先具备良好的班级管理能力，在依据班级管理理论，正确掌握班级管理方法的基础上，做好班级管理以下"五化"。

1. 班级管理合理化

家庭教育是学生成长的第一环境，班级是学生成长的第二环境，为此，我们一定要组织好班级管理工作，全力做到班级管理的合理化。

（1）做到班级座位框架排列的合理化。班级座位框架的排列，一般都采用"插秧式"排列。排列时需要互相合理搭配，即前后左右、男女动静、性格差异等的兼顾，尽力做到框架合理。这样有利于管理，有利于激励，更有利于团结合作，形成合力，为班级管理打下扎实的基础。

（2）做到所有班级干部选举的合理化。以前班干部的选举是由老师提名，同学举手表决产生，常常有个别学生，从进小学开始，就因听话、胆大等被选上干部，以后又因为有工作经验，有一定的组织管理能力，从一年级到毕业连选当选，致使多数学生失去当干部的机会。为了使更多的学生有当班干部的机会，采取班干部定期轮换制，即从没有担任过班干部的同学中选举产生。由学生自我推荐进行竞选演讲，再由学生无记名投票，民主选举。这样就可给更多的学生提供锻炼的机会，有利于学生干部以后走上社会摆正个人和集体的位置，正确处理个人与事业的关系。

（3）做到班级文化建设布置的合理化。重视班级目标、标语、班徽、班旗的创作设计与布置，同时注意挂一幅伟人的画像和名言警句等。为学生创设良好学习氛围，更为老师创设良好的育人环境。

2. 班级管理自主化

教育家陶行知说："最好的教育是学生做自己的先生"。传统的班级管理，经常出现见事不见人、以事为本的现象，这是教师强制管理的弊病。这种班级管理是让学生服从于事，顺从于活动，把自主和有活力的人，僵化为按号令行动的一种工具。学生的自主性和创造性是无法充分表现的，学生的个人特点是很难显现的。在班级管理中，我们必须树立以人为本的理念，鼓励学生积极主动参与班级管理，真正成为班级管理的主人。因此作为班主任，首先，要在思想上更新教育管理理念，确立每个学生在班级中的主体地位、权利和义务，尊重学生的人格个性；其次，要在方法上增强自主意识，引导学生参与班级管理目标的制订；再次，要在过程中指导班干部带领全班同学制订和落实班级工作计划，并由学生及时验收计划完成情况，认真填写各项工作完成情况记录表，以培养同学们的自主意识。

3. 班级管理科学化

班级管理的科学化是班级学生各项能力得到充分锻炼，使培养目标得以实现的重要举措和保障。班主任如何才能做到班级管理的科学化呢？首先要克服传统的不合时宜的管理思想，要认真学习并借鉴科学的管理方法；其次要管理与教育相结合，通过管理促进教育，又通过教育促进管理。著名教育家苏霍姆林斯基说："只有能够激发学生去进行自我教育的教育，才是真正的教育"。因此，班主任必须想方设法构建如下学生自我管理体制，为学生设置多种岗位，让每个学生都有机会上岗"施政"，有服务同学、锻炼自己、表现自己、提高自己的机会。

（1）建立"小老师"值周制度。就是每周推选一名学生担任"值周小老师"，将班集体中的大小事情都交给他全权负责。如记载班务杂志，检查班干部的工作情况，主持主题班会等活动。班主任只加以启发指导，方案设计、组织准备、主持活动、总结评价等都由学生自己做。这样既可以极大地激发学生做的主动性，又能很好地培养学生的综合能力。

（2）采取班干部定期轮换制度。为了使更多的学生有当干部的机会，改革以往班干部选举办法为干部定期轮换法。就是定期举行先由学生自我推荐进行竞选演讲，后由学生无记名投票，民主选举，组建班委会；再由新的班委会在规定的时间内进行班级事务管理。这样既可给更多的学生提供锻炼的机会，又有利于学生干部在以后走上社会时摆正个人和集体的位置，正确处理个人与事业的关系。班干部的职责是协助"值周小老师"管理班级，负责检查各管理小组的工作，并记录检查情况。

（3）创建合作学习管理小组制。就是根据合作学习理论和班级管理要求，在班级中建立若干个合作学习管理小组的管理办法。建立班级合作学习管理小组要遵循以下原则：一是实施班级管理的部门要完善。就是在班级中成立以下六个管理部：学习部、纪律部、卫生部、生活部、文艺部和督查部。督查部由班长和其他班干部组成，其职责是每天督查班级各职能部门情况，定期总结反馈，规划下一阶段工作。其他班干部分担五个部的部长。二是划分小组的方法要科学。小组人员配备既要考虑学习纪律、男女性格、兴趣爱好的搭配，还要注重是否住宿与城乡的均衡。力争使每个小组"同质相当"。三是保障合作的纪律要严格。纪律是量化小组合作的保障，没有一个切实可行的纪律就无法使小组合作进行下去。同时在班内树立以班为荣、以组为荣的理念，促进学生道德面貌的提升和健全人格与精神风貌的形成。

第二章 班级管理——怎样让它更有效？

4. 班级管理典型化

一个班级学生很多，班主任不可能每天都管住每一个学生，要提高管理效果，树立典型是关键。首先，要树立正面典型，以班级中勤奋好学，积极上进的学生作为典型，进行积极的指导，指出他的闪光点，要求他在各方面都得起模范带头作用。应设立"班级之最"的评比活动，每月进行一次评比，例如：学习态度最端正的，方法最好的，最佳班干部、组长，最讲文明礼貌的。最爱班集体的，最乐于助人等。有了"典型影响"，全班学生共同参与一种"学先进，赶先进"的热潮中，这样班级管理得心应手。其次，要树立某方法暂时落后的转变典型。要耐心启发，循循善诱，肯定和指出他的闪光点，增强他的自信心，并以正面典型激励他、启发他，一点点、一滴滴，他定会转变的，这样就可以以一带十，点面结合。通过典型的树立，全面育人，使学生更佩服、尊重班主任，就可以很顺利地开展班级管理工作。

5. 班级管理灵活化

学生是班级管理中的主体。只有班主任用科学的眼光正确地看待班上的事情和学生，用各种方法灵活地管理班级，才能达到事半功倍的效果。为此，班主任要努力提高自身的综合素质，形成教育手段多样化、方法灵活化的有特色的班级管理，这样才能真正提高教育质量，为社会发展培养更多的有用人才。当然班主任更要以身作则，有道是：其身正，不令而行；其身不正，虽令而不行。班主任要处处以学生为主，为人师表，把自己融化到班级之中，以发展的眼光来看待每一位学生，让每个学生都产生自己比别人能行的自豪感。班主任还应该用扇扇子的方法来煽动学生闪光的火苗。这样，班级管理定会：星星之火，可以燎原。

第二节　对班级管理有效性的理论探讨

　　学校的建设，是以每一个学生的发展为最终目标的，而学生的发展，一定程度上又离不开班级的管理。我们在班集体建设时要与时俱进，不断更新教育观念，转变教育态度，改变教育方法，唯有这样才能适应时代的要求。因此，为了快速提高班级管理效益，提升教书育人质量，我们必须依据马克思主义关于人的全面发展学说，按照国家教育方针，根据教育学、心理学、创造学、学习论、管理学等理论，借鉴国内外先进经验，结合自己班级管理实践，对班级管理有效性的理论作深刻研究和探讨。

一、班级管理有效性的理论探讨价值

　　为了深入贯彻党的教育方针，全面推行素质教育，适应时代对人才培养的要求；为了适应现代教育要求和新课革，培养学生的核心素养和关键能力，提高班级管理的效能，快速提升教育教学质量，通过实践探讨寻找在班级管理中有极强借鉴指导作用的一些成功的理论框架和操作规程，就显得特别重要和非常有意义、有价值。

　　只有通过对班级管理有效性的理论探讨，找出以往我们在班级管理职能定位方面存在的一些问题，才能在新环境下对班级管理活动的职能及其意义指向进行重新明确，进而转变班级管理者的管理理念，改善班级的教育生态，提高学生的主体地位；才能使教育者致力于培养学生的文化素养与科学素质，规范学生的日常道德行为，从根本上促进学生的全面发展，大力提升教育教学质量。因为班级管理职能及其意义指向的实现来自班级建设者清晰的思想，高度的责任心和高超的工作艺术。从这个意义上说，班主任是班集体的灵魂，是班级社会的设计师，一个德能兼备的班主任是班级管理职能及其意义指向实现的必要条件。

　　只有通过对班级管理有效性的理论探讨，继续深化新课程改革，才能领悟新课程视域下的现代学校班级管理，树立正确的教育管理观、全面育人观、学生主体观、分层管理观；才能革除以往班级管理中的弊端，探索适合时代发展和形势需要的班级管理理念；才能使每个学生的积极性和创造力最大限度地发挥出来，使每个学生在管理制度下获得最好发展；才能使新课改理念真正渗透到每一位班主任的思想和行动中，从而为班级管理和学生发展服务，促进师生共同发展，培养出适应新时代的可持续发展人才。

只有通过对班级管理有效性的理论探讨，坚持以新课程理念为指导，树立以创新精神和实践能力的培养为价值取向的教育理念，才能建立起符合学校实际的班级管理有效性观点理论，方能在不断的探索实践中，促使学生、教师、学校在研究中能动发展，并形成促进学生、教师、学校能动发展的有效模式，进而提升学校的办学水平。

二、班级管理有效性的理论探讨思想

班级管理是一项完善人的内心世界、规范人的外在行为、培养创新人才的系统工程，尤其需要科学的先进的教育思想来指导。作为班主任必须转变陈旧的教育观念，确立"以人为本"的现代教育理念，构建师生民主和谐的班级氛围。不断探索更新教育观念和理念，学会自我调整、自我建构，不断自省、内省，追求较高境界的人格品质。唯有这样，我们才能号准时代脉搏，着眼未来，采取科学的管理思想和方式方法，构建良好的班集体。

（一）班级管理目标的有效性确立理念

班级管理是一种有目的的活动，班级的一切活动都是围绕着某种预定的目标而展开的，也是为实现这一预定目标而服务的，同时班级的目标管理是教育管理模式的创新。因此，确立科学的、切实可行的、具有一定约束力和强制性的班级管理目标是必需的。班级管理有效性理论探讨的首要问题，就是如何有效地明确班级目标，然后依据目标体系进行管理。这一问题也是现代教育理念下的前沿课题，在班级管理中，引入目标管理，也是提高班主任管理水平，适应新时代要求的必然选择。

要提高班级管理的有效性，必须要有一个明确的全体班级成员为之共同奋斗的目标。班级目标的制订应结合班级成员的思想、学习、生活、能力等实际进行。对一个班级来说，既要有远期目标，又要有近期目标，既要有个人分目标，又要有班级总目标，只有这样，才能形成持久的动力。那么，怎样才能做到有效明确班级目标呢？笔者以为，班级目标的制订必须做到主观与客观的和谐统一，同时，还要注重在班级目标制订过程中至少做到以下几点。

1. 目标的确定结果要恰当

目标是构成班级管理活动的前提，只有目标明确，才能统一认识，统一行动，使同学们的意向和行为朝着这一既定目标努力。所谓目标确定的"结果要恰当"，就是说目标确定要切合实际，既不能定得大而空、不着边际，也不能定得过于容易、唾手可得。确定的目标对于每一个学生来说都应该是通过艰苦努力才能达到的。只有明确而切合实际的目标，并且具有一定的难度，才能激发学生的挑战性，发挥其主观能动性，调动学生参与班级管理的自觉性和积极性。当预期目标实现以后，学生才能真正体验到成功的愉悦和幸福，才会懂得成绩来之不易而弥足珍惜，才会使班集体更具凝聚力和向心力，也才会激发起学生新的进取动机。

2. 目标的实现时间要合理

目标确立是班级管理工作的开端和基础，而具体落实目标，控制整个操作过程的时间分配，则是完成目标的关键环节之一。时间分配要与完成目标任务的难易程度相适应，失去时间控制任其发展，工作效率必然很低，再好的目标任务也不能如期完成，更不能激发起同学们的进取意识。班级的每一成员要了解整体目标，时刻把自己的行动与整体目标联系在一起，增强时间观念，争取在有限的时间内获得目标管理的最佳效果。

3. 目标的完成评价要科学

评价必须要有标准，标准就是尺度，就是衡量和评价班级工作优劣的准绳。在班级目标管理中，管理的对象是学生，评价学生不应单看考试分数，而应是德、智、体、美、劳诸要素的综合质量之和。过去单纯靠分数给学生排名次、定优劣的做法，是不科学、不全面的。关于评价标准，第一，要统一人们的思想认识，树立正确的人才观，克服只有考上好学校才是人才的观念；第二，要多角度、全方位看一个班级在原有水平上提高的幅度；第三，给学生下评语要得当，要全面衡量、综合评价，不能以分取人。只有对班级目标管理工作做出科学的评价和准确的判断，才能激发学生对未来充满信心，增强活力，才能使班级目标管理健康有序地向更高层次发展。

（二）班级管理模式的有效性构建理念

如何对班级进行有效的管理，是每一个班主任都非常关注的问题。目前有不少研究者认为，班主任应该努力营造一种民主的班级氛围，让学生享有高度的管理班级权利，从而实现班级的自主管理。这无疑是一种美好的、顺应民主要求的管理思想。但是，这一主张却忽略了一个关键问题，即作为教育管理对象的中小学学生的身心程度还远远未达到自主的水平。目前看来，班主任在教学实践中运用最为有效的管理模式是小组合作班级管理模式。它是班主任在管理的过程中，引入"扁平化管理"理念，构建以"合作小组"为单位的管理模式。

小组合作班级管理模式是班主任在多方面对全班同学进行考察的基础上，根据学生的不同特点将全班学生分成若干个同质组，小组成员一起从事学习、活动、班级管理共同完成学习任务，实现发展目标的一种班级管理的方略。小组合作学习与管理模式是一种有效的、富有创意的教学组织管理形式，它是建立在以下多种思想理念基础之上的。

1. 扁平化理念

扁平化理念就是简化上下级之间的隶属关系层次，使组织的决策层和操作层之间的中间管理层级越少越好，以便组织尽最大可能将决策权延至最远的底层，从而提高工作的效率。小组合作班级管理就是扁平化理论的具体应用，为了破解班级管理的实效性，通过将权力下移的方式，减轻班主任工作负担，避免由传统的班主任"等级式"管理转移成班委强权管理，调动广大学生的积极性，主动参与到班级管理中来，切实提高班级管理效率。

2. 自我教育理念

自我教育理念，就是受教育者自己教育自己，使思想修养、道德纪律等达到教育目标要求的一种教育方法。苏霍姆林斯基说："真正的教育是自我教育，是实现自我管理的前提和基础，自我管理则是高水平的自我教育的成就和标志。"小组合作班级管理目标就是实现从管理学生到学生自己约束自己，自己管理自己。

3. 群体效应理念

群体效应理念，心理学认为群体对个体心理和行为的影响表现在使个体之间产生归属感、认同感和得到支持的力量。在班级小组化管理中不但小组成员之间存在这种群体效应，而且小组与小组之间也存在这种群体心理效应。

4. 竞争合作理念

竞争合作理念即竞争需要合作，竞争促进合作。只有善于合作，借势助力，才能在合作中发展自己，才能增强参与新的竞争的实力。因此，竞争和合作都是促进事物发展的动力。这一理论反映到教育的班级管理上必然要求培养学生的竞争与合作意识，而小组合作班级管理模式正是适应了这一要求。

5. 人本管理理念

人本管理理念就是在管理活动中要求坚持一切以人为中心的管理理论，其核心是以人的权利和发展为根本。实质是充分肯定人在管理活动中的主体地位和作用。因此，我们在班级管理中必须树立人本管理理念，把学生是班级管理主体作为基本出发点及核心，由此围绕调动学生积极性、创造性及个性发展而展开一系列活动，班主任只有用这个理念来指引自己的工作，才能把绝大部分学生培养成为能力突出人格健全适应时代发展要求的人才。

6. 素质教育理念

素质教育理念就是面向全体学生的教育，是以培养学生能力，发展学生个性为目的的教育，小组化班级管理正是为了体现教师主导性，学生主体性，师生合作性，管理民主性。

目前，许多学校纷纷采用小组合作管理模式，并且实效显著，被人们誉为近十几年最重要和最成功的教学改革。但是，小组合作管理模式的具体做法依然在探索发展中。因此，在推行实施小组合作班级管理模式时，需要注重做好以下这些过程环节和问题：第一，明确目的，分组结伴，共同定名，合作进取；第二，学生自主，分配角色，明确任务，适当调整；第三，公平竞争，合理评价与奖励；第四，考虑细节，不断完善规则，因材施教。

三、班级管理有效性的理论探讨原理

班级是学校的细胞，对班级管理有效性的理论探讨是教育工作者永恒的课题。新课改下，如何实现班级的有效性管理，探求寻找具有指导意义的班级管理有效性理论是非常必要的，当然更需要我们不断地学习、反思，用自己的智慧探求适合班级特点的好对策。为此，现就大家已积累的较为成熟的班级管理有效性的理论依据作一概括，以便大家学习借鉴。

（一）人本管理原理

人本原理，是管理学四大原理之一，顾名思义就是以人为本的原理。它要求人们在管理活动中坚持一切以人为核心，以人的权利为根本，强调人的主观能动性，力求实现人的全面、自由发展。其实质就是充分肯定人在管理活动中的主体地位和作用。人本原理运用于现代教育管理之中，就是全体师生是学校主体，师生的参与是学校有效管理的关键，使每一个学生人性得到最完美的发展是现代教育管理的核心，为教师和学生的发展服务是教育管理的根本目的。

1. 概念确定

人本管理原理就是以人为本的管理思想。其主要观点：尊重人、依靠人、发展人和为了人。在班级管理者中，人本管理原理就是要把每一个学生当作教育的目的，确立和尊重学生在教育活动中的主体地位，尊重他们的个性特点，让学校的一切活动都为满足学生的成长和发展而设计和组织，着力培养他们的自信心、全面而和谐的素质、鲜明的个性，尤其注重培养他们的创造力。

2. 研究目标

人本管理原理是以谋求人的全面自由发展为根本目标的。其研究目标就是：点亮人性光辉，回归生命价值，共创繁荣和幸福。在班级管理中，就要充分尊重学生的感情需要、人格独立和个性自由，从而创造一种良好的和谐的积极向上的班级氛围的管理活动。

3. 基本特点

（1）人本性。人本管理是以人为本的管理制度和方法。人本管理的核心是人，它把人置于组织中最重要的资源地位。在教育教学管理中，就要以人的特长、兴趣、心理状况等综合性情况来科学地安排最合适的活动，营造良好的班级教学环境和氛围，充分考虑学生的成长和价值，调动和发挥其学习的积极性、主动性和创造性，从而提高教育教学的效率和质量。

（2）情感性。运用"以人为本"的班级管理模式，教师在与学生的沟通交往中，把交往方式控制在成人状态，把学生看成是平等的交往者。美国罗杰斯的"人际关系"理论，苏联的"合作教育"，现代的"和谐教育"等都论述了良好的师生关系在教育教学中的作用。良好的师生关系必须依靠浓厚的师生情感来维系。因此，重视"感情投资"，以情感人，使学生因感到温暖而把班级当作自己的"家"，从而形成一个温情脉脉，人人"爱家""报家"的"家庭式"的组织。在这样的班级中，学生容易接受老师的教育。

（3）创造性。"以人为本"的班级管理，因人、因地、因时而异，切忌千篇一律、程序化和公式化。处在成长过程中的学生，个性差异很大，这就要求班主任对不同个性的学生采用不同的沟通办法与教育方法；对变化着的班级软环境、管理措施、手段应做出相应的调整。整个管理活动既要考虑学生思想和心理动态变化发展的需求，又要考虑不同学生的性格特点、文化素质和道德水准的差异。因此，"以人为本"的班级管理追求以新奇制胜，以巧妙攻心，关注学生的日常生活、学习等细枝末节，创造性地进行管理。

（二）自主管理原理

自主管理是对组织基层充分授权，从而激励基层组织和个人工作自觉性和创造性的管理方式，准确地说是一种管理思想。这种管理思想运用于现代教育管理之中，就是在实施教育的自主管理的全过程中，要充分注重人性要素，全力关注学生的潜能的发挥。注重学生的个人目标与班级、学校目标的统一，在实现班级、学校目标的同时实现学生的个人价值。

1．概念确认

自主管理原理是一种在自我教育思想指导下进行的教师自主管理班级、学生自我管理自主发展的以培养学生的创新性人格为价值取向的教育管理理论。它属于自主教育研究的范畴，旨在弘扬人的主体精神、突出人的主体地位，促进人的创新人格和谐发展，努力实现班级管理的自主化、民主化、科学化。

2．研究目标

通过建构起"学生自主发展"与"班主任自主管理"班级的理论及操作规程，从而创设健康有序、宽松和谐的管理氛围，形成开放高效、激励上进的管理机制，培养师生的自主管理能力，发展师生的创造性思维，培育人格完善、思维广博、知识丰富、个性鲜明的富有创新精神和创造能力的学生。

3．基本特征

（1）强调自主性。自主管理原理要求师生双方积极主动，学生可选择地求新求异又求同，共同开掘由知识、能力到创新的途径，能把握自己的生活、学习，及时自我总结、提升，寻求量变到质变的创新发展。

（2）富有开放性。师生在自主管理班级的广阔时空中，兼收并蓄，不断选择、体验、锻造、感悟、培养健全的心理、完善的人格，形成高尚的价值观；特别是，教师亦要在成就学生的同时，升华自己，以求共同走向完善。

（3）高扬生命性。自主管理原理的立足点和归宿是师生的自主教育，真正还原了教育"人"的主体地位，从而唤醒、塑造、完善人的生命意识，尊重生命、珍惜生命、热爱生命、发展生命，从而让创造这一生命的最佳表现形式得以体现。

（4）具有传承性。自主管理原理让师生有机会把原有的知识储备、生命经验和自己的独特努力结合起来，重新优化组合成为新的事物，升华它们的应用价值为师生的综合素质。

（三）目标管理原理

目标管理原理是美国管理家德鲁克1954年在其名著《管理实践》中最先提出的。目标管理原理是根据目标设置理论提出的目标激励方案。目标管理强调组织群体共同参与制订具体可行的能够客观衡量的目标。它是在泰罗科学管理和行为科学管理理论基础上，形成的一套管理制度。

1. 概念确定

目标管理原理是一种参与的、民主的、自我控制的管理理论。目标管理就是以目标为导向，以人为中心，以成果为标准，而使组织和个人取得最佳业绩的现代管理方法。也是一种把个人需求和组织目标结合起来的管理方法。

2. 研究目标

将目标管理应用于学校班级管理，正是我们将班级管理工作由经验型向科学型转变走出的重要一步。而目标管理，它是一个完整的体系，不是一蹴而就的，它需要我们认真学习思考，反复实践，将理论运用到实践中，进而将实践发展成理论。其研究目标就是在班级管理中能够确实做到"以人为本"，使学生得到身心健康、全面和谐的发展。

3. 基本特性

目标管理原理主要体现导向、激励和调控三个方面的作用。实施目标管理的核心在于"制订科学合理的目标及目标实现过程中的检查、指导、反馈和考核"。其基本特性主要有以下几点。

（1）目标明确性。就是在管理过程中事前就要有明确目标。明确目标远比追求如何尽力去做更高效，而且高效益是和高目标紧密相连的。在班级管理中，应努力以先前确定的明确目标为导向，采取一系列的有效措施和行动，不断向着既定目标努力前进，从而最终实现目标。

（2）全员参与性。目标管理实行全员参与制度，由上、下级共同商定，依次确定各种目标，是一种民主管理。在班级管理中，就是要师生共同参与教学目标的设定与选择，并对如何实现目标达成一致意见。全员参与性在本质上体现了"以人为本"的系统性管理和主动性管理。

（3）结果激励性。目标管理要求目标设置要科学，这样就能激发人的动机，调动人的积极性，增强人的责任感，具有鼓舞人心的作用，使每个人对目标的实现都寄予很大的希望，从而愿意把自己的全部力量贡献出来，它是一种激励管理。

（4）自我管理性：目标管理强调实行自我管理、自我控制与自我评价，目标的实施，由目标责任者自我进行检查、监督与衡量，对工作中的成绩、不足和错误自我进行分析、总结和评价，不断修正自己的行为，提高工作效益，以达到目标的实现，是一种自觉管理。

（5）注重实效性：目标管理重视实效，将评价重点放在工作的成效上，按员工的实际贡献大小如实地评价一个人，使评价更具有建设性，是一种成果管理。

（四）激励管理原理

激励管理原理是关于管理组织如何满足人的各种需要、调动人的积极性的原则和方法的概括总结。它是指通过特定的方法与管理体系，将员工对组织及工作的承诺最大化的过程。激励管理理论的目的在于激发人的正确行为动机，调动人的积极性和创造性，以充分发挥人的智力效应，做出最大成绩。激励管理原理认为，工作效率与职工的工作态度有直接关系，而工作态度则取决于需要的满足程度和激励因素。

1. 概念确定

激励管理原理指利用某种外部诱因激发人的动机，让人产生一种内在动力朝着所期望的目标前进的心理活动过程。在班级管理中具有重要作用。激励管理理论有需求型激励理论、过程型激励理论、行为改造型激励理论等。

2. 研究目标

秉持学校以育人为本、教师以教学为本、学生以学习为本、管理以激励为本的理念，系统荟萃激励理论的主要成果和最新进展，总结提炼学校激励的成功实践和基本原理。构建起目标激励、榜样激励、感情激励、竞争激励、参与激励、评价激励等多方式的激励，实现学生全面发展的班级管理目标。

3. 基本原则

激励管理原理就是在班级管理过程中通过激发、表扬和鼓励，对学生施加外部的影响，激发学生努力进步的内在动机，实施积极外在行为，促进学生全面发展。其基本原则有以下五条。

（1）内部与外部激励相结合。内部激励是任务本身的刺激，是活动进行过程中源自组织成员内心所获得的满足感、成就感等，内部激励具有一种持久性的作用。外部激励是任务本身之外所获得的满足感，外部激励表现为目标激励、物质激励、榜样激励等。外部激励任何时候都是必不可少的，但是管理只有在内部激励上去努力，才能从根本上调动学生的积极性，而单靠外部激励是不全面的。所以，班级管理中要积极帮助学生充分认识教育的重要性，唤醒学生自主管理的意识，帮助学生从学习过程中获得满足感和成就感，同时要辅之以恰当的外部激励，通过两种激励相辅相成，激发起学生的积极性、创造性。

（2）正向与负向激励相结合。在管理中，正向激励是对组织成员符合组织目标的期望行为进行的奖励，目的是让这种行为更多地出现。负向激励是对组织成员违背组织目标的非期望行为进行惩罚，以终止这种行为。在班级管理中，要坚持以正向激励为主，正负激励相结合的原则，对学生符合班级目标的行为多进行奖励，以调动其积极性，同时对违背班级目标的行为进行惩罚，达到奖罚分明。

（3）物质与精神激励相结合。物质激励和精神激励各有侧重，应因时、因事、因人制宜。在两种激励结合时，必有主有辅，对此，要灵活掌握，不可机械地、固定地予以规定。一般来说，精神激励是主导的、持久的激励形式，在班级管理中，如学生家庭困难，可给予物质的帮助；学生获得优异的成绩，可进行一些物质奖励。同时，对于德、智、体等有进步，或学习获得优异成绩的学生应多进行精神激励，如口头表扬、颁发奖状证书、授予荣誉称号等。

（4）适时与适度激励相结合。人性中最深切的需求就是渴望别人的欣赏。事实上，生活中每个人都渴望得到别人的赞美与赏识，孩子则更甚。在管理中，选择好激励时机会产生良好的激励效果，要根据具体学生特性、具体情况在事前、事中、事后适时择机对学生进行激励，才能更好地发挥激励应有的作用。同时，激励强度要适中，强度过大和不足都起不到激励的真正作用。因此，班主任在班级管理中一定要以欣赏的眼光去发现学生的优点，并适时真诚地去赞美吧！它会使孩子如沐春风，也会使你轻松"无为"地实现教育目标。

（5）个体与集体激励相结合。在班级激励中，个体激励就是针对学生个体行为进行有针对性的激励，激励学生不断努力，获得进步。同时，每一个学生是班集体的个体，应有集体的荣誉感、团队意识。因此，还要重视集体激励，如在班级中评选先进团队小组、先进学习小组，通过集体共同努力获得先进班集体等，让集体与个体两种激励相辅相成。

第三节　对班级管理有效性的策略研究

班级管理是学校管理的重要组成部分，它对实现学校教育目标，完成育人任务，起着极其重要的作用。如何实现班级管理的有效性？这是学校管理实践中值得认真研究的重点课题。因此，在学校教育教学中，班主任对于班级管理得是否有效，将关系到学生的身心能否健康发展、能否树立起良好的班风校风的问题。作为教育工作者的我们，必须重视对班级管理有效性策略的研究。

一、对班级管理有效性的方法探寻

随着教育改革的不断深入，新型的教育价值观打破了传统的教育时空，这给班主任工作带来了前所未有的机遇与挑战。每当打开媒体，看到这里发生老师与学生的冲突，那里又是学生的轻生时，作为班主任的我们应好好检视自己的管理方法是否有效？我们传统的班主任工作方式大多是事无巨细的"保姆式"管理，或是声嘶力竭的"权威式"呵斥，这些除了扼杀了学生的创造才能和增加学生的逆反心理外，班级管理的效率并未有大的起色而且大打折扣。因此，班主任怎样去积极探寻班级管理的科学方法，增强班级管理的有效性，就成为每个班主任都迫切需要思考的问题。现就国内比较公认的大家积累较为成熟的一些班级管理有效方法作一探寻归纳，以便大家借鉴应用和进一步探究。

（一）班级目标管理法

班级目标管理法是在一个班级系统的组织管理方法，其特征就是在班主任的指导下全班学生共同参与制订班级奋斗目标，以班级目标为导向，再进一步共同谋划制订实现目标的有效途径与策略，然后一一付诸行动，最终实现班级目标。班级目标管理法最精华的地方就是变外部控制为内部激励，充分调动学生的参与意识、积极性和创造性，变"要我做"为"我要为实现自己的目标而做"。从目标管理理论的特点来看，在班级管理中，我们应全力做好以下三个方面。

1. 确立明确的班级目标

确立明确的班级目标，就是在同学们充分了解学校总体目标的基础上，班主任指导班级学生根据具体情况共同制订出班级目标与学生个人目标，目标制订要详细具体和便于操作。

（1）目标的制订要务实体现与时俱进。班级目标与个人目标的制订都要务实，就是要根据班级和同学们自身具有的现实条件来定，不能好高骛远，也不能止步不前，要体现稳定进步。

（2）目标的制订要与学校目标相结合。班级目标与个人目标的制订都要和学校的整体计划相结合，同学们要把学校计划当中的一些大型活动自觉地纳入班级和个人的目标计划当中，要把这些活动当作班级和个人实现相应目标的重要途径。

（3）目标的制订要翔实富有可操作性。目标制订应翔实具体可操作，其实施途径更要显示详尽性。如对于班级和个人目标实施的时间、用到的资源、活动的内容等都要进行详细的规划。

2. 认真实施好班级目标

目标实施这一环节可谓是目标管理的中心环节，主要是根据同学们自制的目标类型分类进行管理。专业和文化基础课由于大家学习目标相同或相似，所以主要分成若干个学习小组由组长来具体负责，各科课代表和学习委员负责协调；学校规定的集体活动由分管班干部具体负责，由班长负责协调；对于特长小组根据具体内容分成若干兴趣小组，每个小组选出一名组长，负责各小组的具体活动安排，学习委员和班长则负责协调工作。所有的工作由班主任进行总协调。

各小组具体负责的同学主要责任是具体安排学习活动的时间、地点、形式等内容，此外还要根据每个同学的具体目标负责组内成员的进度协调，负责安排组内不同程度的同学之间的相互帮扶，及时做好每一阶段的总结，并且把发现的自己无法解决的问题及时反映给负责协调的同学。而负责协调的班干部同学主要负责对小组内解决不了的问题进行小组之间的协调，如各小组活动的地点冲突、资源的冲突等。班级内部无法解决的，需要学校帮助的问题由作为班主任的我来协调解决。

因此，在目标实施过程中的管理是不可缺少的。首先，进行定期检查，班主任利用双方经常接触的机会和信息反馈渠道自然地进行。其次，要定期向各小组通报进度，便于互相协调。再次，要及时对各小组进行指导并帮助他们解决出现的困难问题，当出现意外、不可预测的事件严重影响目标实现时，也可以通过相关的协调修改原定的目标。

3. 科学总结好班级目标

总结主要有两个：期中总结和期末总结。前者是期中对各小组同学的目标完成情况进行一次总结，主要是看各小组内目标完成情况如何，目的是根据进展状况对下半学期的进度进行调整。后者则是在学期期末进行，这一阶段必须按照每个小组同学的目标完成情况和实际成果大小来进行。具体做法是先让各小组成员根据自己学期初制定的目标进行自我检查，然后小组之间进行互查，检查的依据就是事先确定的目标。对于最终结果，应当根据班级目标进行评价，并根据评价结果进行激励。激励措施可与期末评优选模相结合。如果目标没有完成，应分析原因总结教训并在下一阶段的管理中提高改进。

（二）班级制度管理法

班级制度管理法就是为了增强班级管理的规范性，使班级管理更加科学化、规范化、精细化，促进良好班风、学风的形成，根据学校发展要求，制定班级共同遵守的规章制度及细则，依此来管理班级的办法。该管理法的核心是制度的制定必须做到完善而科学。班级管理常见的规章制度有《班级学生一日常规》《班级公约》《班干部职责》《小组长职责》《值日生职责》《班级管理日志量化积分标准》等，但是在这些规章制度的制定中一定要充分体现全体学生参与的积极性、主体性和民主性，在制度的内容上一定要充分体现时代性、科学性和激励性，在制度的运用上一定要凸显实用性、方便性和公平性。只有这样才能规范学生日常行为，培养学生良好习惯，促进学生核心素养及其全面发展。班级制度管理法的运用要注意以下几个问题。

1. 班级制度管理法的使用要求

在班级建设中使用班级制度管理法时，一定要注意做到以下三点要求。

（1）科学制定班规。应依据班级情况有针对性地制定班规，班规必须代表大多数人的利益，班规条款应明确，应有可操作空间，应在实践中不断完善。

（2）公正引导激励。无论制度的约束，还是班规的落实，必须做到公平、公正、民主、科学；应以激励、教育、引导为主。

（3）建立合作小组。班级制度管理法的有效应用对象是现代班级管理模式下的"学习合作小组"。其主要策略是对班级分成的若干同质小组实施捆绑式管理及考核。

2. 班级制度管理法的使用方式

在班级建设中，使用班级制度管理法时，应着力注意以下两个方面的方式方法。

（1）采用轮换值周班长制。就是在采取班干部轮换制的情况下，由值周班长负责督查考核班级一周内全方位的工作，并进行全面总结，评选出本周优秀"学习合作小组"，将班级量化考核结果记入班级"学习合作小组"考核栏里。

（2）明确管理考核之内容。一是考核各小组的学习、出勤、卫生、纪律四个方面的情况；二是检查每个人的作业、课堂表现、学案、优秀率等；三是考核各小组的早晚自习、两操活动质量；四是评价每个人的周检测和月考成绩。

3. 班级制度管理法的使用原则

在班级建设中，使用班级制度管理法时，应注意遵循以下三个原则。

（1）循序渐进原则。班级制度要坚持一条一条地出，一条一条地落实。这样才稳妥。必须根据班级实际情况，每次出台一条或几条，坚持落实让学生形成习惯后，再出台新的规定。

（2）科学民主原则。制度不能由班主任闭门造车一个人说了算。班主任要召开班会，提出问题，让学生充分讨论，针对实际情况，以民主表决的方式定出可行而易操作的规定。即使班主任有再好的想法，也要通过这种民主的方法来形成制度。

（3）以人为本原则。制度的制定与实施，要体现以人为本，尊重学生的内心情感体验，保护学生自尊心和主体性。这样，学生才可能从内心更容易接受。这就是制度所要体现的人性化。

（三）班级民主管理法

班级民主管理法，就是班主任在"民主、公平、公开"的原则下，科学唤醒学生成为班级真正主人公的意识，极大地调动学生参与班级管理的积极性，培养学生管理能力，实现班级有效管理的方法。它相对于权威式、保姆式的管理方法，更符合学生的心理需求和"以人为本"的管理思想，也是班主任所追求的管理艺术。它能使学生在无意识中接受管理，唤醒其主体意识，弘扬其主体精神，发挥其主体能力。利用民主管理的方法，不仅能使班级的学习成绩得以提高，而且也能使学生的素质能力得到很大提高。要利用好民主管理法就要注意做到以下四个方面。

1. 了解学生情况，树立为学生服务的思想

当代教育家魏书生先生曾经说：班级管理的民主，就是班主任要牢固树立为学生服务的思想。在一个班级里，有几十个学生。每个学生的情况都不一样，这就要求班主任要去了解自己班里的每一个学生的家庭、成绩和兴趣爱好。这样才能在心里对自己班的学生有大致的了解，在开展工作时，就会根据学生的实际情况做到为学生服务。

2. 改变师生角色，建立平等互助式的关系

现代教育思想要求，教师不仅要成为学生的典范表率，更要成为学生的知心朋友。因此，作为班主任就要充分发扬民主精神，培育学生的民主意识，要和学生建立起一种民主、平等、互助的师生关系，做一个民主型的班主任老师。只有教师尊重每一个学生，平等对待每一个学生，将原本属于学生的主体地位，交还给学生，他们才会好好做好自己的事情，将班集体的事当作自己的事，他们才会引起重视。因此，师生间建立平等互助的关系是十分重要的。

3. 倡导人人做事，建立事事有人做的氛围

魏书生老师在班级管理中应用最好的方法就是"人人有事做，事事有人做"。我十分赞同这个观点。让每个学生都积极参与班级的工作，不但减轻了班主任的工作压力，而且提升了学生做事的能力，这是锻炼学生能力的一个好方法。当全班学生都有自己的任务去完成时，他们就会感到生活充实，也就不会有时间调皮捣蛋了。让多数学生参与班级的工作和活动，这样有助于提高学生为班集体服务的积极性，有助于增强班集体荣誉感，还有助于增强学生的责任意识。

4. 制定民主制度，坚决做到依规依法治班

"没有规矩，不成方圆"，要实现班级管理的民主化，就必须建立民主的班级规章制度，依据民主的班级"法规"治班。因为民主是给学生自由，但不是无限自由，需要在规章制度的约束下才能实现真正的民主。只有依"法规"制班，才能真正地实现班级管理的民主化和科学化。所以，在班级管理过程中，师生必须一起制定班级规章制度，共同约束大家的日常行为，对于一个班来说是很重要的。因为当大家都知道班里有班规，那么谁也不会轻易触犯班规。无形中学生也会自觉做好一切事情。

（四）班级自主管理法

班级自主管理法，就是老师对班级基层组织（学生个人、小组、学生社团、班级）充分授权、放权，让学生进行自我教育、自我管理的一种班级教育管理模式。其核心理念是：以人为本，尊重学生，信任学生，依靠学生，激励学生，发展学生。其动机目标是：发挥教师的主导作用，充分体现学生的主体地位和主观能动性，让学生学会求知、学会合作，学会生存，学会做人，同时把老师从繁重的日常工作中解放出来，做一个幸福、自由、健康、专业、纯粹的教育工作者。班级自主管理法依靠的主要手段是：一靠制度，二靠文化，三靠活动。班级自主管理法的运用应注意做好以下三个方面的工作。

1. 给学生一个明确的制度体系

班级自主管理法的运用，关键是要构建一个学生能够自主操作的制度体系。一套内容详细，操作具体的管理制度，是培养学生良好行为习惯的最好的老师。制度规定得越详细具体，学生自主操作性就越强。因为每一个动作都有文字的依据。班规应由学生自己来制定，管理要依照班规来进行。只有全面放手，全部由学生参与管理的班级管理才是真正的自主管理。制度详细周密，是学生自主教育管理的第一步。

2. 确保班规能够被学生顺利执行

（1）班主任要讲透班规的利弊，激发学生自主兴趣。班规制度的制定不是对学生的约束，而是为了保护每个人的民主、自由、独立、平等的权利不受老师和学生的侵害，保护每个人在自己的班级里都有一席之地，保护大家在班级里都有话语权；班规制度的执行能够培养同学们良好的社交、生活习惯，让你今后成为一个受大众欢迎的人；班规制度不仅仅只表现为奖惩条例和量化规则，而是同学们美好班级生活的支柱，是通向美好班级生活的桥梁。

（2）围绕班级自身建设的需要，增强班规的实用性。一切管理都是源于学生。因此，在制定和使用班级规定和制度时，一定都要从实际情况出发，努力达到实在、具体、适度和全面。

（3）运用肯定的行为示范方式，教会学生自主管理。班级自主管理，重要的是学生自己去操作、去管理、去教育自己。因此，教师在舆论引导时要尽量把那些"不许、不能、不准"变成"可以、能够"，变成必要的"加分奖励"。

（4）班主任运用自主管理法时，切忌犯如下错误：一是在制定班规时缺乏民主性，二是在班级管理目的上急功近利，三是班纪班规的内容上缺乏人文关怀，四是在班级制度的执行上可操作性不强，五是班规制度推行时没有群众基础，六是班规制度在贯彻上缺乏连续性。

3. 建立一个长效的自主激励机制

（1）重视保护班级中弱势群体，确保班级管理权力的公平。制度的公平体现在对每一个人的尊重上，只有每一个人的权利都得到保护，他才对这个团队充满信赖依恋之情。

（2）注意听取微弱的反对之声，确保自主管理思维的完善。班级管理者，能够听取主流的声音是明智的，而能够听取反对之声，那更是激发学生自主管理的好做法。

（3）注重向学生示弱包容缺点，给学生自主的经历和信心。不要轻易批评一个学生，多一次批评，就是多一次否定；而多一次否定，就等于你削弱了学生一部分自主的能力。

（4）力争发现亮点多赞美学生，让学生不断感受成长激情。唯有赞美才是激发学生不断自主的最好的武器。学生在活动中有了持续不断的成就感，他们就会感到自己有价值。

（五）班级激励管理法

在班级活动中，教师要根据学生的需要，把握住教育时机，区别不同的对象，运用恰当的激励方法，使学生在参与活动的过程中，在同伴卓越的表现中，汲取营养，接受强有力的正向刺激，去寻求更高更新的目标，从而把教育者的要求内化为学生的心理需求，产生坚实有效的激励效应。班级激励管理法的实施主要有以下六种方式。

1. 信任激励方式

我们知道：刘备"三顾茅庐"力请诸葛亮显示出一个"诚"字，魏征从谏如流得益于唐太宗的一个"信"字。信任是人与人相处的润滑剂，它可以是加速个体自信心爆发，从某种角度上讲自信比努力对于学生的成长更为重要。信任激励是一种基本激励方式。教师与学生之间、学生与学生之间的相互理解和信任是一种强大的精神力量，它有助于班集体中人与人之间的和谐共存，有助于形成班级凝聚力和积极向上的良好班风。教师对学生的信任体现在班级管理与活动中相信学生、依靠学生、发扬学生的主人翁精神上，尊重他们的意见和建议，放手让学生大胆尝试，从而最大限度地发挥每个学生的主观能动性和创造性。

2. 职务激励方式

有效的激励能产生巨大的精神力量。在班级管理中，根据学生具有争强好胜和强烈的表现欲的心理特征，采用"值日干部轮换制"方式优化班级管理。通过这种组织形式可以为每个学生提供展示的舞台，从而锻炼、发现、考察班干部苗子，更重要的是还可以强化自省意识和竞争意识，促使每个学生自发地进行换位思考，产生"我能行"的自信心，体会到成功的喜悦，从而激发他们的进取心和积极性，推动他们的学习热情。

3. 情感激励方式

情感是影响人们行为最直接的因素之一，任何人都有渴求各种情绪的需求。按照心理学上的解释，人的情感可分为利他主义情感、好胜情感、享乐主义情感等类型。"感人心者莫乎情"，教师要根据学生需要和情感之间合乎规律的联系，通过满足学生某种需求的方式，激发学生积极向上的情感和情绪。"没有学生心灵的唤醒，没有学生精神的参与，就没有真正的教育。"我们应走进学生，走向学生的情感世界，与他们的心灵零距离接触。一旦将学生的情感调动起来，引起情感共鸣，他们就会产生一种集体归属感，从而会自觉地跟随教师指引的方向前进。

4. 目标激励方式

目标激励，就是确定适当的目标，诱发人的动机和行为，达到调动人的积极性的目的。目标作为一种诱引，具有引发、导向和激励的作用。期望理论认为，人只有在预期自己的行动有助于达到某一目标的情况下，他的行动才会得到充分的激励，可以用下面的公式表示："激发力量＝目标价值×期望概率"。式中，激发力量是个体愿为达到目标而努力的程度，目标价值是个体对所要达到的目标的重视程度，期望概率是个体对行为活动能够导致目标结果的可能性的估计。这一公式表明：一个人把目标价值看得越重，估计实现的概率越高，被激励的程度就越强。这为班级管理中目标激励提供了心理学依据。班主任应善于引导学生制定目标，使班级目标形成由小目标到大目标，由近景目标到远景目标的目标系统。在引导学生制定目标时，一方面要进行人生观、价值观的教育，使学生有崇高的远景目标；另一方面应结合自己实际情况确定近景目标，不要盲目攀高，以更好地发挥目标激励的作用。

5. 评价激励方式

美国心理学家詹姆士曾说："人最本质的需要是渴望被肯定。"从人的动机看，人人都具有自我肯定、光荣、争取荣誉的需要。评价作为一种信息反馈，对学生的行为活动有重要的激励作用。在班级管理中运用评价激励时要注意以下几点：一是要注意评价激励的针对性和公正性，不能泛泛而论；二是要注意评价的及时性和准确性，应在第一时间给予准确激励为佳；三是要注意评价的技巧性和艺术性，公开场合应以肯定性评价为主，否定性评价则应在私下交流；四是要注意评价形式的灵活性和多样性，口头的与书面的，语言的和非语言的，定期的和随机的，等等。有时一个眼神、一个动作会胜过一火车的说教，起到点石成金的功效。

6. 行为激励方式

人的情感总受行动的支配，而人的激励又将反过来支配人的行动。我们所说的行为激励就是以某对象富有的行为情感来激励他人，从而达到调动人的积极性的目的。

我们常讲榜样的力量是无穷的，就是某种典型人物的行为，能够激发人们的情感，引发人们的内省与共鸣，从而起到强烈的示范作用，就像一面旗帜，引导人们的行动。在使用行为激励时要注意以下问题。首先，教师作为教学工作的组织者、领导者，其一言一行无时不对学生产生潜移默化的感染熏陶，因此每个教师应提高自身素质，爱生敬业，使学生从老师身上看到什么是认真、诚实和进取，并以此去感染学生；其次，要实事求是地宣传榜样的先进事迹，激发同学们学习和赶超榜样的动机；再次，是要引导同学们辩证地看待榜样，防止机械地、形式地模仿；最后，还要关心榜样的成长，使之不断进步。

二、对班级管理有效性的措施探究

班级作为学校教学的基本单位，其管理水平的高低，对学生的全面健康发展，对完成教育教学的各项任务起着举足轻重的作用。一个良好的班级会激励学生不断进取，促使其主动健康地成长、全面地发展。要达到这个目标，班主任的班级管理必须讲究一定的策略。现代管理的"人本"思想认为，人是管理活动的主体，一切管理均以调动人的积极性为根本。因此，充分调动学生的心理积极性，在一定程度上能够提升班级管理工作的成效，由此可见，树立学生目标意识，增强学生民主观念，激励学生自主管理，是提升班级管理质效的重要因素，是班主任创新教育管理的行之有效的措施。

(一) 引入班务竞争机制，实行干部轮流竞聘

在班级管理中，引入班务竞争机制，实行班干部轮流竞聘管理制度，既可以培养学生的竞争意识，又可以提高学生的竞争能力，同时还能够锻炼学生的自强自立、自信向上、坚忍顽强的意志品质。因此，在新课改形势下，作为班主任的我们，一定要积极深入开展推广这一管理措施的实践活动，在探究应用的基础上，每月召开一次班级工作总结会，一是归纳总结经验成绩，二是分析讨论发现问题，三是研究问题解决方案，四是谋划后期工作发展。

在工作总结会上，要求班干部就自己所分管的工作进行分析总结，找出工作中的成绩和不足，分析班级中的强项与弱项，并分探究弱项产生的原因，共同探讨弱项变强项的具体办法。通过这样，不仅能够培养学生的责任意识，而且能够促进学生知难而上的敬业精神，不断提高其工作能力。

同时，在实施班干部竞争竞聘的过程中，班主任更要注重强调合作精神。通过一系列评比活动使学生看到只有各部门合作团结起来，才能取得更好的成绩，班级才能成为更优秀的班级。例如，在一个月中各项工作都很优异，唯独由于月考成绩不理想致使班级没能拿到"优胜班级"，这时就要引导其他班干部在做好本职工作的前提下，要协助学习干部督促检查辅导全班学生的学习，这样既能促使班级工作整体提

高，又能促进学生间建立一种民主和谐、平等互助的人际关系。

（二）采用班务日志制度，凸显主体管理作用

为搞好班级工作，我们充分发挥"班务日志"的职能。根据学号顺序轮流记录每天班级学习、生活、出勤、纪律、卫生、好人好事、活动等各方面情况，做到翔实、具体，并附有本人的简要评价。每周的班会课上，首先阅读"班务日志"，然后根据"班务日志"所反映的具有代表性的问题，确定班会主题，开展主题班会。

这样既有针对性，又有时效性，学生参与的积极性也比较高，都能主动发表自己的观点和看法。既能肯定别人身上的优点，又能在自己身上找到不足。例如，针对个别学生习惯差、乱丢垃圾等现象，便将主题班会的内容确定为"珍惜他人劳动成果，保护我们的生活环境"，通过讨论、分析、自省，使学生明确这种行为既是对值日生劳动成果的破坏，又是对自身健康不负责任的表现，损人不利己，从而提高学生的思想认识，自觉维护公共卫生。总之，"班务日志"可使学生更关注发生在自己身边的事，对检点自己的言行、修正自己的行为，起到了很好的正面教育作用。

（三）完善班级规章制度，突出以人为本思想

"制度是方向，制度是规则"，有了明确的制度，才知道事情怎么做，达到什么样的效果。一个胜利的团队必须要有铁的纪律，一个好的班级也必须有严格的规章制度。因此，管理一个班集体必须先有一个切实可行的规章制度，但必须是"以人为本、和谐发展"的理念。新时期的学生个性强、差距大、思想多、习惯差，这就要求我们制定的班规要符合时代特点、符合学生实际。为此，我们要在"精细"二字上做文章，先和班干部制订出讨论稿，印发给学生组织讨论，共同研究提出修改意见，最后由班委成员对班规进行整理归类，只有这样一个为学生量身定制的班规才能使其付诸实际行动。

班规具体内容分为"学习""文明""守纪""卫生""舍务"五个方面，除了大家共同遵守的内容外，我们还应针对每位学生的实际情况进行实时变更，尤其在学习上，对不同学生在不同时期应有不同的要求，随着时间的推移，要求逐步提高。班规要体现操作性强的特点，包括班级管理内容标准、奖励原则、扣分细则等内容，对相应管理工作和学生日常表现均以分数量化，专人考核记录，每周一次综合，每月进行相应评比和奖励，以此来调动全体学生的积极性，增强班级的凝聚力和集体荣誉感。与此同时，完善检查反馈机制，不仅常务班长、值日班长、值勤组长随时监督，班主任要按照学校精细化管理的要求及时到位，及时将检查情况反馈到责任人，进行督促整改。

（四）推行全员管理机制，创建人人管事氛围

推行全员自主管理模式，就是要打破传统的以班委为中心的管理体制，实现民主管理。该机制的推行是以满足学生的需要为着眼点，通过学生全员参与班级事务管理，可凸显人人"显优、献优"趋势，增强学生的成就感与自信心，逐渐建立起积极的自我观念，促使学生主动和谐地发展。管理心理学认为，在所有能调动积极性的因素中，需要是最根本的因素。满足学生的社会需要（集体的需要）和自我的需要，能产生强大持久的动力。

班级全员自主管理模式的组织形式的核心内容是：全员协作和自我表现有机结合，促使个体乃至群体学会做人、学会共同生活、学会学习、学会合作、学会创造。因而，它可以一方面使班级管理做到"事事有人干，人人有事干"；另一方面更重要的是培养学生良好的习惯与品质，增强学生的自立、自主、自强意识，提高学生各方面的能力。

班级全员自主管理模式的形成，是以竞争上岗和民主选举相结合的方式进行的，首先从全班学生中选出威信最高的五位作为班委，在这五位班委中，选取能力最强的一位为班长。班委经过讨论，按班内的实际情况在全班中设立各部门来细致分解班务，根据各种职务设置岗位，岗位设定后，先让学生们自愿报名，通过演讲、投票后，由班长和老师合理调配安排职务及工作；必须让全班同学都有自己的岗位，实施全员上岗制度，达到"事事有人干，人人有事干"。

（五）实行班级奖罚制度，发挥正向激励效应

在素质教育深入开展的今天，用什么手段来奖惩学生，如何让奖惩达到最佳的效果，是摆在我们每一位教育工作者特别是班主任老师面前的一个值得深思的课题。如果不给予正确引导和教育，学生有可能会走上不良的成长之路。对于学生来说，要培养他们良好的习惯，单一的惩罚或单一的奖赏效果都不是很好，最好的做法应该是奖惩并济。

表扬和奖励可以帮助学生重新认识自我，点燃他们努力奋进的火花。为此，我们应多设奖项，实行全方位鼓励。如，每月设立：各种标兵、各种优秀奖、各种进步奖、各种达标奖等，并颁发奖状，张贴上墙。这样能对不同层次的不同学生都进行客观评价和鼓励，激发每一位学生的上进心，使每位学生都有目标可寻。同时，配合使用惩罚，引导学生自省、自悟。常常学生违反了纪律，班主任或苦口婆心地进行说教，或进行严厉的批评与处罚，但效果甚微，甚至逆反。这时我们不妨设计一些简单易行的办法，如：做一件好事、唱一首歌、捡十个矿泉水瓶、写一份说明书等。尤其是以写一份说明书取代以往的检查，既可保护学生的自尊心，又能使学生真正有所领悟、有所认识，及时改正错误。在班级管理过程中，正向激励应注重实效。

（六）实施真情关爱工程，做好学生心灵感化

为了帮助每一位学生在班集体里面和谐生活、健康成长，教师需要深入调查一些表象背后的原因，并因材施教，做好学生和家长的情感纽带，用博爱的胸怀换取学生的信任，用智慧的心境感化学生的心灵，用团队的力量来鼓舞学生前进的勇气。由于每个学生的基本情况有所不同，班主任要抓住每位学生的心理特点，熟悉每一位学生，就必须在课上课下，都要认真观察学生的言行举止，了解学生的思想、学习、纪律、家庭等情况。特别是对问题生更要花费大量时间和精力对他们进行严格教育，持之以恒做细思想工作。

班主任只有动真情、用真爱去工作，才会经营出一个温暖和谐的具有凝聚力的班集体；最终能使学生自我调整、自我发现、自我发展，使每一个生命都会带来不一样的感动，这就是教育者的价值。因此，对于没有良好学习习惯的学生，绝不能迁就，要求当天作业必须当天完成，并及时和家长沟通，让家长配合督促检查。对有不良行为习惯的学生，更是要严格教育。特别是对待差生既要有信心又要有爱心，帮助他们克服心理上的障碍，进行个别辅导，使他们真正感到班主任的一片真情，从而扬起理想的风帆。

（七）强化习惯养成制度，夯实幸福人生根基

常言道：好习惯成就好人生。的确如此，良好的行为习惯是做人成功的关键，但习惯具有很强的惯性，要在短时间内形成或改变是很难的，它是一项长期的、复杂的、艰辛的育人工程。因此，我们必须在班级管理中要强化习惯养成教育制度，本着以严为纲、以爱为本的原则，多一颗爱心，给孩子们的人生当好向导，努力培养他们的文明礼貌习惯、感恩的习惯、志存高远的习惯、一心向学的习惯、专心致志的习惯、持之以恒的习惯，为幸福人生奠定好基础。

要养成这些良好习惯，首先，要明了道理，拥有意愿，就是让学生从道理上明了养成良好习惯的重要性，还要从情感上激发学生拥有养成良好行为习惯的强烈意识和愿望；其次，要完善"他律"，倡导"自律"，建立良好的奖惩与激励机制，开展课内外、校内外养成教育活动；再次，要注重细节，抓好落实，文明习惯的养成、道德修养的提高，必须从日常生活的细节入手，从我做起，从现在做起，从点滴小事做起，逐渐养成良好的行为习惯；第四，要因人制宜，分类施教，充分考虑学生的个体差异，采取灵活多样的教育措施；第五，要常抓不懈，持之以恒，因为良好习惯的形成，是意志与毅力的结果，只有经过严格要求，反复训练和努力实践才能形成。

（八）坚持规范管理要求，增强团结协作精神

孟子曰："不以规矩，无以成方圆。"塞·约翰逊说："巨匠是在严格的规矩中施展他的创造才能的。"因此，班级管理的有效性必然是严格坚持规范化管理及要求。作为教育工作者，我们必须清楚：团结凝聚智慧，协作产生力量。团结协作是一切事业成功的基础，个人和集体只有依靠团结的力量，才能把个人的愿望和团队的目标结合起来，产生1+1>2的效果。为此，在班级管理的过程中，我们要大力倡导和严格要求学生，无论在学习、纪律上还是平时的做操和升旗活动，始终都要拥有高昂的斗志和良好的精神面貌，必须做到快、齐、静，动作要规范，步调要一致，态度要坚

决；在学校组织的各种文体比赛活动中，给学生定出"团结一心争第一"的目标，注意培养学生的集体荣誉感和团结精神，让学生在这个班集体中感到自豪和快乐。

在班级管理中，我们怎样规范要求培养团结协作精神呢？第一，营造积极向上、和谐信赖的人际关系，这样能够融洽师生相处气氛，宽松愉悦教学环境，激发同学们的聪明才智；第二，建立通畅和谐的沟通渠道和信息反馈平台，这样能够充分表达和有效反映不同的利益诉求，有利于统筹协调各方面利益和妥善处理各种问题，从而促进班级各项工作合力的形成；第三，开展丰富多彩的集体活动，以增强同学们的团结协作意识，提升班集体的整体素养和智慧，同时将形成的团队意识和集体智慧，转化为在实践中不断增长的凝聚力和工作能力。

（九）引用目标管理制度，优化班级管理方式

目标管理是一种参与的、民主的、自我控制的管理方法，也是一种把个人需求和组织目标结合起来的管理方法。它能调动组织员工的主动性、积极性和创造性，将个人利益和组织利益紧密联系起来鼓舞士气，极大地激励组织人员为实现目标而努力，具有很好的激励功能。因此，我们在班级管理中应大力提倡、大胆应用这一方法，以提高班级管理的有效性。

班主任在引入使用目标管理时，必须注意做到以下几个方面：第一，与学生一起共同制定目标，目标的制定要合理，目标必须有不同层次、不同系列的特点，目标必须具体明确，体现它的激励性。第二，将班级总目标进行分解与展开，就是把总目标层层分解到小组和个人，达到人人肩上有担子，千斤重担众人挑的目的。第三，考核与评价目标，目标管理法强调对管理工作的考核应以目标为依据。除了靠学生自觉外，考核、评价机制是关键。在评价考核时，坚持以是否实现目标作为评价标准和依据。这样，以后再订目标时，学生才有积极性，才会形成良性循环。

（十）采取有效交流机制，提升班集体核心力

增强班集体核心力是班级管理的重要内容，在班级管理中最关键的是要得到学生的认可与配合，要有学生的积极参与和支持。因此，班主任在工作中要学会与学生进行有效的交流和沟通，抓住时机与学生"以心交心"地交谈，唯有这样工作才会顺利开展。交流内容可以是学习、生活以及习惯，也可以是情绪、自信、成长以及需求等，尽可能多了解学生，尽最大能力帮助学生，真心解决同学们在学习生活中的问题和困难。

在班级管理中，班主任尽可能采取灵活多样的方式与学生坦诚交流。如：在制定班规或者是对某事情做出决策时，可以利用班会与学生坦诚交流；当学生情绪低落时，班主任可以采用主动交流；当学生有暂时不愿公开的烦恼时，可以用留言的方式交流；当学生遇事难以处理时，可以用关爱和鼓励的心态去交流和帮助。当然，与学生交流不仅仅是在有事情或者是事情发生了才去交流，班主任对事情要有预知性，走

在事情发生的前面，做好部署计划。这样，通过心与心的交流和切合实际的帮助，学生才会体会到关注与理解，感受到老师所给的爱，心灵不断向老师敞开，成为班主任的知己。

（十一）建立班级平等制度，公正对待每个学生

作为班主任，大家都知道要平等、公正地对待每一个学生，但真正做到的并不多，厚此薄彼时有发生。长此以往，班级管理工作越来越难进行，问题学生此起彼伏，常常感到当班主任不容易、太累，要改变这种状况，就要认真慎重地做到以下两方面。

1. 在思想上，不能有好学生、坏学生之分

班主任一旦有此看法，就会有不同的方法对他们进行管理，学生也会形成潜意识：谁是好学生，谁是坏学生。久而久之，坏学生就会破罐破摔，永远都不会转变为好学生。其实，班主任管理班级，不能也不可能让所有的学生都做得十全十美。因此，班主任要正确地看待每一个学生的优点和不足，不能简单地把学习成绩作为衡量学生好与坏的唯一标准。要用"火眼金睛"捕捉和发现每个学生身上的闪光点，并加以正确的引导，使整个班级呈现出生机和活力。

2. 在行动中，不说谁干什么事都在行的话

如果这样，等于是说其他几十人干什么都不行，在肯定一个人的同时，否定了其他几十人。这样容易使被肯定的学生盲目自大、自负，骄傲自满，不把其他同学放在眼里，轻则被认为是没有礼貌，不懂得尊重他人，没有教养、没受过教育，缺少家教等；重则会让他们承受不了一点小小的挫折，一旦遇到与自己意愿不符的事情，容易产生悲观、消极情绪。相反地也会使其他学生自暴自弃、不思上进，不管遇到什么事情，都是一副"事不关己，高高挂起"的态度，从而使得班级管理工作陷入僵局，无法开展。

（十二）构建感恩教育机制，教会学生真正做人

感恩是道德价值形成的起点，是人与人相处的良好黏合剂，是和谐社会之圭臬。感恩教育对于学生完善人格、健全情感、增强团队协作意识、促进学生综合素质的全面提升起着非常重要的作用，对当代中小学生来说，学会感恩，拥有感恩之心，更是一种责任意识、自立意识、自尊意识、奉献意识和健全人格的表现。加强学生感恩教育是学校培育和践行社会主义核心价值观的应有之义。因此，班主任应从主渠道作用的发挥、丰富感恩教育的内容、开展感恩实践等方面构建学生感恩教育的长效机制，教会学生真正做人。

感恩教育的主要内容有：感恩父母、感恩社会、感恩自然和感恩师长。首先，感恩父母把我们带到人间，感恩父母含辛茹苦地把我们抚养长大，感恩父母的鼓励和默默的支持，感恩父母无私的爱护和辛勤的付出；其次，感恩国家和社会提供给我们安定团结的社会环境，让我们在和平年代快乐成长；再次，感恩大自然的蓝天白云、青山绿水、阳光雨露，让我们感受到了无尽的美好和舒畅；最后，感恩老师为我们传道、授业、解惑，教我们做人之本。

作为班主任，我们在班级管理的过程中，应适时提醒学生：父母辛辛苦苦为我们创造如此美好的学习、生活条件，让我们坐在这宽敞明亮的教室里，难道我们不应该努力学习科学文化知识，学会做人的道理来报答他们吗？除此之外，老师每天给我们上课，传授科学文化知识，给我们批改作业，讲解纠正疑难错题，引导我们在知识的海洋里遨游，难道我们不应该努力学习科学文化知识，学会做人的道理来报答他们吗？还有国家和社会，为了把我们培育为祖国的栋梁，社会的建设者，实施了两免一补（免书费和学杂费，发放寄宿生生活补助），现在又为我们（农村中小学生）提供营养早餐，难道我们不应该努力学习科学文化知识，学会做人的道理来回报社会吗？

三、对班级管理有效性的策略探讨

一个班级由几十名学生组成，要培养好这些学生，就必须调动学生的思想积极性，充分发挥他们的聪明才智，充分挖掘他们的内驱力，优化他们的成长环境，培养他们的核心素养和各方面的能力，使他们成长为适应时代要求的各类人才。要达到这一目的，必须依靠作为班级领导者和组织者的班主任，做出艰苦努力和长期实践，采取切实可行的班级管理措施，才能在现代育人工程中描绘出灿烂的前景。为此，我们就班级管理的有效性策略做进一步地深刻探究，这也是我们教育工作者需要永久研究的课题。

（一）应用人本主义理论，做好班级管理七化

班级作为学校教学活动的基础单位，其管理水平的高低，对学生全面健康发展、对完成教育和教学的各项任务起着举足轻重的作用。因此，班主任在班级管理过程中一定要结合班级实际与学生反馈的信息进行管理的创新，应用人本主义理论，认真做好班级管理以下七化。

1. 班级框架建构合理规范化

班级是学生在学校接受教育和生活成长的基本单位，要组织管理好一个班级，首先需要在班级框架构建中做到合理规范化。班级框架建构就是指学生座位的排列和班委会的建设。

（1）关于学生座位的排列。一般我们都是采用秧田式排列，就是在排列时按照前后左右、男女性别、动静性格、学习态度和思想状况等互相兼顾搭配而设计构架。这样有利于管理，有利于相互激励，更有利于同学团结协作，进而形成管理的合力效应，为班级建设打下一定坚实基础。

（2）关于班委会的建设。班委会建设既要兼顾使比较多的同学参与、得到锻

炼，又要注意防范由于管理的人过多反而无人管理的现象。班委管理制应分为三个层次：一是值日班长制。让每位学生轮流做值日班长，负责填写班级日志，记录考勤、作业、纪律，协助班委进行当天管理。二是班委会制。设置班长、体育委员、纪律委员、学习委员、宣传委员、劳动委员、生活委员、组长、科代表、舍长等，各班委有明确的分工，各司其职。三是班委核心制。其构成是班长、体育委员、学习委员、宣传委员、劳动委员和纪律委员共六人。让他们构成班级管理的核心。

2. 班级组织建设功能明确化

一个组织健全的班级，能有效进行班级管理。因此，在班级管理过程中，班主任的首要任务是策划好班级组织，并明确分工，让他们各司其职。也就是要严格选举班委和组建合作学习小组，制定管理职责，明确分工到人。在此基础上，班主任要充分协调指导调度好班级组织，发挥其应有的积极有效功能，维护和管理好整个班级。良好的班级组织一般具有以下三个功能：一是具有榜样同化功能，就是其他同学都会以他们为榜样，起到潜移默化的示范作用；二是具有激励约束功能，班级其他同学会在他们的激励下，自发产生一种无形的力量约束自己的行为，向好发展；三是具有监督共管功能，促使班级学生向自我管理迈进。

3. 班级常规管理科学精细化

班级常规管理是学校管理工作的重要组成部分，它是班级学生各项能力得到充分锻炼，使培养目标得以实现的必不可少的重要环节之一。为此，在班级管理过程中，首先，班主任要克服传统的管理思想，树立科学的管理理念。就是在班级管理过程中，要将管理与教育相结合，通过管理促进教育，又通过教育促进管理。其次，班主任要建立科学的班规制度，在常规管理中要以《中学生守则》《中学生日常行为规范》《学校一日常规》为准则，狠抓学生基本生活习惯，文明语言、行为举止，校内外学习行为、纪律道德，使常规管理规范制度化。再次，班主任要建立监督机制，依照常规管理对学生行为成长具有的导向性作用，依靠班级组织力量，及时了解情况，适当加以引导，使学生在不知不觉中把常规管理落到实处，使班级常规管理更具科学性和精细化。

4. 班级精神培育典型榜样化

一个健全的班级管理体系，既要有严格的制度约束，又要有先进典型的榜样激励。树立先进典型、用运榜样力量进行班级管理，则是班级管理文化最生动、最直观的一种有效外化形式，这种积极向上的班级文化管理是发展构建优秀班集体的最高境界和灵魂。因此，在班级管理的过程中，要提高管理的有效性，树立典型榜样是关键。首先，要树立正面典型，以班级中勤奋好学，积极上进的学生作为典型，进行积极的指导，指出他们的闪光点和不足之处，要求他们在各方面都起模范带头作用。其次，要树立思想暂时落后的转变典型，在耐心启发和循循善诱下，充分肯定他们的闪光点，鼓励他们增强自信心，并以正面典型激励启发他们，一点一滴逐渐转变他们。这样就可以以一带十，点面结合，收到良好的育人效果和管理效应。

5. 班级素质教育活动系列化

班主任充分利用好开展各项活动的机会，在做好总指挥的同时，寓管理于活动之中。根据各项活动的特点，制订开展活动的方案规则，来指导约束学生。通过活动的启动、组织和开展，让学生在轻松和谐的活动气氛中养成良好的行为习惯，形成融洽的人际关系，进而提高道德素质，陶冶思想情操；通过活动的参与、体验与实践，培养学生的集体观念、竞争意识和拼搏精神，激发学生的积极进取心理和奋发向上热情，增强学生的集体荣誉感和成就感；通过活动的设计、安排和指导，帮助学生树立远大理想，激励学生发奋学习、积极上进，确立正确的人生观、价值观和世界观，促进学生核心素养的全面提升。

6. 班级思想政治教育疏导化

思想是行动的先导和动力。人们无论做任何事情，都是先有思想，后有行动，并且唯有积极正确的思想才会有积极正确的行动。班级管理是学校管理的基层单位，做好学生思想政治教育工作，建立良好的班集体，是培养高质量人才的基本保证，对实现学校的教育目标和管理目标起着极其重要的作用。为此，班主任一定要善于做学生的思想工作，学生只有在思想上发生了积极的变化，行为上才可能出现正面的转变。一句话，注重思想教育才是班主任工作的治班之本。忽视了思想教育，就失去了教育学生的制高点。在班级管理中如何提高学生的思想教育呢？我认为可以从以下几点着手：一是要全面了解把握学生的思想状况，尊重、信任和平等地对待每一位学生；二是以身作则、榜样示范，用高尚的师德感染、影响和帮助学生树立正确的人生观、价值观；三是要严格管理、加强督导检查，逐渐改变学生的不良习惯，提高学生的思想政治素养。总之，加强学生的思想政治教育工作是一项长期、艰巨而又复杂的工作，它需要我们点滴积累、循序渐进。如果我们每一位班主任都能把它作为己任，在班主任工作中做到管理育人、教书育人、服务育人，我想学生的思想政治教育工作是能取得实效的。

7. 班级关系处理分寸妥帖化

现在的学生，思想、性格大多活跃，在平时很容易形成自然群体。俗话说：物以类聚，人以群分。作为班主任就必须掌握分寸，用合理科学的态度加以分析，做好妥帖疏导，而不是首先极力阻止。一般来说，它是具有积极意义的，有时往往"一人有难，众相帮忙"，在活动中能充分发挥群体的集体力量，班主任要把握这一点加以引导。积极的引导，有利于学生个性得到较好的发展；有利于同学间取长补短，互相促进，共同提高；有利于凝聚班级正能量和向心力。但自然群体是无组织的，往往很容易涣散，不利于班级管理。因此班主任要掌握好分寸，正面引导，指导学生选择合适的伙伴。俗话说：近朱者赤，近墨者黑。好的伙伴会终身受益。

总之，只要班主任用科学的眼光来面对班级工作，面对学生，班级管理就会顺利开展。当然班主任要以身作则，有道是：其身正，不令而行，其身不正，虽令而不行。班主任要处处以学生为主，为人师表，把自己融化到班级之中，以发展的眼光来看待每一位学生，让每个学生都产生自己比别人能干的自豪感，和学生一起用主人翁的态度对待班级管理。

（二）应用需求层次理论，做到管理五多五少

美国心理学家马斯洛提出了人类需要层次理论，阐明了缺失需要与成人需要的关系，这种思想对教育具有重要的启示。在班级管理的过程中，重视学生内在动力的调动与集体凝聚力的培养，这是强化班级管理有效性的根本策略。具体做法如下。

1. 多一点表扬，少一些批评

表扬与批评是班主任在班级管理中经常使用的一种激励手段。若能正确地把握表扬与批评的艺术，在调动学生积极性、创造良好班风上可收到事半功倍的效果。哲人詹姆士曾精辟地指出："人类本质中最殷切的要求是渴望被肯定。"可见，在对青少年进行教育的过程中，坚持对学生优点、努力、进步、成绩进行肯定，采取以表扬为主的教育方法是非常重要的。中学生大都自尊心强，希望在老师的表扬中树立自信和尊严，得到被肯定。恰如其分的表扬，无疑是一副振奋人心的良药，不仅使学生产生积极的情绪，也使他们心理上产生一种成就感。从而乐意接受老师的教育。反之，一味地批评指责，只会给学生消极的心理暗示，会使学生无所适从，甚至产生自暴自弃的心理、叛逆的心理。因此，我们不要吝啬对学生的表扬。这不仅能充分发掘每一个学生的闪光点，而且会使受表扬者带动整个班风积极向上。

2. 多一点谈话，少一些冷落

一个班集体，一般由四五十人组成。这么一大帮程度不同、性格各异、活泼好动的青少年会聚在一起学习生活，必然产生这样或那样的问题。这不是几次主题班会所能解决的。班会解决的只是共性问题，而座谈交流解决的是个性问题。只有在座谈中，我们才能真正了解学生的成长环境、学习中的困难、生活上的烦恼等问题。在此，应该引起我们重视的不只是谈话的次数，而是跟哪些学生谈。如果在这个时候，教师不能做到公正平等，结果只能引起大多数学生的不满。要么认为老师偏心，要么不认同你的管理。这就需要我们扩大座谈的面积，把座谈重心转向所谓的"中游生"与"问题生"，通过座谈我们可以了解这些孩子的成长环境、学习基础、接受能力等。通过与不同学生的个别谈话，得出的结果不一而足。这些看似阳光的孩子背后却是程度不一的苦恼。谈话会使我们的心中多几把衡量孩子的尺子。通过座谈，可以使孩子们学习生活中的问题得到及时解决，以增强其学习的主动性。反之，你若对他们不管不问，置之不理，这些孩子在冷落中也许会自卑、怯懦，心理失衡，逐渐迷失自己，放纵自己。

3. 多一点爱心，少一些冷漠

因为教育是一种服务，所以教师不是蜡烛、梯子。师生不是"父子"关系，教师也不是高学生一等的管理者。教师职业有管理的作用，但重要的是"服务"。服务需要提供爱心，是职业要求，但不是施舍。改变施舍爱的观点是一种进步，会减少烦恼。教师的"爱"是一种教育手段，是追求教育成功的手段。师生关系应建立在"尊重人"的基础上，学生是"人"应当尊重其人格、尊严，师生应当民主、平等，对所有学生应当平等相待，"爱"是对学生人格、尊严尊重的表现。相反，冷漠只会损伤学生的自尊心，因此冷漠是教育工作之大忌。冷漠还会使教育对象的身心受到重创而背离集体；使逆反心理加重，自暴自弃；会破罐子破摔，甚至偏离学校教育的轨道。

4. 多一点活动，少一些单调

班级是集体，集体就要讲究凝聚力。"聚"便是集体的荣誉感，体现在德、智、体、美、劳各个方面。集体活动常常是增强凝聚力的强化剂。有益的集体活动不仅丰富了学生的生活，而且有利于增进师生之间、学生之间的感情，同时也是增强集体荣誉感的最有效的途径。活动中，学生可以宣泄情感、发挥特长。运动场上的拼搏，成绩单上的关注，演讲活动的举办，无不体现着集体的凝聚力。这种热情、激情可以贯穿活动的整个过程。孩子们在活动中找到了当家做主的感觉，班级管理就会水到渠成，班级成绩也会水涨船高起来。如果孩子们只有日复一日的考试与学习，单调的日子就会压抑他们的天性，他们必然要找一个情感的发泄口，或扰乱课堂，或打架闹事，从而给班级管理带来不必要的麻烦。

5. 多一点宽松，少一些禁锢

班级管理工作的对象是活生生成长发展中的学生。在实际工作中，班主任要管的很多，小到学生的穿着打扮，大到学生的前途命运。许多班主任事必躬亲，结果造成学生的依赖性强，缺乏自我教育与自我管理能力。这既不利于学生自身的完善与发展，也不利于班级工作的进一步开展。因此，班主任要正确把握管理的尺度，要严宽相济，宽到别让学生出事，严到能调动学生的积极性、创造性。我们不难发现，十四五岁的孩子有自己的喜好和追求，他们也需要有一个自我发展的空间，需要宣泄情感，张扬个性，丰富业余。当管理严到人人须"两耳不闻窗外事"时，严到稍有风吹草动就大发雷霆时，便演化成了禁锢。禁锢了学生的思想、感情与生活，这将很难让他们信服你的教导，也谈不上发展他们的个性特长，也有可能引起他们的反感，形成与老师对抗的态势。这势必给我们的班级管理带来不必要的麻烦。因此，给学生的学习生活留出空间，不仅可以发展学生的个性特长，还可以为我们的班集体带来一份轻松，一份温暖，一份和谐。

（三）应用多元智能理论，做实班级管理过程

多元智能理论的创始人——美国哈佛大学教授加德纳认为，就智力结构而言，

智力是多元的，它不是一种能力而是一组能力，而这组能力不是以整体的形式存在，而是以相对独立的形式存在，每个人身上至少有八项智能，即语言智能、数理逻辑智能、音乐智能、空间智能、运动智能、人际交往智能、自我认识智能和自然智能。实践证明每一种智能在人类认识世界和改造世界的过程中都发挥着巨大作用，具有同等的重要性；环境和教育对于能否使这些智力潜能得到开发和培育起着重要作用。因此，我们在班级管理中再不能片面地单纯依靠标准化考试来区分学生智力的高低，也不能过分强调语言智能和数学逻辑智能的开发是人类智能开发的唯一，进而忽视和否定其他智能的确认和开发。为达到全面调动学生的个性潜能，为每一位学生提供机会，使其能充分发挥自己的特点，发展其潜质能力和创造能力，我们应努力做实班级管理的全过程。

1. 制定目标多元化，培养能力全面化

在班级管理之初，结合班级实际、学生特点和家庭环境，制订出适合时代要求以及适应学生未来发展的共同长远目标、阶段性目标以及近期目标，同时帮助每一个学生制定出符合个人潜能开发与个性特长发展的具体目标。一般班级笼统的整体长远目标可定为"将学生培养成为适应社会的合格人才"，这个目标包括多个方面的能力培养计划。一是适应社会，这是核心内容，要求教育学生的最终目标不仅仅是学业成绩，而且它还包括学生步入社会所必需的人际沟通能力、应变能力、解决实际问题的能力、责任心、独立性、沟通、自我反省能力等多重综合个人素质；二是合格的，表明学生发展所达到的标准是优秀的，毕业后各种能力应该达到较好的专业水平和良好的社会适应能力的。根据这个目标，培养学生能力就是多重化、全面化的。

2. 评价体系多维化，促进发展个性化

班级目标的设定是以全面能力的培养为核心的，那么，班主任在激励学生的优势智能，开发学生的劣势智能时，就必然不能以学生的一个或两个方面的特点评价全局，而是进行有针对性的、全方位的多角度评价。这就要求班主任必须做到以下三个方面。

（1）全面科学地了解学生特点，这是做好评价的基础。可以利用心理学的测量工具，为每位学生设立独立的心理档案；并且利用测量法、实验法、问卷法等科学手段测量学生的性格、气质、价值观、个性等方面的特点；运用观察法、样本取样法收集每位学生的在校表现、学习习惯与方法、思维方式、品行、行为习惯、家庭环境、父母教养方式、早期伤害等信息。

（2）认真准确地归纳数据结果，这是做好评价的关键。在利用各种科学方法收集数据和资料的基础上，运用资料，针对每位学生的长处和不足之处，制定教育目标和方法。

（3）全方位精心设定评比奖项，这是做好评价的手段。如班级管理者奖、卫生

优秀奖、优秀小组奖、班级学习标兵、学习优异、进步、综合表现优异生、板报之花等，在每次重要的考试、活动之后，进行班级评比颁奖，让每位学生都能因为自己的进步而得到不同程度的奖励证书。

3. 管理岗位轮换化，核心素养体验化

这样可以满足大部分同学的归属感，调动他们参与班级管理的热情，唤醒他们的主人翁意识，强化他们的集体责任感，增强班集体的凝聚力；这样可以使每一个同学都能体验到班级管理的酸甜苦辣，从而学会尊重、学会理解；这样可以通过亲身管理实践体验到成功的愉悦和自豪，从而增强成就感和自信心；这样可以使大家在管理班级的过程中得到应有的锻炼，提高同学们的沟通协调能力和组织管理能力。在班级实施班干部轮换制时要加强管理与监控，做到以下三点。

（1）要在班级中成立一套常委班委会。他们的任务和职责主要是指导和监督干部轮换过程中其他干部的工作，帮助他们解决班级的突发事件，此外，班主任要加强对班干部的管理和培养，要求他们要严格要求自己，自觉接受监督与批评，不能把自己凌驾于同学和集体之上。

（2）要对班委会明确工作职责和要求。在班级管理过程中，应对班委会的职责和任期，做出明确规定和细致要求，时间一般定为三到四周为宜，一是防止可能因工作失误而对班级带来的负面影响，二是可以让大多数同学得到锻炼的机会。要求他们在工作期限内要组织一次主题班会，开展一项活动，办好一期班级生活墙报或者布置好一次学习园地，检查一次学生作业，写一份班级工作总结或心得体会。

（3）要注重遵循全员参与和考核评价。在实施班干部管理岗位轮换制的过程中，应尽力多设一些轮换干部职务岗位，如班委中的各种委员，各科代表，纪律、卫生监督岗等，目的是让大多数同学参与到管理中来。同时要注重对这些班干部的工作提出切实可行的能够量化的评价依据，一是与学校对班级的量化考核挂钩；二是让他们对自己的工作进行述职，接受大家的评价。

4. 活动开展丰富化，开发潜能实践化

开展丰富多彩的班级活动，可以为学生提供发展自己优势智能的机会。班级活动不仅可以产生凝聚力，而且可以为学生展示个性潜能提供舞台。班主任应该与学生一起精心设计多种内容、多种形式的活动，包括学习活动、体艺活动、科技活动、社会活动、智能竞赛、劳动实践等，让学生在各种活动中自由充分地表现自己的兴趣、特长和潜力等。这些活动的设计要兼顾集体和个人需要，留给学生表现自己爱好、特长的空间；多样化的活动要求组织上也要发生变化，不仅正式的群体是活动组织的主体，也应当鼓励和引导学生自发地结合起来开展感兴趣的活动。不同活动的开设开展，让学生在丰富的活动中发现自己，发展智能，以活动带动学生各项学习，潜力智能开发，全面和谐发展。

5. 与人交往赏识化，认识自我批判化

人际交往能力的核心，是留意他人差别的能力，尤其是观察他人情绪、性格、动机、意向的能力。这种能力是社会人非常重要的一种能力，它能使人了解他人，更好地与他人一起工作。因此，教师应重视引导学生开发培养自己的这种智能，教会学生尊重别人的知觉和感受，了解不同的看法和观点，包容不同的个性和差异，拥有多元观点和眼光，去看别人，看世界，从而创设出积极的人际关系环境，营造出健康向上的具有归属感和包容感的班集体。

同样，批判性的自我认识智能也是一种非常重要的人际交往能力，它可以使人更好认识自己和处理个人问题。批判性的自我观察是对自己内心世界加以认识的主要方法。因此，教师要重视和培养学生的自重和自我价值的认同感，使其在班级交往中获得同伴的支持与认同，学会通过他人认识自己，取长补短，学会在班级建设中不断成长。以上两种能力对个人和集体都很重要，二者可以有机结合，相互促进。班级组织的各项活动，就是同学之间、师生之间相互了解和交往的机会，是大家共同建设班级的好途径。

（四）应用组织认同理论，做强班级管理实效

组织认同是指组织成员在行为与观念诸多方面与其所加入的组织具有一致性，觉得自己在组织中既有理性的契约和责任感，也有非理性的归属和依赖感，以及在这种心理基础上表现出的对组织活动尽心尽力的行为结果。组织认同理论认为：组织内信任关系的建立能提高组织成员对组织的信任感，良好的组织文化可以增强成员对组织的信念、价值观和目标共鸣。基于组织认同理论，我们应在班级组织内全力营造一种亲近信任关系，引领全体同学主动构建班级组织文化，这样有利于班级组织管理目标的达成。为此，作为班主任我们要全力做好以下五个方面的工作。

1. 树立先进管理理念，凝聚班集体归属感

要达成班级成员的目标认同，构建理念文化，建设一个良好的班集体，首要条件就是班主任要树立起先进的班级管理理念，确认学生在班级中的主体地位、权利和义务，要加强自主意识和民主意识的教育，从而引导学生参与班级管理目标的制订。在学期开始首先组织班委讨论本学期学校的工作计划，在此基础上针对班级具体实际情况，共同确立班级奋斗目标。然后指导全班学生自主的依据班级目标制订班级工作计划，以及个人奋斗目标和学习计划。在计划实施过程中，学生一方面，要接受班主任及任课教师的督导，另一方面，还要接受全班学生的互相监督。如此这样长期坚持，学生就会形成自我意识，更自觉主动参与班级的管理，达到自己管理自己的效果，进而形成对班级的责任感和归属感。

2. 建立自律管理机制，培养学生自立能力

常言道："没有规矩，不成方圆。"因此，在班级自主管理的过程中，首先，必

须建立起科学的自主管理机制和健全的班级规章制度，使学生的管理有章可循、有法可依；其次，需要精心策划培养，使学生顺利实现从以教师为中心的管理到自我管理的过渡，进而形成从他律到自律的转变，达到学生的主动发展；再次，还要建立相应的考核制度和激励机制，引导协助学生提高自学能力、创新能力、自我发展能力。为此，我们不妨采取"双轨运行，素质评价，团队管理，岗位责任"的方式对班级进行管理。具体就是在班上设立常务班委会全面负责整个班级的正常运转，而通过值周班委处理日常班级事务的双轨运行。常务班委会实行竞聘制，值周班委则实行自由组合轮岗制。另外，设立班级监察组，完善综合素质评价的日常管理，使学生常规管理与最终评价相一致。如此长期坚持，学生就会形成自我管理意识，自觉主动参与班级管理，达到自己管理自己的效果，进而提高自立能力。

3. 打造优秀管理队伍，培育班集体责任感

要形成班级成员的认同感，构建精神文化，建设一个良好的班集体，其核心要素是打造优秀的管理团队，让其发挥好榜样作用。现代教育理论告诉我们，要建设一个成功的班级，班主任首先要选择一些品学兼优，责任心强，身心健康，乐意为同学服务的学生担任班干部，并根据他们性格、能力的差异，安排相应的工作，尽心培养和教育，使之成为同学的榜样，带动其他同学不断进取。为此，班主任必须精心打造和选聘常务班委，监察组，值周班委；并合理分工，加强培训，一般采取三步走的策略，即"教会他，引导他，放手他"；全力构建并推行"人人有事做，事事有人做"的分工制度，逐渐形成班级中"每个人都有事做，每件事都有人管"的良好局面，以培养学生的集体意识和责任感。

4. 营造和谐管理文化，创建学生精神家园

为学生营造一个团结向上的学习生活环境，无论对于班级、学校都至关重要。有人说："文化是一个民族最真实的性格，是一个民族骨子里流淌的血液。"对一个班级来说，也如是。班级文化是一个班级的灵魂，是班级特有的教育环境和氛围，它潜移默化地影响着学生的思想、言行和情感，甚至未来的人生观和价值观。班级"自治"是班级管理的最高境界，其核心力量就是班级和谐管理文化。苏霍姆林斯基提倡读书，提倡让孩子们在大自然中感悟和熏陶，这是一种追求宽容、质朴、丰富与升华的文化；李镇西致力于班规建设，致力于师生对话，这是一种追求民主、博爱、法制与规范的文化。可见，班级文化正作为一种重要的育人方式，为广大教师所熟知。

5. 构建互信管理渠道，筑牢家校合作桥梁

要达成班级成员的目标认同，价值文化意会，建设一个良好的班集体，其中构建家校沟通渠道与合作桥梁是重要保障。因此，学校与教师首先要根据班级情况，经常性地组织家长会、讨论会等活动，保持与家长的沟通与配合；其次要做好家访工作，

家访是做好班主任工作的重要途径，家访是学校、家长、学生联系的纽带，通过家访一是了解学生在家里的生活、学习情况，二是可以给家长灌输一些现代教育观念，让家长知道从哪些方面去教育孩子，怎样教育孩子，并随时与老师配合，了解孩子的思想动态和行为表现，及时解决他们的思想困惑，纠正其不良行为。

第四节　对班级管理有效性的实践反思

班级管理工作不仅是一项长期的复杂工作，而且还是一项不断重复着的、变化着的工作。在班级管理的工作过程中，需要我们班主任对班级进行不断的观察与思考，进一步调整和完善班级管理方略，同时也要调节自己的心理状态，在此基础上还要不断地实践、探索，再实践、再探索。总之，班级管理工作是班主任永恒的主题，时势在变，学生在变，教育在变，作为班主任要想做好班级管理工作，必须与时俱进，顺应时代需求，创造性地开展工作，做一个好班主任，"没有永恒的资本，只有永远的追求"。

一、良好习惯养成是班级管理有效性的实践基础

班级管理的每项活动无不渗透着对人的教育，成长中的学生对班级管理带来了复杂变化性，因此，从管理对象——学生的角度来谈治班方略，那就是"养成一种习惯，完成一个行动，形成一种个性，决定一种命运"，简称"四个一"方略。

（一）全面提高对践行良好习惯养成教育的思想认识

虽然现代教育理论认为，在班级中不应该压抑学生个性的发展，但是学生在校的学习和生活主要是在班级内进行的，我们更应该知道"不以规矩，无以成方圆"的道理，学生遵守班级纪律与班级规则，是班级进行正常管理，顺利开展各项教育活动的重要保证，而纪律的核心在于自律，即培养学生的自我学习能力、自我教育能力和自我管理能力，自律对于学生而言是养成习惯、培养素质素养的关键。因此，我们不因压抑学生个性而放松对学生应有的养成教育。

我国著名教育家叶圣陶先生说过："什么是教育，简单的一句话，就是要养成习惯。"养成教育就是培养孩子养成良好习惯的教育。而所谓培养，就是"按照一定的目的长期地教育和训练"。养成教育就是从行为训练入手，综合多种教育方法，全面提高孩子的素质，从而达到其最终的目的——形成良好的习惯。

培养良好的习惯一定要有持久性和针对性，否则我们将前功尽弃。根据科学实验证明，一个人在21天之内反复地做一件事情，那么他就养成了一种习惯。培养习惯的秘诀之一就是"关键头三天，决定在一个月，坚持不懈，直到成功"。学生良好习惯

的培养，需要我们不断地提醒与监督，在他们形成习惯的过程中我们不但不能松懈，必要的时候还要为学生做好示范。这就是我所说的一种习惯，一个行动，其实就是"实践—习惯—自律"的过程。

在日常的教育教学过程中，需要先生养成的习惯有很多，我们千万不能眉毛胡子一把抓，一定是养成一种习惯后再去培养另一个习惯，围绕工作重点各个击破，最终达到我们自己想要的结果。从心理学的角度看，学生对技能的形成会产生遗忘，因此反复抓，抓反复，成为班主任管理班级的一项重要工作。

（二）全力采取对践行良好习惯养成教育的有效措施

养成一种习惯，完成一个行动，它渗透在班级管理的各个环节和内容上。班级是由学生组成的，研究学生是班级管理的根本。针对学生的个性差异，教育工作者必须充分发挥每个学生的潜能和积极因素，有的放矢地选择适宜、有效的教育途径和方法手段，因材施教，使每个学生都能得到最大的发展。这就形成了某个人独有的特色和个性，这既是对学生而言也是对老师自己而言。由此可见，作为一名班主任，只有在日常的教学管理中引导学生养成良好的行为习惯，才能把他们培养成品学兼优的好学生。践行习惯养成教育管理方略的具体措施如下。

1. 强化"责任"教育

责任心是学生健全人格的基础，更是能力发展的催化剂。强化责任教育是养成教育的前提，培养学生的责任心，是学生核心素养培养的关键，就是让每一个学生都认识到，一个人既然来到这个世界上，就应该学会对自己负责，对他人负责，对家庭负责，对国家负责，只有这样才能自尊、自立、自强，才会有同情心、正义感。只要学生具备了基本的责任意识，其他规范要求的养成就能取得事半功倍的效果。因此，作为教育工作者，我们必须格外关注和强化对学生责任心的培养和教育，具体从以下四个方面去落实。

（1）基于课堂，唤醒责任。注重抓学生学习习惯的培养，时刻让学生清楚作为一名学生，要学会听讲、思考、讨论、作业，这些良好学习习惯的养成就是自己应有的责任。

（2）重于身教，理解责任。教师要平等对待学生，要求学生做的，自身首先做到，处处给学生以榜样表率作用，用自己的实际行动使学生有所感、有所悟，从而增强学生的责任意识。

（3）言于诚信，规范责任。孔子有言："人无信不立"。诚信是做人的基本准则，是立德修身之本，是人之为人的重要品质。因此，要培养学生在小事上落实自己的承诺，答应别人的事要努力做到有始有终、负责到底，避免虎头蛇尾，半途而废。以此提升学生的责任意识。

（4）与人合作，实践责任。学生的责任心在具体的行为情景中会得到更好的培养，所以班主任要寓责任心培养于各种活动中，实践责任意识。在平时，除了积极参加学校的各项活动，还组织开展各种内容广泛、形式多样的班级活动，促进学生之间的彼此尊重理解和相互协作，进而升华为集体感情和责任心。

2. 狠抓"秩序"教育

秩序是指整齐而有条理的状况。秩序教育就是要求和规范人们遵循条理、按照规律组织安排各构成部分，以求达到正常的运转或良好的外观状态的认知过程。学校班级狠抓秩序教育，就是严格要求全体师生在学习、活动、实践和生活中都要全力讲究遵循客观规律和按照规程要求去办事，必须做到步步为营、井井有条。学校生活中的秩序包括课堂秩序、课间秩序、自习秩序、活动秩序等，即学习、生活、活动三个方面的秩序。维护自身和他人秩序，成就道德并掌握命运，是学校班级进行秩序教育的根本与核心。秩序教育就是要培养学生的秩序感，秩序感既是一种自我管理和控制的能力，也是一种处理事情的思路，又是一种规则意识的养成，还是一种人和事物关系的建立。秩序感的培养要从最细微处着手，要求教育者预先心中有数，要为学生创设整齐有序的物理环境，要求教育者有恒久的耐心，在实施中也要根据不同年级学生的年龄特征提出不同的要求，努力实现学校生活秩序化。

3. 加强"礼貌"教育

礼貌是人类为维系社会正常生活而要求人们共同遵守的最起码的道德规范，它是人们在长期共同生活和相互交往中逐渐形成，并且以风俗、习惯和传统等方式固定下来。礼貌是文明行为的主要内容，是个人道德品质、文化素养、教养良知等精神内涵的外在表现，其核心是对他人的关心和尊敬。礼貌教育不仅是一个国家社会风气的现实反映，也是一个民族进步的重要标志，还是一个人内在的思想道德水平和文化素养的体现。因此，让学生做一个文明礼貌的人是时代的要求，是国家和人民的希望。加强礼貌教育就是要求学生在观念和行动上，首先对长辈、对老师、对同学和对他人都要有礼貌，待人接物要有礼貌。礼貌意识的养成要靠广泛的宣传教育，礼貌行为训练要持之以恒，并辐射到家庭、社会中去。实施时根据不同年级学生的身心特点，提出具体的礼貌要求，分步骤实施，积累滚动，形成规范。

4. 落实"友爱"教育

友爱是指人与人之间要友好相处、互相关爱，正确处理与他人交往关系的情感。友爱教育就是培养学生对周围人和事物友好的行为和情感。友好的行为和情感要靠强化才能增进，一是外部强化，即提供一些规范性的要求，采取一些有利于友爱行为健康发展的措施，促使其"友爱"；二是内部强化，爱只有在心中，才会产生自觉的友好行为。友爱教育效果的检验基地最终在家庭中，在学生居家的邻里之间，在社会交往之中。

5. 促使"上进"教育

上进就是追求进步变化的一种内在渴望。"上进"教育就是要培养学生应具备积极进取的心态，要求学生在学习和活动中应努力向上，学榜样、赶先进、创优秀、攀高峰。"上进"教育就是要培养一种进取意识和进取意志，进取意识和进取意志的培养除了宣传引导外，更主要的是要靠教师的示范引领，靠教师用正确的方式激励强化学生的上进行为和进取精神。

6. 强调"卫生"教育

"卫生"本意即为"维护生命"或"保护身体"。卫生一词现在是指讲究清洁，预防疾病，有益于健康。卫生教育就是在广大师生中深入开展卫生与健康知识教育工作，培养学生健康行为和习惯，普及卫生科学知识，倡导文明、健康、科学的生活方式，不断提高全体师生的卫生知识水平和自我保健能力，从而达到预防疾病、促进健康、提高生活质量和学习质量的目的。对学生行为规范教育的重点将放在卫生习惯上，严禁学生乱丢、乱扔、乱画，对行为习惯不好的学生应严格进行教育。

二、班级文化建设是班级管理有效性的实践抓手

要激励一个集体，首先必须要形成大家共同拥有的希望和追求，正是这种追求和希望能团结大家、激励大家，使大家心往一处想，劲往一处使。而班级文化建设就是落实追求和希望的抓手和引擎。班级文化具有一种隐性的教育力量，它对班级管理工作方向性具有引领作用，它不仅能管住学生其人，而且还能管住其心，不仅能引领学生积极主动地学习，而且还能引领学生健康地成长。现就中学阶段的班级文化建设，结合多年工作实践，谈谈具体做法。

（一）完善班级管理理念——以理念文化引领学生发展

完善班级管理理念，提高班级管理的效率，应该是班主任积极探索的共同课题。而要解决问题首先要摆正和更新思想认识，即班主任在育人时要站在"主导"位置上，而不是"主体"的位置上，应该指导学生学会自我约束、自我管理，而这之初要有一个"他律"，才能达到自律，这个"他律"不应该是班主任，而应该是规则、是制度。使学生达到自律的突破口就是培养学生的"规则意识"，使之照章办事，遵规而行。

从这个角度说，班主任班级管理的主导作用就是努力营造一个制度环境、规则环境，让学生在这一环境中潜移默化地、逐渐把自己的思想言行统一到制度的轨道上来，形成强烈的规则意识。学生是一个个活生生的个体，具有很强的复杂性、多样化、易变性，虽然我们鼓励学生发扬个性，但是也不能放弃对学生遵循人皆有之的共性要求，这种共性的表现形式就是制度，就是规则。

因此，当我们每新接一个班，首先要把自己带班的思考想法、基本做法和常规

要求与同学们进行交流，虚心倾听同学们的想法、建议或意见，然后再了解一下同学们的思考、理想、愿望等。通过这种方式让同学们了解和明确本班班级管理的基本方向、奋斗目标和基本要求，也通过这种方式使老师走入学生，使学生走进班级，为今后做好各项工作奠定良好的群众基础。

（二）创建班级管理模式——以管理文化培育学生品行

苏联教育家苏霍姆林斯基说过："真正的教育是自我教育。"这句话阐明了教育的真谛：教是为了不教，管是为了不管。在深化素质教育、提倡培养核心素养的新课改当下，更迫切需要班主任科学地还给学生一个有利于其自身全面发展的人性空间，推行人性化管理。为此，我们应构建科学化与人性化相结合的管理模式，让学生在这种教育模式的实践活动中，学会自我约束、自我教育、自我管理、自我发展、自我完善。

1. 发扬民主管理，唤醒学生主体意识

班主任可利用班会课，组织学生专题讨论：谁是班级的主人？通过班主任引导和平等参与讨论，在学生充分发表意见的基础上，让学生扭转头脑中固有的"班主任是班级主人"的错误观念，并将讨论深化，使学生自己尽快转变为班级主人的角色与身份，从而减少在生活、学习、活动、实践中对他人的依赖性。同时，班主任应以亲切、民主的教风和工作作风，与学生打成一片，建立起亦师亦友的民主、平等、和谐的新型师生关系，从而在心理上拉近了与学生之间的距离，在情感上赢得了学生的热爱和信任。

2. 建立科学机制，培养学生自律习惯

实行并完善"三制三会"的班级管理新体制。"三制"指"人人岗位制""值日班长制"和"小组值周制"。"三会"指"班会""班委会"和"班级民主监督考评委员会"。通过认真践行让每个学生觉得自己在班内有事做，自己的事只能自己决定，必须尽力做好，进而渐渐将"班级共同行为准则"内化为自觉的要求，并形成习惯，凝练成一种素质，不仅唤起了学生的"参与意识""独立自主意识"，而且逐步形成了自我约束、自我教育、自我管理的机制。

3. 采取有效措施，强化学生担当精神

该管的要管，而且要管好、管到底；不该管的则大胆地放手，让学生自己管理自己，并且要不断地培养学生的自我管理意识和管理能力。在自己的班级管理理念实施的过程中，遇到问题时，要采取积极的、主动的、具有说服力和影响力的一些方法加以解决和处理。不仅让学生领悟到我们所做的一切都是在为自己做事，而不是给别人打工，而且更让学生明白自己应该做什么，不该做什么，怎样做好自己该做的事。我们的要求就是：凡是自己能做的事，自己要负起责任来，并通过自己的努力把它做好，凡是自己不能独立完成的事，要学会与人合作来共同完成。大家在一起，同甘共苦，相互鼓励，相互扶持，一起走过人生最美好、最艰苦的同学岁月。

（三）完善班级管理制度——以制度文化滋养学生德行

没有规矩不成方圆。规章制度最大的作用就在于维持秩序、规范行为，它是确保班级风气建设良性发展的关键。在新时期的班级管理中，班主任必须学会用"法治"来取代"人治"，通过建立科学的"班级法律"，即班级的各项规章制度来规范学生和自己。因此，班主任在接任新班之初，首要任务是在确立了班级奋斗的基础上，先为班级制定较为科学的各项规章制度。如此之举，是实现班级管理目标预期效果的有力保证。

在班级文化建设过程中，应该坚持管理与教育相结合。既然是管理，就需要确立基本理念，并建立相应的班级管理组织结构、岗位职责，并制定切实有效的管理制度。班级制度文化建设的核心理念是：自主管理，无为而治。本着高度尊重学生、全面信任学生的宗旨，应确立"自主管理，无为而治"的管理理念，为同学们营造一个"海阔凭鱼跃，天高任鸟飞"的天地，充分地让他们展现自己的才华，成为班集体的小主人。每名学生在班级中都既是管理者，又是服务者。让每个学生都成为班级的主人，既可以培养孩子的责任感、参与意识和主观能动性，又能张扬孩子的个性，增强他们的上进心、集体荣誉感等。班级管理人员任用上，每学期进行一次轮岗和竞岗，保护同学们的参与热情。无为而为也是管理过程中追求的理想境界。

在制定班级规章制度时，作为班主任需要注意以下几点：一是规章制度的适用性要贴切，要符合本班实际，避免"大"而"空"；二是规章制度的操作性要强化，要内容具体明确，避免含糊不清；三是规章制度的表述性要积极，要多用褒扬与鼓励的语言，避免用消极、限制和禁罚类语气；四是规章制度的意志性要民主，要经历全班同学的讨论而达成共识，避免班主任或少数班干部的意愿强加；五是规章制度的执行性要公平，要一视同仁、一以贯之，避免灵活变通。

规章制度一旦制定，无论任何人都要坚决服从，严格在规章制度范围内行事。久而久之，班规进入学生的头脑，成为他们的意识，并让这种规则意识去支配他们的行为，把思想意识转化为行为上的习惯，即达到以制度文化来滋养学生的德行。当班级制度文化成为一种常态时，同学们外在的行为才能内化为一种修养和品性，达成外化于行，内化于心的教育效果。

（四）开展班级系列活动——以行为文化润泽学生成长

班级行为文化主要表现在活动层面，活动开展是学生全面发展和个性张扬的需要，也是班集体建设走向成功的必经之路。我们要管理好一个班级，除了要做好班级常规管理、营造有利于学生成长的班级环境外，班级活动的开展与创新也是必不可少的。通过活动的开展，帮助学生更加明确学习目的，端正学习态度，增强学习自信，提升学习能力；通过活动的开展，促进同学们在思想上更加积极上进、关心他人、热爱集体，在行为上更加团结合作、勤奋努力、拼搏进取。

班级活动的形式很多，如讲故事比赛、诗歌朗诵赛、思政辩论赛、书法绘画比赛、科技制作比赛、器乐舞蹈比赛等。实践证明，组织好班级活动是提高学生成绩的必要手段。班级活动是思想政治、文化知识教育的载体，班级活动的开展能使同学们通过活动来丰富自己的生活，并从中受到启迪和教育。这样不仅能够为班级带来活力，增强班集体的凝聚力，而且也能对同学们的学习成绩起到直接或间接的推动作用。例如，通过组织读书活动，指导学生学会自主阅读，学会欣赏佳作，即可提高学生自主阅读的能力；通过创办英语角，让同学们用英语相互交流学习，即可激发同学们学习英语的兴趣；通过举办科技活动，充分挖掘学生的内在潜能，即可培养学生的创新精神和实践能力，促进学生全面发展；通过举行辩论赛，激励同学们的演讲爱好与热情，即可提升语言逻辑表达能力。

因此，班主任要十分重视班级活动的设计与创新，应有针对性地开展各种班级活动，同时还要注重抓好以下几个环节，真正使班级活动成为学生全面发展、个性成长、成绩提高的推动力。一是班级活动与教育教学紧密结合，为提高教育教学质量服务；二是班级活动应具有明确的目的性，要对同学们的思想和行为具有一定的教育和影响作用，要能在活动中学到知识，陶冶情操，激励斗志；三是班级活动要赋予思想教育的内容，要把思想教育贯穿于整个活动的全过程，使学生真正受到启迪和教育；四是班级活动的内容选择要审慎，应注重其思想的健康性和有益性；五是班级活动的安排要与学校的活动保持一致，班级活动的次数适当为好，不宜太多。

（五）创建班级优美环境——以物质文化促进学生发展

长期的教学实践一再证明，浓郁的文化氛围、优美的育人环境，不仅体现一所学校、一个班级的文化积淀和底蕴，对学生的学习、生活、心理起到良好的调节作用，而且对规范学生的行为习惯，促进学生素质的全面提高，起到潜移默化的作用。班级文化建设很重要的一个方面就是班级教室的布置，如何使班级教室的布置与学生的教育管理有效结合，要注意做好下面几点。一是不同学期，班级布置要体现不同的文化背景和文化需求；二是每个学期文化建设的总体思路和要求都是经过班主任和学生们进行交流、探索的结果；三是前后黑板上方的标语、左右墙面板块的布置，都要根据班级初步拟订的框架思路，在全班师生中进行征集讨论确定；四是自己动手，能写的动手写，能画的动手画，能剪的动手剪，教室布置中所有的东西，都是班级全体师生智慧的体现，都是班级师生理念的体现，都是我们班级风采的展示。

三、教育教学提升是班级管理有效性的实践核心

班主任是班级的教育者、组织者、领导者，他们的工作影响着每一个学生的成长，影响着他们的人生方向。很多人认为，班主任工作的重头是班级的纪律、卫生、

考勤等反映班风建设情况的工作，但我认为这些只是班级管理的辅助，其重要的是如何抓好学风建设？优良的学风，是班集体的生命线，是促进班级不断进步的动力。它可以有效地增强班级的凝聚力和战斗力。班级的主流是好好学习、天天向上。因此，教育教学是班级管理有效性的核心所在，我们应从以下三个方面抓好班级学风建设。

（一）教育学生养成良好的学习习惯

俗话说，习惯成自然。因此，良好的学习习惯对学习有着重要的促进作用。培养学生良好的习惯尤以培养学习习惯为重要。因为好的学习习惯不仅可以保障学生取得好成绩，而且有助于良好的生活习惯的养成。实践证明，为数不少的学生是因为学习习惯不好才影响学习成绩的。为此，班主任要加大力度培养学生的学习习惯，和学生一起研究不良学习习惯的表现形式和矫正方法，这是一项让学生受益终身的工作。班主任还要严把作业关，让学生独立思考，培养自我学习能力，作业是知识的实践。所以作业不交、迟交或抄袭是学生学习进步的几大障碍，要不定期检查，进行监督；课后复习，课前预习并重，使学生养成自觉学习的好习惯，科学分配课余时间，有效深化课内知识。久而久之，养成自觉学习的好习惯，学习成绩便会渐渐上升。要做好这项工作，一靠管理，二靠监督，三靠引导。良好习惯的养成首先要从管理上入手，班主任态度要严肃，管理要严格，监督要得力，引导要有法。学习习惯的养成不是一日之功，持之以恒非常重要。

（二）指导学生掌握有效的学习方法

长期以来，"学不得法"成为制约学生学习成绩的"瓶颈"，班主任应在这方面多给学生以实际可行的指导与帮助。一要指导帮助学生养成课前预习新课的习惯，在教师教授新课之前大致了解课程内容，有助于把握重点带着问题听课，从而提高课堂学习的质量；二要指导督促学生养成认真书写作业的习惯，不仅可以保证作业的美观整洁，还能够培养一丝不苟的严谨作风；三要指导帮助学生养成课堂会学习的习惯，首先要集中注意力听，其次要带着问题、开动脑子听，再次要积极举手发言、认真做好笔记；四要组织开展学生学习方法经验交流，可以邀请上一届的尖子生到班级进行学习经验交流，可以让本班学习好的学生介绍具体的方法，也可以让学习有显著进步的学生叙述提高的"门径"，还可以让学习困难学生谈谈学习中的苦恼及过程，请全班同学一起来"会诊"，使大家取长补短，共同进步。

（三）引领学生树立坚定的学习信心

班主任要努力引领学生在学习的过程中体验成功，让每一个学生都体会到成功的快乐，树立学习的自信心。信心是成功的阶梯，要让学生相信自己一定能行！增加他们的自信心，学习才能有进步。比如在命题方向上，老师要考虑到大多数学生希望高分的心理需求，先是将试题的难度有意降低，让绝大多数学生在考试中找到成功的感觉，让学生因成功而喜欢考试，从而提高学习兴趣。还要注意做好个别学生的引导工作，因人施教，各得其所，充分调动其学习的积极性。

班主任在引领学生树立学习信心的过程中，要注重抓"两头"促"中间"。首先，对优秀学生要提出更严格的要求，激励他们追求更高的目标，注意他们多方面能力的培养，使他们脱颖而出，更加优秀；要防止他们出现自尊自大现象，产生自满情绪。其次，对中等学生要个别教育，激发他们的热情，因势利导，让每个学生都能有表现自己、施展才华、得到激励的机会，从而激发他们学习的积极性，促使其更加勤奋努力，力争上游，不断提高自己，成为优秀学生。再次，对后进生班主任要给予更多的关心和帮助，不仅要对他们进行思想道德转化教育，而且还要帮助他们端正学习态度，明确学习目的，利用课外及节假日时间为他们适时补课，指导学习方法，扫除学习上的障碍，增强他们学习的信心。另外还要善于捕捉他们的"闪光点"，鼓励他们多参加课外活动，对于他们的微小进步给予及时表扬，以激发他们的积极性，增强自信心。

四、教育实践反思是班级管理有效性的创新源泉

班主任工作是纷繁复杂的，每一个班主任的班级管理都需要在实践中得以提升，边走边悟，只有将班级管理工作及时进行总结反思，扬长避短，才能更好地提升我们管理班级的水平。在管理班级教育教学的过程中，我们要养成及时总结反思的习惯，唯有对成功经验的及时总结和对得失教训的反思，才能更好地做好班级管理工作。现就笔者多年来对班级管理的实践，反思如下。

（一）丰富自身素质和能力，是加强班级管理有效性的前提

要增强班级管理的有效性，作为班主任，我们必须要不断加强学习，努力提高自身素质素养，更新教育教学观念，创新开展班级管理。因为我们处在一个改革开放时代的社会里，学生接受外界的事物快，消息灵通，通过各种途径获得的信息量较大。因此对于我们班主任而言，自身综合素质的提高越来越显得迫切和必要。无论是在学习方面，还是在做人方面，班主任首先要率先垂范，尽可能做到学高身正、德才兼备。还是那句话"亲其师才能信其道"！

（二）提升班主任人格魅力，是加强班级管理有效性的基础

班主任的人格魅力对学生产生着潜移默化的影响，为了更好地为学生教育服务，班主任应加强自身修养，自觉规范自己的行为，全身心地投入到管理工作中，加深与学生的交流交往，增进互相了解、互相尊重，建立和发展真挚的师生关系。班主任应该从思想上、学习上、生活上处处关心学生，设身处地地为他们着想，真心实意地帮助学生解决学习和生活上的困难。只有这样，在尊重和理解的基础上与学生建立了融洽的关系，学生才会对班主任产生一种亲切感，才能对班主任敞开心扉，真实交流。因此，班主任要经常深入到学生中，通过谈心等形式把握学生的思想脉搏，发现倾向性和隐发性问题及时疏导，并因时、因地、因人制宜，从学生的需要和实际水平出

发，利用学生的积极因素，消除消极因素，巧妙地处理问题；帮助学生规划其学习生涯，确定个人目标，明确发展方向；进而培养与引导班级正确的舆论与良好的班风。

（三）坚持以人为本的思想，是加强班级管理有效性的核心

现代管理的一个重要思想就是"人本"思想，在这种思想指导下，班级管理必须突破以教师为中心的"保姆式""警察式""裁判式"的管理模式，这些方式与现代学生独立意识的觉醒、自主意识的确立和民主参与意识的增强极不适应。"以学生为中心"的管理模式则体现了人本思想，把学生作为班级管理活动的主体，有利于学生自主、自律及民主参与意识的增强。由于人是有思想、有智慧的，具有多样性和复杂性的特点，这就决定了人性化管理的困难性，要对学生实施人性化管理。首先必须关注学生学习的特点及其个性差异。对于学生的班级管理，需要管理者调整管理理念，认真分析学生的个性，制定出更合理、有效的管理办法。

（四）掌握学生阶段性特点，是加强班级管理有效性的关键

学生在校学习期间，思想变化呈阶段性规律，主要可分为三个阶段。第一阶段从入学至第一学年结束，是学生学习生活的适应阶段。这个时期学生刚进入一个新的学习环境，学习积极性较高且能够遵守纪律，但在这个阶段如果不加强管理，这种情况则很难持续下去。第二阶段是第二学年至毕业前的一个学期。这个阶段学生已经习惯了在校的学习生活，思想逐渐放松，会认为"就那么回事"而产生了"疲"性，加之这阶段学习任务较重，有部分学生有畏难情绪。第三阶段是毕业前一学期。最后一学期学习任务较轻，学生的热情又有回升，都希望能够圆满完成学业，成为合格的毕业生。根据三个阶段的特点我们要抓好两头，特别是进校的入学教育，对学生进行培养目标、组织纪律等方面的教育，帮助学生明确学习目的，激发他们的学习积极性，打好第一阶段的基础，在第二阶段需继续加以巩固和强化。第二阶段主要是严格考勤和考纪，同时鼓励学生克服困难集中精力学习。第三阶段要加强毕业教育，使学生能够热爱学校、热爱班级、热爱学习。

（五）提升班级管理的艺术，是加强班级管理有效性的根本

面对学生，首先要了解他们，平时多观察，摸清情况，做到教育学生有的放矢。注意经常将班级的学习工作情况反馈给学生，表扬先进，鼓励后进，引导和帮助学生克服困难，战胜困难，以一颗真诚理解的心去倾注自己的感情，只有成为他们的朋友，才能得到他们的信赖，才能增强他们学习的积极性和自信心。特别是成绩稍微差点的学生，他们渴望得到尊重，自尊心特别的强，对于这些学生，我们首先要以高姿态去面对他们，视其为家人、朋友，对他们坚持周到的服务，坚持正面教育和积极疏导相结合的原则，多鼓励、少批评，善于发挥他们的优点和长处，营造良好的班级氛围。而传统的以班主任为中心，统一要求、一刀切的管理模式对于主体意识很强的学生是不合适的。在学生的班级管理中，一定更要时时处处体现服务意识。

（六）重视良好习惯的培养，是加强班级管理有效性的重点

养成好的习惯是成功的一半。我们不仅要制定具体可行的行为规范，而且还要常抓不懈，关注细节。首先，重视学生思想引领，及早抓好入学教育，为培养学生良好的文明行为习惯奠定基础。其次，重视养成教育落实，把习惯教育持久抓，为培养学生良好的认真做事习惯夯实根基。再次，重视课堂阵地教育，抓实课堂习惯培养，为培养学生良好的努力学习习惯抓细关键。最后，重视日常规范教育，做好榜样示范引领，为培养学生良好的健康生活习惯抓实本质。

（七）注重凝聚各方面力量，是加强班级管理有效性的保证

在班级建设中，首先，应重视班干部队伍的建设，尽力培育学生的自我管理和民主化管理。在管理过程中，班主任应充分调动学生的积极性，分工授权，引导学生参与管理，逐步培养学生的自我教育、自我管理的能力。这样既有利于班级的建设和发展，又有利于学生个性的完善、能力的提高。其次，需要班主任与科任老师多沟通、多协作，使各学科教师尽可能地发挥自身学科优势和职能，全力培养学生的良好习惯、文明行为、学习态度、进取之心、勤奋精神、集体意识等，帮助班级形成良好的学风、班风，为学生营造更广阔的受教育空间。另外，在班级管理工作中，班主任不仅要和任课老师配合，还要调动家长和社会的力量多管齐下。